외교관
국제기구 공무원
실전 코드맵

외교관 · 국제기구 공무원 실전 로드맵

초판인쇄 2019년 8월 1일
초판 3쇄 2019년 11월 4일

지은이 민동석
펴낸이 채종준
기획 · 편집 이강임
디자인 홍은표
마케팅 문선영

펴낸곳 한국학술정보(주)
주 소 경기도 파주시 회동길 230(문발동)
전 화 031-908-3181(대표)
팩 스 031-908-3189
홈페이지 http://ebook.kstudy.com
E-mail 출판사업부 publish@kstudy.com
등 록 제일산-115호(2000. 6. 19)

ISBN 978-89-268-8908-4 03340

외교관과 국제기구 진출을 꿈꾸는
젊은이들이 알아야 할
모든 것이 한 권에

외교관 국제기구 공무원
실전 로드맵

민동석 지음

이담 Books

또 다른 서희의 출현을 고대하며…

대한민국 외교안보연구원 앞뜰에는 한 역사적 인물의 동상이 세워져 있다. "우리 역사상 가장 유능했던 외교관 중 한 사람"으로 꼽히는 고려시대 서희 선생의 동상이다. 고려 초 거란의 대군이 '무조건 항복'을 요구하며 침공해 왔을 때, 선생은 외교 담판을 통해 거란군의 철군과 강동 6주를 고려의 영토로 편입시키는 데 지대한 공헌을 했다. 빈틈없는 논리로 적진 속에서도 굴하지 않는 배포, 그리고 송과 요 등 당대의 국제 정세를 읽어 내는 혜안이 빚어낸 놀라운 외교 성과였다. 서희 선생의 경우를 보면, 한 명의 유능한 외교관이 한 나라의 국운을 좌우한다고 해도 결코 과언이 아닐 것이다.

지금 대한민국은 거대한 도전과 마주하고 있다. 북핵과 미사일 문제는 우리 안보를 위협하고, 그 해법을 두고 한반도를 무대로 세계열강이 각축을 벌이고 있다. 이뿐만 아니라 우리 경제에도 적신호가 켜졌다. 저출산·고령시대에 접어든 가운데 국가의 성장 동력은 점차 둔화되고, '메이드 인 코리아'의 입지도 좁아지고 있다. 특별한 자원 없이 무역으로 먹고사는 우리나라에게 협상을 통해 해외 시장을 넓히는 일은 선택의 문제가 아니라 생존의 문제다.

지구촌의 상황 역시 심각하기는 마찬가지다. 온난화로 인해 지구의 숨결은 점차 옅어지고, 곳곳에서 빚어지는 내전과 분쟁, 질병은 세계 평화와 인류의 안녕을 위협하고 있다. 예멘 난민 수용 문제로 국내에서 논란이 일었던 데서 보듯, 이 모든 이슈는 결코 우리의 삶과 무관하지 않다. 유능한 외교관, 좋은 국제기구 공무원이 절실히 필요한 이유이기도 하다.

거대한 도전에 직면해 있는 지금의 대한민국 역시 또 다른 서희 선생의 출현이 절실히 요구되는 상황이다. 글로벌 시대에 한 국가의 생존과 번영을 위해서 외교는 선택이 아니라 필수 조건이다. 그만큼 유능한 외교 인재가 절실히 필요하다. 어떠한 자질과 능력을 갖춘 인재들이 어떻게 외교를 이끌어 가느냐에 대한민국의 미래가 달려 있다고 해도 과언이 아닐 것이다. 다행히 외교관과 국제기구 진출을 꿈꾸는 젊은이들이 크게 늘고 있다. 얼마 전까지 유네스코한국위원회 사무총장으로 일하면서 초등학생으로부터 중·고등학생, 대학생, 청년에 이르기까지 외교관과 국제공무원이 되려는 젊은이들의 꿈과 열망을 많이 보았다. 또 그간 여러 차례의 강연과 모임에서 청소년과 젊은이들로부터 외교관과 국제공무원에 대한 많은 질문을 받았다. 외교관과 국제공무원이 하는 일부터 연봉과 삶의 애환에 이르기까지 다양한 물음이 쏟아졌다. 그 질문의 끝은 '그럼 대체 어떻게 해야 외교관, 국제기구 공무원이 될 수 있느냐'는 것이었다. 인터넷 검색창을 통해서도 외교관과 국제기구 공무원에 대한 미래세대의 관심과 열정을 확인할 수 있었다. 아마도 나와 만나지 못한 수많은 청소년과 젊은이들도 비슷한 물음표를 가슴에 품고 있을 것이다.

서점에 외교관의 자서전이나 회고록은 많지만, 아쉽게도 외교관이나 국제기구 진출을 꿈꾸는 젊은이들에게 구체적으로 길잡이 역할을 해줄 만한 책은 찾아보기 어렵다. 나는 미래세대의 질문에 응답하고, 외교관과 국제공무원의 꿈을 이루는 데 실질적인 도움을 주고자 펜을 들었다. 이 책은 자서전이나 회고록이 아니다. 외교관과 국제기구 진출에 필요한 요건과 시험을 보는 데 반드시 알아야 할 사항과 정보를 담은 '실전 지침서'이자 '꿈 계발서'이다. 외교관과 국제공무원의 꿈을 실현하려면, 어떤 덕목과 자질을 키우고 무엇을 준비해야 하는지, 필기시험과 면접시험은 각각 어떻게 준비하고 응해야 하는지 실전 전략을 자세히 담았다.

아울러 외교관의 세계에 대한 이해를 돕고 꿈을 구체적으로 그려 볼 수 있도록 외교부 본부와 재외공관에서 실제 벌어지는 일, 외교관으로서 겪을 수 있는 역경과 성취감, 그 생생한 이야기를 산 경험과 사례를 토대로 전달하고자 했다. 특히 젊은이들이 또 다른 영감과 용기를 얻는 계기가 될 수 있도록 반기문 전 유엔 사무총장, 고(故) 이종욱 세계보건기구(WHO) 사무총장 등 글로벌 외교 리더들의 도전과 열정의 삶을 일화와 함께 소개했다. 또한 외교관을 꿈꾸는 여성들을 위해서 결혼과 자녀교육 등 가정과 직장 생활을 병행하며 외교관으로 성공할 수 있는 지혜를 실제 사례를 통해 담아냈다.

국제기구에서 일하기를 원하는 젊은 인재들을 위해서는 국제공무원이 되기 위한 자격 요건과 응시 방법, 그리고 경력 관리 방법 등을 실제 사례를 바탕으로 알려 주고자 했다. 정규직 진출은 물론, 인턴십, 초급국제기구전문가(JPO), 유엔봉사단원(UNV) 등 다양한 형태의 국제기구 진출 방법에 대해 안내하고, 국제기구 근무에 가장 필수적인 유엔공용어를 어떻게 습득하고 전문지식과 커리어를 어떻게 발전시켜 나갈 것인지 조언했다.

또한, 외교관 지망생들이 참고할 수 있도록 새로운 외교관 채용제도가 시행된 후 1기 외교관으로 선발돼 현재 외교관으로 활동하고 있는 새내기 외교관들의 생생한 '채용 성공 스토리'를 좌담 형식으로 담아냈다. 촉망받는 최고위직 여성 외교관으로 주유엔 차석대사를 거쳐 외교부 기획조정실장을 역임한 백지아 주제네바 대사와 한국인으로서 유네스코 최고위직에 오른 최수향 국장이 각각 밝힌 외교관과 국제기구 직원의 삶과 비전, 그리고 채용에 관한 생생한 정보와 조언을 인터뷰 형식으로 수록했다.

나는 외교관과 국제공무원을 꿈꾸는 청소년, 젊은이들에게 지혜롭게 길을 열어 주는 특급 멘토가 되고자 하는 간절한 바람으로 이 책을 집필했다. 미래는 외교의 시대이고 그 주역은 바로 청소년과 젊은이들이기 때문이다. 평생 외교관으로서 축적한 경험과 노하우를 모두 글 속에 녹이기 위해 밤낮없이 애쓴 이유이기도 하다.

먼 미래의 대한민국 외교안보연구원에 지금 이 책을 읽고 있는 꿈나무들의 이름과 사진이 영예롭게 내걸렸으면 한다. 먼 훗날 역대 사무총장들의 사진이 걸려 있는 뉴욕 유엔본부 홀에서 이 책으로 영감을 얻은 젊은이의 사진을 만날 수 있었으면 좋겠다. 만약 그럴 수만 있다면, 아마도 나는 내 인생에서 가장 놀라운 '외교'를 한 셈이 될 것이다.

  박사 논문 집필 중에도 추천의 글을 쓰기 위해 흔쾌히 첫 독자가 되어 준 한비야 월드비전세계시민학교 교장과 멀리서 추천사를 보내 준 동갑내기 친구 보코바 전 유네스코 사무총장에게 깊은 감사를 드린다. 아울러 생생한 성공담을 들려준 외교부 새내기 외교관들, 백지아 대사와 최수향 국장, 송영철 편집국장, 이선경 주유네스코 대표부 주재관에게도 진심으로 고마움을 전한다.

한승주
아산정책연구원 이사장, 전 외무부 장관 · 주미대사

2005년 여름, 수천 명의 우리 교포가 살고 있는 미국 뉴올리언스에 엄청난 재난이 닥쳤습니다. '사상최악의 허리케인'이라 불리는 카트리나가 도시를 강타한 것입니다. 제방이 무너져 거리는 물에 잠기고, 전기와 통신이 끊기면서 약탈과 폭력이 난무하는 무법천지로 변하고 말았습니다. 미국정부가 강제대피령을 내려 다른 나라 어느 외교관도 뉴올리언스로 들어갈 엄두를 내지 못했습니다. 하지만 그때, 대한민국의 한 외교관만은 주위에서 깜짝 놀랄 만한 선택을 했습니다. 긴급 구호팀을 이끌고 암흑세상이 되어버린 도시 안으로 뛰어든 것입니다. 수몰의 공포 속에서 구조의 손길을 간절히 기다리고 있을 단 한 명의 교민이라도 더 구하기 위해서였습니다. 그 외교관이 바로 당시 휴스턴 총영사를 맡고 있던 민동석 대사입니다. 결과는 기적으로 이어졌습니다. 수천 명의 인명피해를 낳은 카트리나 사태 때 우리 교민은 단 한 명의 사상자도 발생하지 않았습니다. 그 해 초까지 주미대사를 지냈던 나 역시 깊이 감명을 받았던 기억이 아직도 생생합니다.

외교관이란 직업은 단순히 머리로만 이해할 수 있는 직업이 아닙니다. 소신과 헌신, 용기와 결단 같은 덕목이 외교관을 완성시킨다고 생각합니다. 그런 점에서 '외교관의 모범'이라 할 만한 민 대사가 우리 젊은 세대를 위해 작심하고 책을 썼습니다. 외교관과 국제기구 진출을 꿈꾸는 젊은이들을 위한 실전 가이드북이 그것입니다. 외교관으로서 그가 특별했던 만큼, 이 책에는 외교관이 되기 위한 지식 그 이상의, 성공을 위한 지혜와 통찰이 녹아 있습니다. 이 책은 미래세대를 끔찍이 아끼는 민 대사가 우리 젊은이들에게 보내는 외교관-국제기구로의 초대장이기도 합니다. 부디 많은 젊은이들이 그의 간절한 초대에 응해 더 나은 대한민국, 더 밝은 지구촌을 만들어가는 미래의 주인공이 되었으면 하는 바람입니다.

이리나 보코바
전 유네스코 사무총장

    민동석 전 유네스코한국위원회 사무총장은 내가 만난 리더들 중 가장 열정이 넘치는 사람 가운데 하나입니다. 2013년 2월 프랑스 파리 유네스코의 내 집무실에서 그를 처음 만났을 때가 기억납니다. 당시 그는 유네스코한국위원회 사무총장직을 맡은 후 처음으로 유네스코 본부를 방문했습니다. 그날 만남은 그의 남다른 도전정신과 외교관으로서 쌓은 다채로운 경험이 앞으로 유네스코를 위해, 그리고 대한민국을 위해 커다란 자산이 될 것이라는 기대감을 갖게 했습니다. 그리고 나의 예감은 빗나가지 않았습니다. 그는 탁월한 리더십을 바탕으로 세계무대에서 유네스코의 사명을 실천하면서 한국과 유네스코의 관계를 강화하는 데 크게 기여했습니다. 유네스코한국위원회가 전 세계 199개 유네스코 국가위원회 중 가장 역동적으로 활동하는 국가위원회로 손꼽힌 것도 그의 헌신과 무관하지 않을 것입니다.

    민 전 총장과 함께 일하면서 느낀 점이 있습니다. 그가 미래를 내다보는 혜안과 사안의 핵심을 꿰뚫어보는 통찰력을 지니고 있다는 사실입니다. 2014년 초 민 총장의 초청을 받아 서울에서 열린 유네스코한국위원회 창립 60주년 기념식에 참석했을 때, 나는 민 총장이 유네스코한국위원회의 미래 비전을 선포하는 것을 보았습니다. "국민과 함께 만드는 평화, 배움으로 꿈을 이루는 지구촌." 그것은 바로 유네스코가 지향하는 비전이기도 했습니다.

　나는 민 총장이 '인재양성'에 얼마나 심혈을 기울였는지 잘 알고 있습니다. 바로 미래세대를 역량 있는 글로벌 리더로 양성하는 일이었습니다. 그 대표적인 사례가, 그가 출범시킨 '유네스코 키즈 프로그램'일 것입니다. 어린이들에게 세계를 향한 꿈을 심어주고 바람직한 세계시민, 미래를 이끌 글로벌 리더로 키우겠다는 야심찬 계획입니다. 나 역시 이 프로그램의 취지에 깊이 공감해 대한민국의 유네스코 키즈를 두 차례나 직접 만나 "바로 여러분이 세상을 변화시키는 주인공"이라는 메시지를 전해주기도 했습니다.

　민 전 총장이 이번에 미래의 외교관, 국제기구 공무원을 위한 책을 쓰게 된 것도 장차 대한민국과 세계를 이끌어 나갈 훌륭한 리더들을 키우기 위한 노력의 일환일 것입니다. 부디 이 책이 외교관, 그리고 국제기구 진출을 꿈꾸는 젊은이들에게 '지혜의 바이블'이 되기를 바랍니다. 아울러 소중한 책을 세상에 선보인 나의 절친한 벗 민동석 전 사무총장에게 축하의 인사를 보냅니다.

한비야
월드비전세계시민학교 교장

"저 분은 목을 내놓고 일하는구나."

10여 년 전, 국무총리 주재 회의에서 처음 민동석 차관님을 보았다. 그의 첫 인상은 '용감무쌍한 검투사'였다. 그때 나는 NGO대표로 참석했는데 매우 민감한 안건에 대해 거침없는 소신발언에 이어 현실적인 해결책을 제시하는 모습이 무척 인상적이었다.

그 후, 유네스코한국위원회 사무총장으로 만났을 때는 도움이 필요한 사람에게는 '따뜻한 휴머니스트'이자 국제무대 진출을 꿈꾸는 젊은 이들의 '다정한 멘토'가 되어있었다. 그의 그런 변신이 신선하고 반가웠다. 국제구호 현장에서 보면 전 세계가 K팝이나 한류에 열광하는 것과는 대조적으로 대한민국의 위상이나 역량에 비해 국제무대에서 일하는 한국인이 놀랄만큼 적다. 그 원인이 개인의 역량부족이라기 보다는 어떻게 준비해야할지 모르는 정보부족이라는 점이 늘 안타까웠다.

다행히 이제 우리에게도 국제무대 진출을 위한 종합 안내서가 생겼다. 외교관으로 또한 국제기구에서 산전 수전 공중전에 시가전까지 거친 분이 애정을 담아 꾹꾹 눌러 쓴 책. 원고를 읽는 내내 고마운 마음과 "나 20대에 이런 책이 있었다면 얼마나 좋았을까?" 하는 부러운 마음이 동시에 들었다.

앞으로 나에게 국제무대로의 길을 묻는 젊은 친구들에게 이 책을 선물할 생각이다. 더불어 외교관이나 국제공무원을 꿈꾸는 이들은 물론 대한민국 국민이자 세계시민의 역할을 보란 듯이 하고 싶은 한국의 모든 젊은이들에게도 자신있게 이 책을 권한다.

지금 그 꿈 꼭 이루시길!

외교관 실전 로드맵

1장 그대, 왜 외교관을 꿈꾸는가?

2장 어서 와, 외교관은 처음이지?

국제기구 공무원 실전 로드맵

3장 국제공무원이 되기 위해 지금 당장 할 일

4장 국제기구로 가는 마지막 관문: 성공적인 인터뷰 방법

외교관
실전 로드맵

1장

그대, 왜
외교관을 꿈꾸는가?

1

꿈을 넘어 뜻을 세워라

　　외교관이라고 하면 어떤 이미지가 떠오르는가? 혹시 뛰어난 외국어 구사 능력과 세련된 매너로 상대를 매료시키면서 자국의 입장을 대변하는 멋쟁이라는 생각을 갖고 있지는 않은가? 외교관을 떠올리면 웅장한 관저와 화려한 파티를 생각하는 사람들도 적지 않다. 실제로 많은 젊은이들이 외교관이라는 직업의 화려한 면면만 바라보며 외교관의 꿈을 키운다. 하지만 비단길만 골라 걷는 외교관은 이 세상에 없다. 겉보기와는 달리 외교관의 삶에는 말로 표현하기 어려운 애환과 고충이 뒤따른다. 때로 외교 현장은 돌밭이나 가시밭처럼 거칠고 험난하며, 외교 일선에서 업무를 수행하는 일은 지극히 고독하고 힘겨운 작업이기도 하다.

내전 중인 우간다로

　나 역시 외교관으로 33년간 일하면서 거친 풍랑을 많이 겪었다. 내가 영국에서 첫 해외근무를 하고 있을 때였다. 월요일 아침 직원회의가 열리자마자 강영훈 대사가 "민 서기관, 우간다로 발령이 났어"라고 통보를 했다. 몇 달 후면 3년 임기를 마치고 본부에 돌아갈 것으로 기대하고 있던 나에게는 청천벽력과도 같았다. '아프리카, 그것도 내전이 격화되고 있는 우간다라니!' 가슴이 철렁했다. 회의가 끝나자마자 외신관실에 내려가 본부에서 보내온 전문을 살펴보았다. '우간다에 긴급 상황이 벌어졌으니 민 서기관을 급히 파견해 대응하게 하라'는 장관의 지시가 내려와 있었다.

　당시 우간다는 내전 중이었다. 약 20만 명을 살해한 잔혹한 독재자 밀턴 오보테 정권을 상대로 무세베니(현 대통령)가 반정부 전쟁을 벌이고 있었다. 북한은 군사교관단을 파견해 밀턴 오보테 정권을 지원하고 있었다. 국내 일간지에 우간다 내정에 관한 기사가 실렸다. 짤막한 '팩트' 기사인데도 북한은 "남한이 우간다에 적대정책을 취하고 있다"고 모함했다. 밀턴 오보테 정권은 강석홍 주우간다 대사를 '기피인물(persona non grata)'로 선언하고 일주일 안에 우간다를 떠나라고 요구했다. 사실상 추방이나 마찬가지였다. 밀턴 오보테 정권은 조만간 우리 대사관을 철수시키고 외교관계도 단절할 기미까지 보였다. 우간다는 아프리카 외교 거점국가 중 하나로 꼽힐 정도로 중요한 나라였다. 당황한 외교부 본부가 우선 나를 '소방수'로 긴급 투입하기로 결정했던 것이다.

　그때 우간다 대사관에는 대사와 세 명의 정규 외교관이 있었다. 그런데 그중 한 명이 총상을 입고 바로 며칠 전 런던으로 긴급 후송돼 왔다. 우간다 수도인 캄팔라 시내로 들어가던 중 무장 강도를 만나 한쪽 다리를 꿰뚫은 총상을 입고 차량을 빼앗겼다고 했다. 또 한 명의 직원은 임신한 부인이 의료시설이 극히 열악한 우간다에서 출산을 할 수 없어, 본부의 특별 허가를 받아 부부가 함께 조기 귀국했다. 며칠 이내에 대사가 우간다를 떠나면 참사관이 혼자 공관을 지키며 모든 일을 다 처리해야 하는 상황이었다. 내게 주어진 미션은 우간다에 가서 참사관을 도와 공관 폐쇄와 외교관계 단절을 막으라는 것이었다. 파견기간은 일단 한 달, 상황이 호전되지 않으면 더 연장될 터였다.

나는 즉시 짐을 꾸려 케냐 나이로비를 거쳐 우간다로 향했다. 예측하기 어려운 앞날 때문에 마음이 초조하고 불안했다. 나이로비 공항에서 이륙한 우간다행 항공기는 구식 프로펠러 비행기였다. 굉음이 나고 자꾸 기체가 흔들렸다. 자칫하면 추락할 것만 같아 가뜩이나 불안한 마음을 더욱 옥죄었다. 긴 비행 끝에 마침내 우간다 엔테베 국제공항에 도착했다. 1976년 이스라엘을 이륙한 에어프랑스 여객기가 공중 납치돼 중도 착륙하자, 이스라엘 특공대가 특수작전을 벌여 자국민을 구출한 곳으로 유명한 공항이다. 차량으로 수도인 캄팔라 시내로 이동하는 동안 다섯 곳에서 검문을 받았다. 어떤 무장 군인은 나를 북한에서 온 사람으로 여겼는지 "나도 평양을 갔다 왔다"라고 자랑했다. 나는 아무 대꾸도 하지 않고 미소만 지었다. 캄팔라 시내에 들어서자 AK 자동소총을 든 북한 군인들을 곳곳에서 목격할 수 있었다. 우간다는 북한의 독무대였다.

나는 대사가 출국할 때까지 호텔에 머물러야 했다. 호텔이라고 해야 단층 건물에 우리나라 여인숙보다 못한 시설이었다. '이런 데가 하루 200달러라니!' 날이 저물어 어두워지면 밖에서는 콩 볶는 듯한 총격전 소리가 들려왔다. 거리에선 셰퍼드 개가 숨넘어가듯 요란하게 짖어댔다. 모기가 왱왱거리며 귓전을 맴도는데 타깃이 될까 봐 전등을 켤 수도 없었다. 영국을 떠날 때부터 키니네(말라리아 치료약)를 복용하고 있었지만, 얼마 전 파견관 부자가 말라리아에 걸렸다는 이야기를 들은 터라 불안했다. 얼른 모기를 잡아야겠다고 잠시 불을 켰는데 조도가 낮아 모기가 보일 리 없었다. 전등을 끈 후 이불을 뒤집어쓰고 잠을 청해 보았지만, 불안감과 무더위로 인해 잠을 이룰 수 없었다. 창살 없는 감옥 같은 그곳에서 3일을 갇혀 지내야 했다.

총을 든 외교관들

강석홍 대사가 우간다를 떠나자 나는 대사 운전기사와 함께 대사관저로 거처를 옮겼다. 캄팔라 밤거리는 무법천지와 같았다. 정부군과 경찰, 반군이 밤이 되면 대부분 강도로 돌변했다. 며칠 전에는 소련 무관이 강도에게 습격을 당해 온 가족이 몰살당했다고 했다. 울타리 사이를 뚫고 우리 관저에 몰래 숨어 들어오려는 도둑을 이웃집 사람이 발견하고 총을 쏘아 쫓아냈다는 얘기도 들었다. 참사관은 권총을 침대 밑에 두고 자고, 나는 맹수 사냥용 장총을 매일 저녁 허공을 향해 쏘아 언제 침투해 올지 모르는 강도에게 경고를 보내곤 했다.

나와 같은 시기에 행정관 한 사람이 지원인력으로 우간다에 합류했다. 나는 대사대리인 참사관의 지휘를 받으며 우간다 상황을 본부에 긴급 보고했다. 우간다는 전쟁터나 다름없었다. 캄팔라에서는 차만 있으면 택시 운전으로 평생 먹고살 수 있기에 외국인 차량이 자주 강탈당했다. 하루 일을 마치고 숙소로 이동할 때에는, 얼마 전 대사관 직원이 강도에게 총상을 입고 차량을 빼앗긴 도로를 이용해야 했다. 차를 탈 때마다 머리카락이 곤두서는 듯했다. 암호전문을 수시로 본부에 보내야 하는데 그마저도 여의치 않았다. 텔렉스가 바늘이 부러지는 등 자주 고장을 일으켜 숙소에 가는 것을 포기하고 대사관에서 밤을 새우기 일쑤였다. 극도의 긴장감 속에서 한 달이 지나갔다. 나는 위험한 상황에서도 마침내 공관 폐쇄와 외교관계 단절을 막으라는 임무를 완수하고 런던으로 돌아올 수 있었다.

직업, 그 이상의 가치와 신념

외교관은 미국이나 유럽 등 선진국에서만 근무하는 것이 아니다. 국가의 명을 받으면 아프리카의 오지에도 달려가서 임무를 수행해야 한다. 그것이 외교관의 삶이다. 치안이 불안정하고 언제 정변의 위험을 겪을지 모르는 곳들이다. 말라리아는 물론 예방약도 치료약도 없는 댕기열 등 치명적인 풍토병의 위험에도 노출되기 쉽다. 쓰디쓴 키니네를 안 먹으려 하는 어린 자녀가, 우유에 타서 먹인 약을 이내 뱉어 내는 모습을 아픈 가슴으로 지켜봐야 할 때도 있다. 해발 4천 킬로미터가 넘는 고지에서 근무하는 외교관은 고산지역이라 그런지 어린 딸이 키가 크지 않는다고 애를 태우기도 한다.

해외근무를 하다 보면 부모가 돌아가실 때에 임종을 지키지 못하는 경우도 있다. 중남미 같은 곳에 있으면 한국에 오는 데 이틀 가까이 걸리기 때문에 장례식이 지나 당도하는 경우도 적지 않다. 이뿐만이 아니다. 기본적으로 일거리가 많아 야근이 잦고 근무지를 옮겨 다니기에 자주 이삿짐을 싸야 한다. 또한 수시로 주거·생활환경이 바뀌는 탓에 자녀 교육 문제로 고민을 안고 살아야 한다. 숱한 어려움에도 불구하고 외교관이라는 힘든 자리를 능히 감당할 수 있도록 해 주는 것은 과연 무엇일까.

나는 단순히 직업으로서의 외교관, 그 이상의 가치와 신념이 외교관의 삶을 지탱해 주는 커다란 원동력 중 하나라고 생각한다. 외교관으로서 국가와 국민을 위해 헌신한다는 확고한 신념이 마음속에 자리 잡고 있지 않으면 온갖 어려움을 견디고 이겨내기 어렵다.

나의 경우, 미국 최악의 재난 참사인 '허리케인 카트리나'를 시작으로 공직 인생에 거센 태풍이 불기 시작했다. 온 국민의 관심이 집중된 한·미 FTA 농업협상에 이어, 민감한 정치적 이슈인 미국산 쇠고기 수입위생조건에 관한 협상을 맡으면서 피를 말리는 시간을 보내야 했다. 하지만 나는 '내가 대한민국을 대표하는 외교관'이라는 생각을 한 번도 잊은 적이 없다. 최악의 순간에도 내가 외교관이 된 것을 후회해 본 적도 없다. 오히려 국가를 위해 평생 외교관으로 일할 수 있었다는 데 감사한다. 외교관으로서 겪었던 역경과 시련도 컸지만, 이와는 비교할 수 없는 긍지와 가슴 벅찬 보람을 느낄 수 있었기 때문이다.

꿈을 넘어 뜻을 세워라

외교관이 되기를 꿈꾸는 많은 젊은이들에게 꼭 부탁하고 싶은 점이 있다. 단지 외교관이 되는 것 자체를 목적으로 삼지 말고, 외교관으로서 어떤 삶을 살 것인지 한 번쯤 치열하게 고민해 보라는 것이다. 자신만의 방향성을 정해 놓고 이를 나침반으로 삼아 한 계단씩 올라서야 성공하는 외교관으로 성장할 수 있다.

내가 공직자의 길을 걷기로 결심한 것은 고등학교 시절이었다. 당시 동아리 활동에서 도산 안창호 선생과 만난 것이 계기가 됐다. 자아혁신과 주인의식을 강조한 도산의 삶과 철학을 통해 나는 국가관에 대해 눈을 떴다. 국가는 나에게 무엇인지, 내게 주어진 시간을 개인의 출세를 위해 소진할 것인지, 아니면 더 가치 있는 일을 위해 도전할 것인지 깊이 생각하게 됐다. 동아리 친구들과 앞으로 어떤 삶을 살 것인가를 두고 밤새워 토론하기도 했다. 그때 내가 생각한 '인생 직업'은 다름 아닌 외교관이었다.

대학 진학 후 외무고시를 준비했으나 번번이 낙방의 고배를 마셨다. 생활고로 인해 중소기업에 취업해야 했다. 텔렉스 부품을 수입하여 완제품으로 조립해 납품하는 업체였다. 몇 달간 일하던 중 문득 30년 후 내 모습을 상상해 보았다. 저만치 보이는 임원들과 나의 미래 모습이 겹쳐지는 듯했다. 한 번뿐인 내 인생에서 앞으로 무엇을 위해 어떻게 살 것인가 하는 데에 생각이 미치자 정신이 번쩍 들었다. 바로 사표를 제출했다. 삶의 방향을 바꾼 중요한 결단의 순간이었다. 다시 시험을 준비해 도전했고, 마침내 이듬해 외교관으로 입문할 수 있었다.

외교관으로서 내가 삶의 나침반으로 삼았던 것은 태극기였다. 30여 년 전 첫 해외 임지로 떠나던 날, 아버지가 보자기 하나를 내미셨다. 뜻밖에도 그 안에는 고이 접힌 태극기가 담겨 있었다. '어디를 가든 대한민국을 대표한다는 걸 잊지 마라. 어느 자리든 국가와 국민만 바라보고 일하라'는 깊은 의미가 담긴 선물이었다. 오랜 기간 외교관 생활을 하는 동안, 큰 어려움에 처할 때마다 나는 그날의 태극기를 꺼내 보았다. 그러면 공직자로서 내가 가야 할 길이 뚜렷이 보이곤 했다. 미국에서 사상 최악의 재해 중 하나로 꼽히는 '허리케인 카트리나' 사태 때도 마찬가지였다.

내가 미국 휴스턴에서 총영사로 근무하던 2005년 8월의 어느 날이었다. 당시 루이지애나주의 최대 도시인 뉴올리언스가 허리케인 카트리나에 초대형 재난을 겪었다. 도시 안으로 뻗어 있는 운하의 제방 4개가 광풍을 견디지 못하고 무너지면서 도시의 80%가 순식간에 물에 잠겼다. CNN 방송은 시신들이 물에 둥둥 떠다니는 참혹한 모습을 화면에 내보냈다. 통신이 두절되고 시내는 약탈이 판치는 무법천지가 되었다. 미국은 물론 우리나라도 발칵 뒤집혔다. 뉴올리언스에는 2,500여 명의 교민이 살고 있었다. 미국 정부가 강제대피령을 내리고, 뉴올리언스로 가는 고속도로 입구에는 무장경찰이 배치돼 진입을 막았다.

하지만 재외국민의 안전을 책임진 총영사로서 영사관 책상에 앉아 피해 상황만 집계할 수는 없었다. 주변의 반대에도 불구하고 나는 현장구조단을 구성해 뉴올리언스로 직접 들어가기로 결정했다. 재난현장으로 가서 교민들의 피해 상황을 살피고 한 명이라도 더 구호하는 것이 공직자로서 마땅히 해야 할 임무라고 여겼기 때문이다. 발 빠른 초동 대처와 교민들의 신속한 대피 덕분에 기적 같은 일이 일어났다. 현지에서 수천 명의 희생자를 낳은 카트리나 사태 때 우리 교민의 인명 피해는 단 한 건도 없었다. 외교관은 위기의 순간에, 국가와 국민을 위해 자신을 던질 수 있는 사람이어야 한다. 당시 나를 비롯한 현지 외교관들이 자신의 안위를 지키기에 급급했다면, 뉴올리언스는 우리 교민에게 '통한의 땅'이 되었을지도 모른다.

다시 첫 번째 질문으로 돌아가 보자. '그대, 왜 외교관을 꿈꾸는가?' 애국심이든 사명감이든, 아니면 운명적인 이끌림이든 그 꿈속에 가슴을 뜨겁게 하는 그 무엇이 함께 깃들어 있다면 주저 없이 외교관에 도전하라고 권하고 싶다. 단 한 번뿐인 인생에서 국가와 국민을 위해 봉사하고 나라의 운명까지도 바꿀 수 있는 특별한 직업이라면 온몸으로 문을 두드려 볼 만하지 않을까?

2

닮고 싶은 사람을
곁에 두라

롤모델로 삼을 만한 외교관 3인의 삶과 메시지

대부분의 성공하는 사람들에게는 한 가지 공통점이 있다. 존경할 만한 누군가를 롤모델로 삼아 그를 닮기 위해 끊임없이 노력했다는 점이다. '피겨 여왕' 김연아 선수는 아홉 살 때 인생의 롤모델을 발견했다. 당시 일본 나가노 올림픽 피겨 스케이팅 경기에서 감동적인 연기를 펼친 미국 대표선수 미셸 콴이 그 대상이었다. 미셸 콴의 연기를 보면서 반드시 그녀처럼 훌륭한 피겨 선수가 되겠다고 다짐했던 것이다. 어린 김연아 선수는 빙판 위에 엉덩방아를 찧을 때마다 미셸 콴의 모습을 떠올리며 다시 일어섰다. 어린 시절의 꿈은 수많은 땀을 먹으며 자라났고 마침내 김연아 선수는 자신의 롤모델을 뛰어넘는 피겨 스케이팅의 레전드가 될 수 있었다.

세계에서 손꼽히는 억만장자로서 수많은 기부로 노블레스 오블리주를 실천하고 있는 사업가 빌 게이츠(마이크로소프트 창업자)와 워런 버핏(버크셔해서웨이 CEO), 이들 두 사람에게도 동일한 롤모델이 있다. '자선사업의 대부'로 불리는 척 피니(찰스 F. 피니)가 바로 그 주인공이다. 올해(2019년 기준) 87세인 척 피니는 세계적으로 큰 영향력을 끼치고 있는 면세점 체인 DFS(Duty Free Shoppers)를 대학 동창과 공동 창업해 엄청난 성공을 거둔 기업인이다. 과거에 그는 돈밖에 모르는 수전노로 불리며 재계의 놀림감이 되기도 했다. 은둔 생활을 하는 데다 구두쇠처럼 아끼며 살았기 때문이다.

하지만 1997년 면세점 매각을 둘러싸고 법적 분쟁이 벌어지면서 그의 진면목이 드러났다. 그의 사무실을 압수수색하는 과정에서 비밀 회계장부가 발견됐다. 한 회사의 이름으로 십수 년간 수십억 달러를 지출한 정황이 드러나자 사람들은 그가 거액의 재산을 빼돌린 것으로 여겼다. 하지만 이 수상한 지출 내역은 척 피니가 남몰래 실천해 온 기부 명세서였다. 그는 1982년 비밀리에 아틀랜틱 자선재단을 설립해 당시까지 무려 40억 달러에 달하는 거액을 기부한 것으로 밝혀졌다. 미국은 물론 베트남, 필리핀, 쿠바 등 많은 나라의 의료·교육 분야를 지원해 불우한 이들을 도왔다. 진실이 알려지면서 그에게 쏟아졌던 비난은 어느새 사과와 존경으로 바뀌었다. 익명으로 묵묵히 나눔을 실천해 온 그의 삶은 많은 이들에게 감명을 줬다. 빌 게이츠와 워런 버핏이 그를 롤모델로 삼게 된 계기이기도 했다.

선행이 알려진 뒤에도 척 피니의 기부는 끊임없이 계속됐다. 그는 2016년까지 자신의 모든 재산을 기부하겠다고 약속했는데, 『뉴욕타임스』의 2017년 1월 5일 보도에 따르면 그의 약속은 훌륭히 지켜졌다.

2016년 연말 척 피니가 자신의 남은 재산인 700만 달러를 모교인 코넬대학에 후원금으로 내놓은 것이다. 그가 평생 기부한 돈은 우리 돈으로 환산하면 약 9조 5천억 원에 이른다. 이 가운데 3조 원이 넘는 기부금이 전 세계 1천여 기관에 전달됐다. 하지만 그중 어느 곳에도 건물 벽이나 입구에 그의 이름이 새겨져 있지 않다. 현재 그는 샌프란시스코에 있는 임대아파트에서 부인과 함께 살고 있으며, 이동할 때엔 버스를 타고 다닌다고 한다.

가히 세계의 기부 왕이라 할 만한 척 피니에게도 롤모델이 있었다. 바로 자신의 어머니였다. 그의 어머니는 어려운 형편에도 도움이 필요한 사람들이 내미는 손을 결코 외면하지 않았다. 한번은 장을 보고 돌아온 그의 어머니가 출산이 임박한 임산부를 보고, 혹시 임산부가 미안해할까 봐 "어차피 장 보러 나가는 길이었다"며 병원에 데려다준 일도 있었다. 그의 어머니는 '진정한 선행은 원래 드러내지 않는 것'이라는 산 교육을 척 피니에게 해준 스승이기도 했다.

그렇다면 외교관의 경우에는 귀감이 될 만한 인물들이 있을까? 혹시 그대의 마음속에 외교관으로서 닮고 싶은 롤모델이나 멘토가 있는가? 존경할 만한 롤모델을 한 명쯤 정해 놓고 그의 삶을 거울로 삼는 것도 미래의 외교관으로 다가가는 지혜로운 방법일 수 있다. 여기에 롤모델로 삼을 만한 외교관 3인의 삶을 소개한다.

세계를 움직인 사람, 반기문 전 유엔 사무총장

지구촌 사람들에게 가장 유명한 한국 사람을 묻는다면 아마도 '십중팔구' 반기문 전 유엔 사무총장을 꼽을 것이다. 반기문 전 총장은 1945년 유엔이 창설된 이래 여덟 번째 사무총장이자 아시아 출신으로는 두 번째 사무총장이었다.

193개 국가가 가입한 유엔을 이끄는 사무총장의 가장 중요한 임무는 국제 평화와 안전을 도모하고, 갈등과 분쟁을 해결하며 전쟁을 막는 일이다. 유엔 사무총장은 지구촌에서 무력분쟁과 같은 긴급사태가 발생하면 유엔헌장이 부여한 권한에 따라 유엔안전보장이사회의 주의를 환기시킬 수 있다. 사무총장의 말 한마디가 지닌 영향력은 어마어마하다. 세계가 유엔 사무총장의 일거수일투족을 주시하는 이유다. 유엔 사무총장의 임무는 평화와 안전 문제에 그치지 않는다. 인권과 개발, 보건, 교육, 식량, 에너지, 기후변화 등 손이 안 미치는 영역이 거의 없다. 대부분 오래되고 복잡하게 얽힌 난제들이다. 또한 재해나 테러 같은 예기치 않게 일어나는 지구촌 사건과 문제에도 신속하게 대응해야 한다.

그래서 유엔 사무총장은 '세계 대통령'이라는 화려한 별칭과는 달리 고독하고 어려운 자리이기도 하다. 오죽하면 "세상에서 가장 불가능한 직업"이라고 평하는 이들도 적지 않다. 단적으로 비유하자면 지구를 짊어지고 1,000미터를 달리는 속도로 마라톤을 해야 하는 자리다. 대체 '반기문'의 내면에 자리한 그 무엇이 이 무거운 직책을 능히 감당케 하고 두 차례의 유엔 사무총장직을 성공적으로 완수하도록 이끌었던 것일까?

훌륭한 외교관, 글로벌 리더를 꿈꾸는 이들이라면 반기문 전 총장이 걸어온 길을 한 번쯤 깊이 들여다볼 필요가 있다. 그 길에 깊이 팬 발자국 하나에서 자신을 새롭게 변화시킬 '성공의 바이블'을 발견할 수도 있기 때문이다.

스스로 터닝 포인트를 만든 사람

반기문 전 총장의 고향은 충북 음성이다. 고즈넉한 농촌 마을에서 태어나 자랐다. 6세 무렵부터는 아버지를 따라 충주 읍내로 나왔다. 초등학교 시절, 소년 반기문은 한국전쟁의 참화를 겪었다. 학교 건물이 파괴돼 흙바닥에서 수업을 받기도 했다. 열악한 환경 속에서도 그는 늘 손에서 책을 내려놓지 않았다. 공부를 워낙 잘해 '수재'란 소리를 들었지만, 이는 지독한 노력 덕분이기도 했다.

그러던 어느 날 그가 다니던 초등학교에 변영태 외무부 장관이 방문해 강연을 했다. 나라를 위해 외국을 돌아다니며 일하는 변 장관의 이야기는 화살처럼 소년의 마음에 날아와 꽂혔다. 외교관이라는 꿈이 그의 가슴에서 처음 꿈틀대던 순간이었다.

어릴 적 반기문이 어떤 학생이었는지 보여 주는 일화가 하나 있다. 헝가리에서 공산 독재에 반대하는 대규모 국민 봉기가 일어났을 때의 일이다. 소련은 탱크를 앞세워 헝가리를 무력 침공해 국민혁명을 진압했다. 그 과정에서 2,500여 명의 헝가리 국민이 목숨을 잃고 수만 명이 다쳤다. 초등학교 6학년이던 반기문은 이 소식을 듣고 함마르셸드 당시 유엔 사무총장에게 편지를 썼다. 소련의 부당한 침공을 규탄하고, 유엔이 자유를 위해 공산주의에 맞서 싸우고 있는 헝가리 국민들을 도와주어야 한다는 내용이었다. 그는 단순히 공부만 잘하는 모범생이 아니었다. 이미 그는 세계의 일에 관심을 갖고 행동하는 어린 외교관이었던 셈이다.

중학교로 진학해 그가 가장 심혈을 기울여 공부한 과목은 영어였다. 세계를 무대로 일하려면 무엇보다도 외국어를 잘해야 한다는 생각에서였다. "영어에 미쳤다"는 소리를 들을 정도로 공부에 빠져들었다. 용돈을 모아 『타임』 잡지를 사서 종이가 닳을 때까지 보고 또 읽었다. 충주고 시절엔 직접 외국인을 찾아 나서기도 했다. 거리에서 마주친 선교사, 인근 공장의 외국인 노동자 등 영어로 대화할 수 있는 사람이라면 누구나 그에겐 훌륭한 스승이었다. 그런 그의 모습을 보고 담임교사가 '비스타(VISTA, Visit of International Student to America)'에 대한 정보를 알려 주었다. 비스타란 외국 학생을 미국으로 초청해 연수의 기회를 주는 프로그램인데 서울에서 열리는 영어경시대회에서 입상하면 연수 자격을 얻는다는 것이었다. 결국 경시대회에서 최고 점수로 입상한 그는 이듬해 한 달간 미국을 방문했다. 그리고 그곳에서 꿈도 꾸지 못했던 특별한 만남을 갖게 된다. 비스타를 주관하는 미국 적십자사의 주선으로 백악관에서 케네디 대통령을 만난 것이다. 케네디 대통령은 그에게 장래 희망을 물었다. 그는 망설임 없이 대답했다. "네, 외교관입니다." 그 스스로 자신의 어릴 적 꿈에 확인 도장을 찍는 순간이었다.

그 후 고교생 반기문은 외교관이라는 꿈을 향해 한 걸음씩 나아갔다. 서울대 외교학과에 입학해 공부가 본업이자 취미일 정도로 책을 팠다. 흔히 '피나는 노력'이라는 비유를 하는데, 그의 경우엔 실제 상황이기도 했다. 잠자는 시간을 줄여 가며 공부를 하다 보니 도서관에서 책을 읽다가 코피를 흘리는 경우도 잦았다.

대학을 졸업하던 해에 그는 마침내 외무고시에 합격해 꿈에도 바라던 외교관의 길을 걷기 시작했다. 미주국장, 외무부 장관특보, 외교정책실장, 제2차관, 주오스트리아 대사 등 요직을 두루 거쳐 2004년에는 대한민국 외교의 수장인 외교통상부 장관의 자리에 오른다. 그가 청운의 꿈을 품고 외교부에 입부한 지 34년 만의 일이었다. 하지만 그의 도전은 여기서 멈추지 않았다. 세계 각국의 외교관이라면 누구나 품을 만한 궁극의 꿈, 유엔 사무총장을 향해 출사표를 던진 것이다. 어린 시절 전쟁의 참상을 겪고 누구보다도 평화를 염원하던 그에게 인류 평화에 이바지하는 것은 또 하나의 간절한 꿈이기도 했다. 마침내 2006년 그는 유엔 사무총장 후보로 지명되었고, 이듬해 1월부터 제8대 유엔 사무총장으로서 세계를 무대로 뛰기 시작했다.

가난한 농촌 학생 반기문을 최고의 외교관에 이어 유엔 사무총장의 자리로 이끈 것은 과연 무엇이었을까? 나는 돌직구 같은 그의 집념을 첫 손가락에 꼽고 싶다. 반기문 전 총장은 어린 시절부터 자신의 꿈을 믿고, 그 꿈을 향해 우직하게 걸어온 사람이다. 그에게 영감을 주고 동기를 부여한 계기가 있긴 했지만 꿈을 현실로 만든 것은 그의 신념과 땀이었다. 척박한 환경에서 영어를 배우기 위해 그가 기울인 노력만 봐도 그렇다. 흔히 케네디 대통령과의 만남이 그의 인생에서 터닝 포인트로 꼽힌다. 하지만 어찌 보면 그러한 터닝 포인트를 만든 주인공은 그 자신이기도 했다.

"지금 자면 '꿈'만 꾸지만, 지금 공부하면 '꿈'을 이룬다." 하버드대학 도서관에 붙어 있다는 이 글귀는 반 전 총장이 어린 학생들에게 자주 해주는 금언이기도 하다. 그의 말이 더 큰 울림으로 다가오는 것은 아마도 이 글귀를 실천한 산증인이 바로 반 전 총장이기 때문일 것이다.

위기를 기회로 바꾸는 사람

외교관으로 승승장구하던 그에게도 위기의 순간이 있었다. 이른바 '한·러 공동성명' 파동이 시발점이었다. 2001년 푸틴 러시아 대통령이 한국을 방문했다. 미국 부시 대통령이 취임하기 직전이었다. 김대중 대통령과 푸틴 대통령은 탄도탄요격미사일(ABM) 제한 조약의 조항에 동의하는 공동성명을 발표했다. 전에 클린턴 미 대통령이 러시아 정부와 조인했던 조약 내용을 그대로 인용한 것이었다. 그것이 실수였다. 부시 정부가 들어서면서 클린턴 정부 때와 정책이 달라졌는데 제대로 점검을 하지 않은 것이다. 『뉴욕타임스』는 한국이 미국보다 러시아와 더 가까워지고 있는 것처럼 보도했다. 부시 대통령은 공개 기자회견에서 미국을 방문한 김대중 대통령에게 노골적으로 불쾌감을 표시했다. 이 사건의 여파로 이정빈 장관에 이어 차관인 반기문도 사전 통고 없이 해임됐다. 그에게는 처음 닥치는 절체절명의 위기였다. 그때의 심정을 반 총장은 책 『반기문과의 대화』에서 이렇게 술회하기도 했다.

"저는 외교통상부 차관으로 직업 외교관으로서의 경력을 마감할 수 없었습니다. 어디 대사로 파견되어야 했는데, 완전히 공직에서 해임되어 일반시민이 되었죠."

절망의 순간에 기적이 일어났다. 이정빈 장관의 후임으로 온 한승수 장관이 유엔총회의 의장을 맡게 된 것이 계기였다. 임기 1년의 유엔총회 의장직은 유엔 내 5개 지역그룹별로 순환되는데, 당시 아시아 지역의 순번이라 한 장관이 의장으로 추대되었다. 그때 한승수 의장은 비서실장 자리에 반기문을 앉혔다. 말 그대로 기사회생이었다.

사실 의장 비서실장은 외교부 본부 국장급이 맡아도 충분한 자리였다. 그럼에도 한 의장이 차관 출신인 그를 임명한 데엔 나름의 이유가 있었다. 후배 반기문의 처지가 안타까웠던 데다 평소 그의 역량을 높이 샀기 때문이었다.

한 의장의 배려는 결과적으로 반기문의 인생에서 절묘한 '신의 한 수'가 되었다. 반기문 실장은 뉴욕 유엔 본부에 상주하면서 한 의장을 훌륭히 보좌했고, 각국 대사들과도 자연스럽게 친분을 맺을 수 있었다. 어찌 보면 한직이랄 수 있는 자리에서도 반기문은 결코 쉬는 법이 없었다. 그가 보여 준 특유의 친화력과 성실성은 유엔 외교가에 '반기문'이라는 이름 석 자를 각인시키는 데 부족함이 없었다. 이 시절의 인연과 활동이 훗날 반기문 실장이 '한국의 외교관'에서 '유엔 사무총장'으로 발돋움하는 데 큰 밑거름이 되었음은 물론이다. 한마디로 그는 시련의 계절에도 희망을 보고 기회의 씨앗을 뿌리는 사람이었다. "나를 죽이지 못하는 고통은 나를 더욱 강하게 만든다." 철학자 니체의 이 명언은 위기를 이겨 내는 반기문의 끈기를 잘 표현하는 격언이 아닐까 생각된다.

가슴이 뜨거운 사람

나는 외교관 생활을 하는 동안 반기문 전 사무총장 가까이에서 일할 기회가 몇 차례 있었다. 그가 외무부 장관 특별보좌관을 맡았던 시기에 장관 비서관으로 함께 일했고, 그가 주미 대사관 정무공사로 일하던 시절에는 그의 지휘를 받는 1등서기관으로 근무했다. 그리고 그가 유엔 사무총장이 된 뒤에는 내가 외교통상부 제2차관을 맡으면서 인연이 다시 이어졌다. 유엔을 비롯한 국제기구 업무는 제2차관 소관이었다. 그 후에도 유엔 전문기구인 유네스코의 한국위원회 사무총장으로서 인연을 이어 갔다.

곁에서 지켜본 반기문 전 총장은 한마디로 '헌신적인 사람'이다. 늘 일이 첫 번째였고, 개인으로서의 삶은 그다음이었다. 내가 알기로는 외교부에서 일하는 동안 그는 한 번도 제대로 휴가를 간 적이 없었다. 주말에도 편히 쉬는 날이 드물었다. 아무리 피곤해도 견디고 또 견디며 공무를 처리했다.

공직 시절 그는 골프 같은 '운동'을 거의 하지 않았다. 운동을 싫어해서가 아니라 시간이 없었기 때문이다. 다른 고위 공무원들이 골프를 즐기는 휴일에도 그는 대부분의 시간에 사람을 만나거나 서류 더미에 파묻혀 지냈다. 오래전 그와 함께 해외 공관에서 근무하던 때의 일이다. 몇 차례 그와 골프 라운딩을 했는데 앞에 '워터해저드'가 있을 때, 그가 공을 물에 빠뜨리지 않고 한 번에 넘기는 걸 본 적이 없다. 재능이 없어서가 아니라 연습할 시간이 없으니 당연한 일이었다.

　이쯤 되면 '일중독'이라 부를 만도 하지만, 나는 그의 투철한 사명감이 그토록 성실하게 일에 몰입하도록 이끌었다고 본다. 반 전 총장 자신도 반세기에 가까운 공직생활 동안 자신을 지탱해 준 것은 '사명감'이라고 고백한 바 있다.

> "공직에 헌신하려는 강한 사명감이 없으면 정말로 어려운 일입니다. 40년 넘게 외교관으로 일하면서 저는 항상 공직에 대한 강한 사명감을 안고 살았습니다"
>
> 『반기문과의 대화』에서

　유엔 사무총장이 된 이후에도 그는 살인적인 일정을 소화하며 왕성한 활동을 펼쳤다. 그가 관여하는 국제적 분쟁이나 탄소배출 감축 같은 지구적 이슈는 사실 국가에 따라 이해가 상충하는 부분이 많았다. 그러다 보니 사무총장직을 수행하는 게 결코 쉽지 않았고, 그의 행보에 대한 호불호도 엇갈리게 마련이었다. 하지만 그를 비판하는 사람들조차 두말없이 인정하는 것은 그의 한결같은 성실성이었다. 그 성실함의 밑바탕에는 바로 투철한 사명감이 자리하고 있었다.

> "많은 사람들이 제게 이 일을 즐기고 있느냐고 묻습니다. 굳이 대답하자면 이 일은 즐기고 말고 할 일이 아닙니다. 사명감이 필요한 일이죠. 많은 이들이 제게 유엔 사무총장은 '세상에서 가장 불

가능한 직업'이라고 충고했습니다. 해 보니까 알겠습니다. 이 일
이 정말 세상에서 가장 불가능한 일이라는 것을요. 농담 삼아 회
원국이나 친구들에게 말하곤 합니다. 제 임무는 이 불가능한 일을
가능하게 만드는 일이라고요. 이게 제가 하는 일입니다"

『반기문과의 대화』에서

반기문 전 총장, 그가 남긴 발자취를 돌아보면 때론 느리게 걸을지언
정 결코 곁길로 샌 적이 없음을 알 수 있다. 그가 꿈과 목표를 향해 흔들
리지 않고 한 걸음씩 내딛을 수 있었던 비결은 무엇이었을까? 아마도 그
의 가슴에 나라를 위해 그리고 인류를 위해 봉사하겠다는 뜨거운 사명
감이 늘 살아 있었기 때문일 것이다.

반기문 리더십의 본질 '사람'

반기문 리더십의 본질은 무엇일까? 나는 사람 중심 리더십에서 그 본
질을 찾고 싶다. 반기문 전 총장, 그는 사람을 수단으로 대하지 않는 사
람이다. 늘 상대방을 배려하고 스스로를 낮춰 남다른 인간관계를 만들어
낸다. 직위나 신분에 관계없이 사람을 인격체로서 존중하기 때문에 가능
한 일이다.

나 역시 반 전 총장의 '배려 리더십'에 매료된 바 있다. 1993년 주미
대사관 1등서기관으로서 반기문 정무공사를 상사로 모시던 때의 일이
다. 당시 내가 결재를 받으러 사무실에 찾아갈 때마다 반 공사는 반가운
인사로 긴장을 풀어 주곤 했다.

"오, 어서 와~." 아침에 봤는데도 불구하고 마치 반가운 사람을 오랜만에 만나는 것처럼 항상 웃으며 나를 맞이해 주고, 내가 의자에 앉아 편안한 자세로 결재 보고를 하도록 이끌어 주었다. 보통의 경우 부하 직원이 결재를 받을 때 결재권자의 책상 맞은편에 서서 고개를 숙이고 보고나 설명을 하게 되는데, 결재 서류의 글자는 거꾸로 보이고 몸은 위축되기 마련이다. 반 공사는 이렇듯 불편하고 비효율적인 결재 과정을 부드러운 배려로 개선했던 것이다. 보고하러 온 부하 직원을 앉히는 것은 서로 눈높이를 맞춤으로써 소통하려는 의도이고, 몸도 마음도 편안하게 할 말을 하라는 배려이기도 했다.

여기서 잠시 시침을 거꾸로 돌려, 반 전 총장의 어린 시절로 되돌아가보자. 초등학교 시절 한때 소년 반기문의 별명은 '똥파리'였다고 한다. 코에 희미한 반점이 있었는데 마치 파리가 앉은 듯해서 동급생들이 그렇게 불렀다는 것이다. 어린 나이에 마음이 상하기도 했을 테지만 소년 반기문은 화를 내기보다는 동급생들을 끌어안는 쪽을 택했다. 그는 친구들이 풀지 못해 끙끙대는 문제들을 곁에서 쉽게 풀이해 주기 시작했고, 그 결과 별명이 어느새 '반 선생'으로 바뀌었다고 한다. 어쩌면 이때부터 문제를 해결하는 최선의 방법은 물리적인 힘이 아니라 배려와 존중이라는 생각이 그의 뇌리에 자리 잡았던 것일지도 모르겠다.

외교부 재직 시절 반 전 총장의 인간관계에 대한 일화는 아직도 전설처럼 전해져 오고 있다. 그는 자리가 높아질수록 더 허리를 숙이는 사람이었다. 그가 고시 동기생들은 물론 선배들보다 먼저 승진했을 때의 일이다. 그는 꼬박 일주일이 걸려 선배와 동료 100여 명에게 "먼저 승진하게 되어 미안하고 송구하다"라고 일일이 편지를 썼다. 물밑에서 치열한 경쟁이 벌어지는 관료사회에서 서열파괴나 빠른 승진은 갈등을 불러일으키는 최대 요인이다. 하지만 반 전 총장은 진심이 담긴 편지로 오히려 격려를 이끌어 냈다. 과거 외교부에서는 "반기문의 반만 해도 성공한다"는 말이 한동안 오르내렸다. 이는 그의 성실함을 높이 평가하는 말이었지만, 다른 한편으론 그의 남다른 인간관계를 염두에 둔 말이기도 했다.

지구촌을 움직인 '섬기는 리더십'

사람을 최우선으로 두는 반기문 특유의 배려 리더십은 그가 유엔 사무총장으로서 발휘한 '섬기는 리더십'과도 맥을 같이한다. 그는 유엔 조직을 이끄는 수장이었지만 자신이 '누리는 사람'이 아니라 '섬기는 사람'이어야 한다고 말하곤 했다. 한번은 유엔 고위 관료 중 한 사람이 "공식 석상에서 왜 그렇게 깊숙이 허리를 숙여 인사하십니까?"라고 그에게 물은 적이 있었다. 그때 반 전 총장이 내놓은 대답은 이러했다.

> "공무원은 시민을 섬기는 사람인 걸 모릅니까? 나는 국제사회 시민들을 섬기는 사람입니다."

『반기문과의 대화』에서

유엔 사무총장 시절 반 전 총장은 24시간 깨어 있는 총장으로 유명했다. 정확히 표현하자면 그의 전화가 24시간 열려 있었다는 의미다. 한밤

중이든 꼭두새벽이든 그는 공용 전화를 언제나 직접 받았다. 지구촌 지역마다 시차가 다르다 보니 통화하는 때를 놓치면 현안에 대한 대응도 늦어지기 때문이다. 자신의 삶을 위주로 업무를 보는 것이 아니라 업무에 맞춰 자신의 삶을 살았던 셈이다. '섬기고 봉사하는 사람'이라는 의식이 없다면 결코 해낼 수 없는 일이기도 했다.

비슷한 사례는 또 있다. 반기문 전 총장은 아마도 세계에서 해외 출장이 가장 잦았던 사람일 것이다. 그런데 흥미롭게도 야간비행을 할 때가 많았다고 한다. 아침에 현지에 도착하도록 스케줄을 짜기 때문이었다. 도착과 함께 회의나 업무를 시작하기 위해서였다고 하니, 하루 24시간 동안 일한 총장이라고 해도 과언이 아닐 듯하다.

당시 그가 밤낮없이 일하던 모습을 보면 왜 사람들이 유엔 사무총장에 대해 '불가능한 직업'이라고 평하는지 어느 정도 알 것도 같다. 반기문 전 사무총장은 이토록 힘든 일을 대체 왜 했던 걸까? 아마도 자신이 지금 흘리는 땀이 지구촌을 더 나은 세상으로 바꾸는 거름이라고 생각했기 때문이었을 것이다.

세상에 저절로 열리는 문은 없다

외교관이나 글로벌 리더의 길은 어쩌면 힘들고 어렵기만 한 여정으로 비칠 수도 있다. 하지만 뜨거운 신념과 사명감을 가슴에 품는다면 대한민국, 나아가 지구와 인류의 미래를 바꾸는 멋진 도전이 될 것이다. 세계의 글로벌 리더들이 미래세대에게 각별한 관심과 애정을 쏟는 이유는 그들이 지닌 무한한 가능성을 믿기 때문이다. 아무쪼록 대한민국의 많은 젊은이들이 자신의 가능성에, 세계를 향한 꿈에 도전하기를 바란다. 세상에 저절로 열리는 문은 없다. 자동문이라도 최소한 다가가야 열리지 않는가.

'지구촌 가난한 이들의 영원한 주치의' 이종욱 전 WHO 사무총장

2003년 어느 날 저녁, 유엔 제네바 사무소를 내려다보고 있는 한국 대표부에서는 축하연이 열리고 있었다. 이종욱 박사의 세계보건기구(WHO) 사무총장 취임을 축하하는 자리였다. 한국인이 국제기구의 수장에 오른 것은 그가 처음이었다. 그의 취임을 축하하기 위해 김화중 보건복지부 장관도 멀리 서울에서 왔다. 세계무역기구(WTO) 서비스협상 수석대표로 제네바에 출장 온 나는 그때 이 박사를 처음 만났다. 겸손하면서도 의욕이 넘치는 분이었다. 여러 사람들의 축하 인사를 받던 그 순간, 아마도 그의 머릿속에는 수십 년 동안 질병과 싸우며 보낸 나날이 스쳐 지나갔을 것이다.

봉사를 위해 선택한 삶

이종욱 박사는 대학을 두 번 나왔다. 먼저 한양대 공대를 졸업한 후 늦깎이로 서울대 의과대학에 진학해 의학도의 길을 걷기 시작했다. 그가 의학을 배운 것은 소외당하고 아픈 이들을 치유하는 봉사의 삶을 꿈꿨기 때문이다. 실제로 대학 시절부터 그는 경기도 안양에 있는 성 나자로 마을에 찾아가 한센병 환자들을 돌봤다. 미국 하와이대학교에서 보건학 석사학위를 마친 뒤에도 마찬가지였다. 그는 부인과 함께 남태평양의 작은 섬나라인 미국령 사모아로 건너가 의료봉사에 나섰다. 당시 그는 린든 존슨 병원에서 일하면서 의료 혜택을 받지 못하던 가난한 한센병 병자들을 돌봐 '아시아의 슈바이처'라 불리게 된다.

그가 WHO와 처음 인연을 맺은 것은 1983년, WHO 남태평양지역 사무처가 있는 피지에서 의료봉사를 하던 때였다. 당시 그는 WHO 지역 사무처로부터 한센병 자문관 자리를 제안받았는데, 가난한 환자들을 더 많이 치료할 수 있으리란 생각에 이를 수락했다. 그의 봉사 인생이 전인류로 향하게 되는 커다란 전환점이었다. 그때부터 본격적인 WHO에서의 삶이 이어진다. 1986년 그는 필리핀 마닐라에 있는 WHO 서태평양지역 사무처로 자리를 옮겨 질병예방관리국장으로 일했다. 1994년 4월에는 제네바 WHO 본부의 부름을 받아 백신면역국장을 시작으로 결핵국장 등 요직을 두루 거친다. 그리고 마침내 2003년 1월 그는 WHO 사무총장 후보 선거에서 일곱 번째 투표까지 가는 접전 끝에 제6대 사무총장으로 선출됐다. 서유럽 국가들의 입김이 센 WHO에서 "아시아 출신에겐 무모한 도전"이라는 편견을 깬 쾌거였다.

백신의 황제

이 박사는 WHO에서 일한 23년 동안 결핵, 천연두, 에이즈, 조류인플루엔자, 소아마비 등 인류의 건강을 위협하는 질병을 물리치는 데 열정을 쏟았다. 그 대부분이 저개발국, 가난한 사람들이 가장 고통받고 큰 피해를 입는 질병이었다. 결핵국장 시절엔 북한을 방문해 6만 명분의 결핵약을 제공했고 22개국의 결핵 고위험군을 대상으로 기념비적인 결핵퇴치사업을 추진했다. 백신면역국장으로 일하던 1995년에는 전 세계 소아마비 발생률을 세계 인구 1만 명당 1명 이하로 낮춰 미국 과학잡지 『사이언티픽 아메리칸』으로부터 '백신의 황제'라는 칭호를 얻었다. WHO 사무총장을 맡고 있던 2005년 '세계 에이즈의 날'에는 에이즈 환자 100만 명에게 치료제를 보급해 수많은 인명을 구해내기도 했다.

가난한 사람들을 위한 열정과 헌신

그러나 애석하게도 이종욱 박사는 2005년 5월 22일 세계보건기구 총회를 바로 앞두고 뇌혈전으로 갑자기 쓰러져 유명을 달리했다. 향년 62세. 당시 코피 아난(Kofi Annan) 유엔 사무총장은 인류를 위한 그의 열정과 헌신을 이렇게 표현했다.

"세계는 오늘 위대한 인물을 잃었다. 그는 모든 남자와 여자, 그리고 어린이들의 질병을 예방하고 치료하는 데 가장 앞장선 인물이고 가장 가난한 사람들의 대변자였다."

수많은 세계 지도자들의 애도가 이어졌다. W. 부시 미국 대통령도 그중 하나였다. "이종욱 박사는 결핵과 에이즈, 소아마비로부터 수백만 사람들의 건강을 지키기 위해 지칠 줄 모르고 일했다. 그는 국제사회가 유행성 인플루엔자 등과 같은 수많은 도전에 맞서고 있는 때 놀라운 리더십을 보여 주었다."

꿈꾸라 그리고 행동하라

이종욱 박사를 기리는 추모의 행렬은 서거 후 10년이 지난 지금도 변함없이 이어지고 있다. 2016년 5월 WHO는 총회 기간 중에 고 이종욱 사무총장 10주기 공식 추모행사를 가졌다. WHO가 총회 기간에 누군가의 추모행사를 공식행사로 채택한 것은 매우 이례적인 일이었다.

왜 세계는 그를 기리고 그의 지난날을 추억하는 걸까? 빼어난 업적도 결코 빼놓을 수 없는 이유이겠지만 무엇보다도 그가 커다란 울림을 전해 준 리더이기 때문이 아닐까 싶다.

이 박사가 우리에게 주는 메시지는 크게 두 가지다. 꿈을 가지라는 것, 그리고 옳다고 생각하면 행동하라는 것이다.

이종욱 박사에게는 인류를 향한 아름다운 꿈이 있었다. 질병으로 고통받는 이들이 없는 세상을 만드는 것이 그의 꿈이었고 의사로서 품은 숭고한 소명이었다. 그는 소위 '잘나가는 의사'로서 편한 길을 걸을 수도 있었다. 병원을 개업하거나 대학원 지도교수의 권유에 따라 교수로 강단에 남을 수도 있었다. 그렇지만 그는 남태평양의 섬나라 피지에서 한센병 환자들을 치료하고 친구가 되어 주는 남다른 길을 선택했다. 또래보다 7년 늦게 의대에 입학하고 성 나자로 마을에서 한센병 환자들을 돌볼 때부터 그의 꿈은 자라고 있었다. 그리고 '가난하고 소외된 이들의 주치의가 되겠다'는 청년 시절의 그 꿈은 그를 결국 WHO 사무총장의 자리로까지 이끌었다.

그는 이 땅의 젊은이들이 꿈을 품고 살아가기를 바랐다. 어떤 직업이나 자리가 아니라, 자신의 꿈에 도전하기를 바랐다. 꿈과 신념이 없는 인생은 모래 위에 성을 쌓는 것이나 다름없다고 여겼기 때문이다. 평소 그는 진로를 고민하는 젊은이들에게 이렇게 묻곤 했다.

"그런데 자네, 꿈이 무엇인가?"

생활의 방편을 고민하지 말고, 삶의 목표를 고민하라는 메시지가 담긴 질문이었다.

실패도 자산으로 삼은 사람

이 박사는 어느 날 갑자기 벼락스타처럼 국제 무대에 등장한 인물이 아니다. 2003년 WHO 사무총장 선거에 후보로 나설 때까지 한국에서 그의 이름을 아는 이는 거의 없었다. 하지만 해외에서 이미 그는 가난한 이들을 위한 의료 활동으로 '아시아의 슈바이처'로 불리고 있었다. 세계 193개국이 가입돼 있는 WHO의 사무총장 자리는 누군가가 원한다고 해서 오를 수 있는 자리가 아니다. 그는 맨 밑바닥에서 출발해 땀과 열정으로 국제기구 사무총장으로 가는 길을 닦았다. 목표를 정하고 한 계단 한 계단씩 딛지 않고는 결코 이룰 수 없는 일이었다.

그는 끊임없이 노력하는 사람이었다. 퇴근 후에 집에 가면 무슨 일이 있어도 프랑스 신문을 읽는 것으로 유명했다. 그런 노력 덕분에 영어는 물론 일어, 불어, 중국어까지 구사할 수 있었다. 그는 철저하게 현장에서 경력과 실력을 쌓아 나갔다. 정글처럼 생존경쟁이 치열한 국제기구 안에서도 그의 진정한 봉사정신과 역량은 빛났다.

때로는 실패와 좌절을 겪기도 했다. 그러나 그는 어떤 상황에서든 최선을 다했다. 스웨덴 국무총리 출신의 브룬트란트 박사가 WHO 사무총장이 되자 예방백신국장 자리에서 사무총장의 선임정책자문관이라는 한직으로 밀려나기도 했다. 그러나 그는 낙심하거나 좌절하지 않았다. 그 기간 동안 WHO 안에 획기적인 전화통신망을 구축하는 업적을 이루어 냈다. 매사를 긍정적으로 받아들이고 최선을 다한 결과, 그에게 돌아온 것은 결핵국장이라는 중책이었다. 그는 "실패를 맛보지 않은 사람은 진정한 지도자로 클 수 없다."라고 말하곤 했다. 많은 실패를 겪었지만 결국 실패도 자신의 큰 자산이 되었다는 의미이다.

이 박사는 옳다고 생각하면 주저하지 않고 행동에 옮기는 사람이었다. 그가 사무총장에 취임한 후 심혈을 기울여 추진한 '3 by 5' 사업이 대표적인 사례다. 2005년 말까지 300만 명에게 항에이즈 바이러스 치료제를 공급하는 이 초대형 사업은 사실 주위에서 만류하던 사업이었다. 회원국과 협력 국가들의 지원을 얻는 과정이 복잡하고 어려운 국제기구 메커니즘상 소요 자금을 확보하기에는 기한이 너무 촉박했기 때문이었다. 하지만 그는 에이즈로 고통받는 수많은 사람들을 내버려 둔 채 언제가 될지도 모르는 예산 확보만 기다릴 수는 없다며 사업을 밀어붙였다. 결과적으로 이 사업의 목표 달성 자체는 실패했지만, 그가 외롭게 내딛은 첫걸음의 파장은 지대했다. 이 사업으로 100만 명이라는 사람들에게 약을 공급해 수많은 생명을 구했고, 에이즈 대책이 획기적으로 바뀌는 결정적 계기가 되었기 때문이다.

이등석에 앉는 사무총장

생전에 이종욱 박사는 질병으로 고통받고 있는 이들을 위해서라면 세계 어디라도 마다하지 않고 달려갔다. 높은 직위임에도 여객기 이등석에 앉는 것을 개의치 않았다. 그가 국제기구 수장으로서 존경을 받은 이유는 말보다는 행동을 중시하고 섬김의 리더십, 솔선수범의 리더십을 몸소 실천했기 때문이다. WHO 직원들도 이 박사가 '행동하는 사람(Man of Action)'이었다고 말한다. 2004년 『타임』지가 이종욱 박사를 '세계에서 가장 영향력 있는 100인'에 올린 것도, 옳다고 생각하면 행동으로 옮기는 그의 소신과 용기를 높이 샀기 때문일 것이다.

시골 마을에서 한센병 환자들을 돌보던 대학생 자원봉사자가 훗날 세계보건기구의 수장이 되기까지 이어진 도전과 헌신의 역사는 오늘날 글로벌 외교관을 꿈꾸는 젊은이들에게 깊은 교훈과 영감을 전해 줄 것이다. 꿈을 향해 계속 달리는 자, 언젠가 그 꿈과 만나리라는.

한국인의 마음을 움직인 벽안의 외교관, 스티븐스 전 주한 미국 대사

우리나라를 다녀간 많은 외교사절 중 캐슬린 스티븐스(Kathleen Stephens) 전 대사만큼 우리 국민에게 친숙한 외교관은 없을 것이다. 그는 2008년부터 2011년까지 3년 동안 주한 미국 대사를 지냈다. 한국 정부 수립 이후 한국에 부임한 21명의 미국 대사 가운데 최초의 여성 대사이자 한국어를 구사할 줄 아는 최초의 대사이기도 했다.

'심은경'이라 불린 사람

그가 한국과 처음 인연을 맺은 것은 1975년 평화봉사단(Peace Corps)의 일원으로 충남 예산군 예산중학교에서 영어를 가르치면서였다. 대학을 갓 졸업하고 선택한 곳이 바로 한국이었다. 동료교사들은 그에게 '심은경'이라는 한국 이름을 지어 주었다.

그는 미국 텍사스주에서 태어나 뉴멕시코주와 애리조나주에서 성장했다. 애리조나 프레스콧대학교(Prescott College)에서 동아시아 학위를 받고 하버드대학교에서 석사 학위를 받았다. 홍콩과 옥스퍼드대에서도 공부했다. 외교관으로 일하면서 포르투갈, 북아일랜드 등 유럽에서 근무하고 미국 국무부에서 유럽 업무를 담당하기도 했지만, 그가 가장 애정을 쏟은 곳은 한국이었다.

그는 평화봉사단원으로 한국에서 일하는 동안 주한 미국 대사관에서 치른 외교관 시험에 합격해 이듬해 외교관 생활을 시작했다. 인생의 항로가 한국에서 결정된 것이다. 7년 뒤에는 한국에 돌아와 대사관 정무팀장과 영사관 선임영사로 일했다. 그리고 평화봉사단원으로 한국에 첫발을 디딘 지 33년 만에 특명전권대사의 신분으로 다시 한국 땅을 밟았다. 그가 외교관 생활을 시작하고 마무리한 곳이 한국이니 한국에 대한 그의 애정이 얼마나 큰지 미루어 짐작할 수 있을 것이다. 미국의 외교관이 한국에서 세 번이나 근무한 것 자체가 이례적인 일이었다.

한국에 대한 그의 사랑은 남다른 것이었다. 그는 대사관저에서 한국의 토종견인 삽살개를 키웠고, TV 프로에 나와서는 김소월의 시 '못잊어'를 낭독하기도 했다. 김치 담그는 법도 배웠다. 김치를 담글 줄 안다면 한국을 제대로 이해할 수 있으리라는 생각에서였다. 한국을 떠나 유럽에서 외교관으로 지내던 시절엔 조수미 씨의 콘서트에서 '그리운 금강산'을 듣고 눈물을 흘리기도 했다. 이러한 그의 한국 사랑에 화답이라도 하듯, 많은 한국 사람들이 그를 환대하고 아꼈다.

소통하는 외교관의 모범

그가 대사로 활동하는 동안 나는 외교통상부 제2차관으로서 그가 어떻게 한국민들과 소통하는지 보았다. 평생 외교관으로 일한 나도 스티븐스 전 대사가 한국에서 보여 준 직업의식과 열정에 감탄하곤 했다. 그는 외교관이 주재국에서 무엇을 어떻게 해야 하는지를 보여 준 외교관의 전형(典型)이었다.

우리나라에 주재한 많은 외교관 중 그가 특별히 우리 국민들의 사랑을 많이 받은 이유는 무엇일까. 아마도 스티븐스만큼 진심으로 그리고 정성을 다해 소통한 사람이 없었기 때문일 것이다. 외교의 궁극적인 대상은 외교관이 주재하는 국가의 국민이다. 스티븐스의 소통방식은 다른 외교관들과 처음부터 달랐다. 그는 한국에 부임하자마자 '심은경의 한국 이야기'라는 이름으로 자신의 블로그를 만들어 글을 올리기 시작했다. 그가 이임할 때까지 올린 글은 137회에 이른다. 짧은 글이 아니라 원고지 여러 장 분량의 글도 수두룩했다. 게다가 사람들이 올린 댓글에 일일이 답글을 썼다. 해외출장으로 자리를 비운 시간을 감안하면 최소한 일주일에 한두 번은 글을 쓴 셈이다. 이렇게 올린 글이 A4 용지로 175쪽이 넘는 분량이었다. 여간 부지런하지 않으면 엄두를 내기도 어려운 일이었다.

외교관이 수많은 사람들에게 노출된 인터넷 공간에 자신의 생각을 글로 올리는 것은 결코 쉽지 않은 일이다. 더구나 미국 대사라는 신분을 감안하면 언제 어디에서 누구와 만나 무슨 이야기를 나누고 무엇을 했는지 밝히는 것 자체가 파격이었다. 그럼에도 스티븐스가 용기 있게 자신의 언행을 공개한 것은, 블로그를 통해 한국 국민과 대화를 나눈다고 여겼기 때문이다. 훗날 그는 블로그에 담은 글들을 정리해 '내 이름은 심은경입니다'라는 제목의 책을 내기도 했다. 이 책에는 그가 한국에서 살면서 보고 느끼고 생각한 모든 것이 고스란히 담겨 있다.

그의 소통 공간은 온라인에만 국한된 게 아니었다. 어려서부터 자전거를 즐겨 탔던 스티븐스는 틈날 때마다 자전거로 전국을 누비면서 사람들과 만났다. 한국에서 10년 남짓 사는 동안 그의 발길이 안 닿은 곳이 거의 없었다. 2011년에는 평창 동계올림픽 유치를 축하하기 위해 서울에서 전남 진도까지 700여 km를 90일 동안 달렸고, 2012년 6월에는 양평에서 부산까지 4박5일 동안 자전거길 국토종주 633km를 완주했다. 그는 퇴임할 때 자신이 탔던 자전거를 대한사이클연맹에 기증했다.

주말에도 사람들과 어울려 테니스를 쳤다. 내 주위에도 스티븐스 전 대사와 테니스를 함께 친 사람들이 적지 않다. 대사로서 그는 대통령과 장관, 정부 고위관리만 만난 게 아니었다. 농부와 시민들, 학자와 학생들을 만나 어울렸다. 정치인과 재야인사도 만났다. 심지어 미국에 비판적인 성향의 인사들까지 만찬에 초대해 그들의 말에 귀를 기울였다. 스티븐스 전 대사를 만난 사람들은 한결같이 "소탈하고 친근한 모습이 매우 인상적이었다. 격의 없이 적극적으로 대화하고 소통하려는 마음이 읽혀졌다."라고 말한다. 한 나라를 대표하는 대사라는 직위에도 불구하고 그는 늘 자신을 낮추고 먼저 상대방의 말을 들으려고 했다. 경청과 소통은 그가 외교관으로서 지닌 최고의 미덕이었다.

한국을 자랑스러워한 사람

스티븐스는 한국의 경이적인 경제발전과 민주화를 직접 목격한 외교관이다. 그가 가까이에서 본 한국의 발전 과정은 한마디로 '기적'이었다. 그가 한국과 첫 인연을 맺은 1975년 한국의 1인당 국내총생산액(GDP)은 600달러 수준으로 북한 GDP와 비슷했다. 당시 한국인들은 힘들다 못해 가혹할 정도로 가난에 시달렸다. 스티븐스 전 대사는 한국의 첫인상을 이렇게 회상한다.

"당시 겨울은 유난히 추워 학생들이 고생을 많이 했습니다. 손이 곱아 장갑을 낀 채 칠판에 분필로 글을 쓰면서 아이들을 가르쳤는데, 아이들이 보다 나은 미래를 위해 정말로 열심히 공부하는 모습이 큰 감동을 줬습니다. 놀라웠던 것은 그분들의 삶이 나아지는 모습을 볼 수 있었다는 사실입니다. 처음 부임했을 때는 자전거를 가진 사람이 거의 없었는데, 얼마 지나지 않아서 자전거 대수가 갑자기 늘어나기 시작했습니다. 처음에는 찾아보기 힘들던 텔레비전도 하나둘씩 늘고 달구지가 다니는 비포장도로에 아스팔트가 깔리고, 초가지붕들이 갑자기 TV 안테나가 달린 기와지붕으로 바뀌었습니다."

그는 한국의 변화와 발전을 보면서 진심 어린 박수를 보냈고 수혜국에서 공여국으로 발돋움한 한국에 대해 남다른 긍지를 나타내곤 했다.

2009년 한국이 OECD 개발원조위원회에 가입하던 당시에는 "원조 제공보다 더 중요한 것은 '할 수 있다'는 마음가짐과 좋은 정책으로 전례 없는 발전을 이룬 한국이 개도국에 강력한 성공 사례가 된다는 점"이라고 블로그에 글을 올리기도 했다.

사람에 대한 따뜻한 관심

스티븐스의 어릴 적 꿈은 무엇이었을까? 그는 자신의 저서에서 "유년 시절 주말이면 시내에 있는 도서관에서 빌려온 책을 읽으며 내가 알고 있는 세상 너머에 있는 사람들을 만나고 미지의 세계를 찾아 여행을 떠나곤 했다."고 적고 있다. 그가 평화봉사단의 일원으로 한국을 찾은 것도, 외교관의 길을 택한 것도 유년 시절의 꿈과 무관하지 않을 것이다.

어찌 보면 사람에 대한 따뜻한 관심과 새로운 세상에 대한 호기심은 외교관으로서 좋은 덕목이라고 할 수 있을 것 같다. 사람을 움직이는 외교야말로 공공외교의 진수이기 때문이다. 한국을 이해하고 한국인에게 다가서려 노력했던 스티븐스, 그는 한국인을 움직인 파란 눈의 대사로 한·미 외교사에 오래도록 기록될 것이다. '소통하고, 소통하고, 또 소통하라.' 그가 미래의 외교관들에게 던지는 메시지는 바로 그것이다.

3

나의 영원한 외교관 롤모델
강영훈 대사

외교관으로 일하던 시절, 나는 '인복'이 많은 사람이었다. 외교부 본부와 해외에서 훌륭한 선배 외교관들을 많이 만났기 때문이다. 직속상관으로 모신 두 분(강영훈, 한승수)이 국무총리가 되고, 일곱 명(최호중, 이상옥, 유종하, 한승수, 최성홍, 반기문 등)은 외교부 장관의 자리에 올랐다. 그분들 중 특히 강영훈 주영국 대사는 내게 특별하고도 특별한 존재였다. 34년이라는 오랜 세월 동안 그는 한결같이 말과 행동으로 공직자의 본을 보이고, 외교관으로서 바른길을 가도록 나를 이끌어 주었다. "민동석 동지!" 그는 사석에서 나를 그렇게 불렀다. 젊은 후배를 상하관계가 아니라 수평의 동반자로 여긴 것이다. 강 대사와의 만남은 내게 커다란 행운이자 축복이었다.

평생 이어진 만남

내가 강 대사를 처음 만난 것은 1981년 말, 주영 대사관 3등서기관으로 발령받아 부임 준비를 하고 있던 때였다. 당시 강 대사는 주영국 대사로 일하던 중 공무로 일시 귀국해 있었다. 그가 첫 해외공관 부임을 앞둔 나에게 건넨 말은 '만나서 반갑다'는 의례적인 인사말도, '열심히 일해 주기 바란다'는 직업적인 당부도 아니었다.

"꼭 결혼을 하고 부임하면 좋겠어. 부부가 함께 런던 생활을 하면 더욱 좋을 거야."

강 대사는 후배 외교관에게 삶이 윤택해지는 지혜를 이야기해 줬다. 사실 회갑을 넘긴 대사를 상사로 만나 내심 어찌 대해야 할지 막막한 면이 있었다. 하지만 그의 한마디에 긴장감을 털어 내고 해외 생활에 대한 행복한 기대감을 품을 수 있었다. 그에게서 마치 아버지가 아들을 대하는 것 같은 따뜻한 마음을 느꼈다.

강 대사의 권유 덕분이었을까? 나는 이듬해 3월 초 결혼해 런던에 부임했다. 강 대사와 함께한 런던 생활은 내게 보람과 행복이 넘친 시간이었다. 강 대사도 자신의 회고록인 『나라를 사랑한 벽창우』에서 "유종하 공사, 선준영 참사관, 민동석 서기관 등 유능한 외교부 직원들과 함께 일할 수 있었던 것도 영국 생활의 기쁨 중 하나였다."고 했다. 나는 3년 동안 주영 대사관에서 일하면서, 강 대사 곁에서 대한민국의 외교관이 무슨 일을 어떤 마음으로 어떻게 해야 하는지를 보고 배웠다. 그의 성품과 리더십을 하나씩 하나씩 내 마음속에 심으며 온몸으로 그를 닮아 가려고 노력했다. 강 대사와의 만남은 1985년 초 대사가 로마교황청 대사로 이임할 때까지, 그리고 그 후에도 2016년 타계할 때까지 아버지와 아들처럼 변함없이 이어졌다.

강 대사가 주로마교황청 대사를 마치고 돌아왔을 때의 일이다. 당시 강 대사는 매달 종합청사 7층 북쪽 끝에 있는 대사실에 들러 6월 말로 예정된 퇴임을 준비하고 있었다. 나는 그의 은퇴를 못내 아쉬워하며 틈나는 대로 대사실로 찾아가 잔무 처리를 도와드리곤 했다. 매번 곰탕집에서 점심 식사를 함께 하고 경복궁 뜰을 함께 걸었는데, 그때마다 그는 하나라도 더 내게 인생의 지혜를 나누어 주려고 했다. 주위 사람들은 나에게 "왜 그렇게 '꺼진 불'에 정성을 다하느냐?"고 묻기도 했다. 권력의 유무를 친소의 조건으로 삼는 세태가 씁쓸했다. 내가 존경하고 닮고 싶었던 것은 그의 높은 지위가 아니라 그가 외교관으로서, 인생 선배로서 보여 준 삶의 자세였다.

내가 강 대사의 소식을 다시 들은 것은 1988년 3월 주사우디 대사관에 2등서기관으로 부임한 직후였다. 그해 4월 총선에서 강 대사는 전국구(현 비례대표) 국회의원이 되었고, 연말에는 국무총리로 발탁됐다. 마침 나의 고교 시절 절친(강병규 전 행안부장관)이 수행비서관으로서 강 총리를 모시게 되어 가까이서 뵙는 듯한 기분이 들었다. 이듬해 내가 주제네바 대표부로 발령이 난 후 오랜만에 총리로부터 연락이 왔다. 스위스 방문길에 취리히에서 나를 찾은 것이다. 그때의 감회를 어떤 말로 표현할 수 있으랴.

의를 지킨 '벽창우'

강영훈 대사, 그는 직업외교관 출신은 아니지만 어느 누구보다 훌륭한 외교관이었다. 평안북도 창성군 출신인 그는 1946년 월남해 군사영어학교(육군사관학교의 전신)에 들어가면서 군인의 삶을 시작했다. 육군 중장까지 승진했지만, 5·16 군사혁명 때 반혁명분자 1호로 지목돼 고초를 겪었다. 당시 육군사관학교 교장을 맡고 있던 그가 '육사 생도들로 하여금 혁명지지 시가행진을 하도록 하라'는 혁명세력의 요구를 거부했기 때문이었다. 그는 옥고를 치르면서도 사관생도를 정치 도구로 이용해서는 안 된다는 소신을 굽히지 않았다.

그 후 그는 미국으로 건너가 불혹의 나이에 어렵게 공부를 시작했다. 그가 선택한 전공은 정치학이었다. 군사혁명을 겪으면서 우리 사회에 민주정치 제도가 뿌리내리기를 더욱 염원하게 되었기 때문이다. 마침내 만 쉰의 나이에 박사 학위를 따고 돌아온 그는 잠시 대학에 몸담았다가 외교관으로서 제2의 삶을 시작했다. 고지식하고 융통성 없는 사람을 흔히 '벽창호'라고 부르는데, 옳은 일에 관한 한 그가 꼭 그런 사람이었다. 그 스스로도 회고록 『나라를 사랑한 벽창우』에서 자신의 이미지가 고집불통 '벽창우'와 흡사하다고 평하기도 했다. 벽창우란 평안북도 벽동군과 창성군에서 기르는 한우로, 힘과 고집이 세서 말을 잘 안 듣는 소의 대명사다. 평생 불의와 타협하지 않고 오롯이 소신대로 인생행로를 걸어온 그의 삶과 어울리는 별명이 아닐 수 없었다.

그는 1978년 초 외교안보연구원장으로 외무부에 들어간 후 1981년 1월 주영국 대사(주아일랜드 대사 겸임)로 발탁돼 첫 해외 근무를 시작했다. 4년간의 주영 대사 시절, 그는 외교관으로서 탁월한 역량을 발휘했다. 아일랜드 정부를 설득해 1983년 정식 국교를 맺은 주인공도 바로 그였다. 특히 인상적이었던 것은 스스로에게 엄격하고 자신을 내세우지 않는 겸허한 처신이었다. 그는 본부에 공관 업무를 보고할 때에 대사의 활동에 대해 따로 보고하지 않도록 했다. 한·영 양국의 우호관계를 진작시키는 것이 대사의 역할인데 마땅히 해야 할 일을 수행한 것을 공적 삼아 시시콜콜 본부에 보고할 필요가 없다는 것이었다. 그만큼 자기 홍보에 신경을 쓰지 않고 공관장으로서 해야 할 일을 묵묵히 해내는 선이 굵은 인물이었다.

영국이 칭찬한 대사

주영 대사관에 수십 명의 외교관이 있었지만 사실 일의 양만 놓고 보더라도 강 대사를 따를 사람이 없었다. 아침부터 밤늦도록 업무를 처리하고 다양한 이들을 만나면서도 작은 행사 하나 외면하는 법이 없었다. 평소 그는 "한·영 관계에 조금이라도 도움이 된다면 언제든 어떤 일이든 마다하지 않겠다."고 했는데, 묵묵히 행동으로 그 약속을 지켰다. 혼신의 힘을 쏟다 보니 때로는 건강에 무리가 갈 정도였다. 그의 운전기사는 "대사님이 저녁 늦게까지 행사에 다니시다 계단에서 휘청거리실 때도 있다."고 내게 안타까움을 토로하기도 했다. 발로 뛰는 현장 외교와 작은 인연도 소중히 대하는 인품 덕분에 그는 영국에서 적재적소에 두터운 인맥을 만들 수 있었다.

한국과 영국이 양국 수교 100주년을 기념하던 1983년, 강 대사는 대영박물관에서 '한국미술 5천년전'을 열도록 이끄는 등 굵직굵직한 일들을 해냈다. 미얀마 아웅산 테러사건 때 영국은 어느 나라보다도 앞서 한국 입장을 적극 지지해 주었는데 그만큼 한·영 관계가 돈독했다. 당시

유럽 국가 중에서 한국이 가장 많은 수출을 하는 나라가 영국이었을 정
도로 교역도 활발했다. 주한 영국 대사는 우리 대통령을 만난 자리에서
"한·영 수교 100년이 됐는데 양국 관계가 이처럼 좋았던 때는 없었다."
면서 강 대사의 역할에 찬사와 고마움을 나타내기도 했다.

사람을 그 자체로 존중했던 사람

강 대사는 참 군인이자 학자이고 정치인이었다. 하지만 내게는 참 공
직자이자 외교관으로서 모든 면에서 모범이 되는 인물이었다. 공직자로
서의 헌신적인 자세와 국가에 대한 깊은 충성심, 강직하면서도 온화하고
따뜻한 성품, 솔선의 리더십과 진정으로 남을 헤아리고 보살피는 배려의
정신까지 무엇 하나 부족한 점이 없는 큰 그릇이었다. 그는 사람을 만나
면 그냥 지나치는 법이 없었다. 공관에서 나이 어린 고용원들과 마주쳐
도 따뜻한 덕담을 거른 적이 없었다. 지위고하에 따라 사람을 대한 것이
아니라 사람을 사람 그 자체로서 존중했던 사람이었다. 바로 이러한 점
들이 내가 그를 롤모델로 삼은 이유다.

내가 가장 존경한 점은 강 대사의 소신과 강직함이었다. 그는 5·16
혁명의 반혁명분자 1호로 지목되어 옥살이를 하고 군복도 벗어야 했다.
하지만 그는 옳다고 여기는 일에는 어떤 불이익을 감수하더라도 추호
도 타협을 하지 않았다. 이러한 그의 면모는 내가 외교관으로서, 공직자
로서 생활을 하는 데 큰 힘이 되었고 용기를 주었다. 그는 관직에 연연
한 적이 없었다. 주영 대사 시절 공관직원이 공금을 횡령해 도주한 사건
이 발생했을 때였다. 행여 불똥이 튈까 다들 몸을 사리고 있던 상황에서

강 대사는 모든 도의적·행정적 책임을 지겠다며 미련 없이 장관에게 사표를 제출했다. 사실 책임을 져야 할 회계 관리자는 따로 있었지만, 그는 스스로 총대를 메고 사건을 수습하는 데 매진했다. 친구인 총리 수행비서관의 말에 따르면, 국무총리로 재직한 2년 동안에도 그는 세 번이나 사표를 냈다고 한다. 옳은 일이라고 판단되면 결코 소신을 굽히지 않았던 것이다. 그는 전형적인 외유내강형 덕장이었다. 외적으로는 온화하면서 안으로는 대쪽 같은 강직함이 살아 있었다.

후진을 배려하고 길러 내려는 마음도 지극했다. 내가 대사관에서 총무를 맡고 있을 때였다. 어느 날 나를 부르더니 "영국과 같은 선진국에 와서 여행도 많이 하고 많이 보고 배워야 하는데 어려운 총무 일만 시켜 미안하다."면서 "본머스(Bournemouth)에서 열리는 보수당 청년대회에 부부 동반으로 보내 줄 테니 가서 많이 보고 배워 오라."고 했다. 나는 대사의 배려로 영국 남부의 아름다운 휴양도시에서 며칠 동안 머물면서 영국의 보수당 청년당원들이 정치인으로 훈련받으며 성장하는 모습을 지켜보았다. 청년당원들이 며칠 동안 열띤 토론을 거쳐 마련한 정강정책을 대처 수상과 헤젤타인 국방장관 등 각료들에게 건의하는 모습이 인상적이었다.

소금 커피를 마신 최고의 총리

상대방을 배려하는 강 대사의 마음이 어느 정도인지 미루어 짐작할 수 있는 일화가 있다. 부인 김효수 여사가 내게 들려준 이야기다. 총리를 그만둔 후 강 대사는 한동안 아침에 부인과 함께 이화여대 뒤편에 있는 봉원사로 산책을 다녀오곤 했다. 어느 날 집에 돌아온 강 대사가 속이 좀 불편한 듯 보였다. 이유를 알아본즉 사연은 이러했다. 산책로에서 커피 파는 아주머니가 강 대사를 알아보고는 반가워하며 커피를 대접하려 했다. 이를 마다하지 못하고 아주머니가 준 커피를 받아 한 모금 마셨는데, 커피가 완전 짠맛이었다. 실수로 설탕 대신 소금을 넣었던 것이다. 강 대사는 아주머니가 겸연쩍어 할까 봐 아무런 내색을 하지 않고 짠 커피를 다 마셨다고 한다. "저이가 그런 사람이에요!" 나를 보고 부인이 하는 말에 강 대사는 그냥 허허 웃었다. 그의 모습에서 따뜻함과 진심이 묻어나는 듯했다.

내가 영국에서 겪은 일화도 있다. 사소하지만 결코 다른 사람에게서는 보기 어려운 일이었다. 내가 현지를 방문한 국회의원을 개인 차량으로 모시고 안내하게 되었는데, 강 대사가 뒷좌석에 타려는 국회의원의 팔을 잡아끌어 앞자리 조수석에 밀어 넣었다. 그러면서 "우리 공관 서기관이 직접 운전하여 모시는 것이니 앞에 타셔야 합니다"라고 부드럽게 이유를 설명했다. 부하 직원의 자존감을 지켜주려는 세심한 배려였다.

강 대사는 무척 검소하고 청렴했다. 평생을 충정로에 있는 오래된 가옥에서 살았다. 이를 두고 한 언론은 '부동산의 대가'들이 판치는 세상에서 강 대사는 한 수 위인 '부동(不動)의 대가'로 살았다고 평하기도 했다. 주로마교황청 대사를 마치고 귀국한 뒤에는 임시거처인 거여동에서 스텔라 승용차를 직접 운전해 광화문 청사까지 오곤 했다. 그는 총리에서 퇴임한 후에도 주로 대중교통을 이용했다. 그는 자신을 위해 돈을 쌓아두지 않는 사람이었다. 그가 타계했을 때 통장의 잔액은 '0원'이었다.

총리 시절 그는 국민과의 소통도 열심히 실천했다. 서울과 수원을 시작으로 제주도와 마라도까지 전국 18곳을 순회하며 '국민과의 대화'를 가졌다. 총리로서 외교적으로도 많은 업적을 남겼다. 1990년 9월, 분단 45년 만에 처음으로 남북 총리회담을 성사시켜 남북 화해의 새 장을 열었다. 당시 세 차례에 걸친 남북고위급 회담을 성공적으로 이끌어 남북 협력 증진의 실질적인 기초를 닦았다. 그 후 대한적십자사 총재로 재직한 6년 동안에도 깊은 족적을 남겼다. 정두언 전 국회의원은 자신의 저서 『최고의 총리 최악의 총리』에서 총리의 권한과 기능을 제대로 행사하고 자기 역할을 충분히 한 '대한민국 최고의 국무총리'로 강영훈 총리를 꼽았다. 요즘처럼 대한민국의 외교안보가 어려워질수록 대사 강영훈, 총리 강영훈이 더욱 그리워진다.

사람을, 사람 그 자체로 존중하라

강 대사는 결코 소신을 쉽게 굽히지 않는 대쪽 같은 인물이었다. 때론 부러지기 쉬운 대나무 같은 언행에도 그가 성공한 총리, 성공한 외교관으로 이름을 남길 수 있었던 비결은 무엇일까. 나는 사람을 지위나 재산의 무게가 아니라, 사람 그 자체로 존중하고 배려한 그의 성품에서 성공 비결을 찾고 싶다. 강 대사는 그 대상이 누구든 한결같이 한 인격체로서 존중해 줬다. 그의 곁에 적이 아닌, 동지와 친구가 많았던 이유이기도 했다. 흔히 외교의 첫걸음이란 상대를 친구로 만드는 것이라고 한다. 그런 면에서 강 대사는 타고난 외교관이었던 셈이다.

2장

어서 와,
외교관은 처음이지?

1

외교의 ABC

2018년 러시아 월드컵에서 영국은 4강에 진출함으로써 2000년대 들어 최고의 성적을 기록했다. 하지만 영국 팀이 크로아티아 팀과 준결승전을 펼치던 루즈니키 스타디움에서는 응원과 격려에 나선 영국의 왕족도, 고위 관리도 찾아볼 수 없었다. 대체 그 이유는 무엇이었을까. 사연은 그해 봄으로 거슬러 올라간다.

당시 영국 솔즈베리의 한 쇼핑몰에서 러시아 군인 출신 이중스파이 세르게이 스크리팔과 그의 딸 율리야가 의식불명 상태로 발견됐다. 스크리팔은 영국에 기밀을 넘긴 혐의로 러시아에서 복역하다 풀려난 상태였다. 병원으로 옮겨진 스크리팔과 율리야에게선 '노비촉' 성분이 검출됐다. 노비촉은 과거 러시아가 군사용으로 개발한 맹독성 신경작용제이다.

영국 정부는 이 사실을 근거로 러시아를 암살 시도 사건의 배후로 지목하고 해명을 강력히 요구했다. 그러나 러시아는 이 같은 배후설을 일

축했고, 그 후 양국 관계는 갈등으로 치달았다. 사건 직후 영국 정부는 사건의 책임을 물어 영국 주재 러시아 외교관 23명을 추방하는 강수를 두었다. 프랑스 등 유럽연합(EU) 14개 회원국과 미국도 영국과 연대하는 차원에서 러시아 외교관 추방에 동참했다. 이에 대한 보복 조치로 러시아도 영국과 미국 외교관 등을 맞추방하면서 갈등의 골이 더욱 깊어졌다. 급기야 영국 정부는 6월 개최되는 러시아 월드컵에 대한 '외교적 보이콧'을 선언했다. 왕실 인사 및 장관급 인사들의 월드컵 참관을 거부하기로 결정한 것이다. 크로아티아와의 준결승전 현장에서 영국 고위 인사들을 찾아볼 수 없었던 이유이기도 하다.

양국의 맞대응을 지켜보면서, 만약 외교라는 분야가 없었다면 사태가 어디까지 치달았을까 하는 생각이 떠올랐다. 영국과 러시아는 '외교관 추방'이라는 초강수를 주고받았지만, 어찌 보면 이것 또한 외교의 한 범주에 속한 행위이기 때문이다.

'외교의 룰' 비엔나협약

국가 간의 외교 관계 및 외교 행위는 가이드라인 없이 임의로 수행되는 것이 아니다. 국제적으로 공인된 룰에 따라 외교 행위가 이뤄진다. 그 국제 룰이 바로 '외교관계에 관한 비엔나협약(Vienna Convention on Diplomatic Relations)'이다. 사실 외교관의 지위는 오래전부터 관습법으로 인정돼 왔다. 국가 간에 사신(외교관)을 보내고, 전쟁 중이라도 사신의 신변을 보호해 준 것이 대표적인 사례다. 하지만 문자로 나타낼 수 없는 관습법의 특성상, 외교관의 업무와 신분 보장 등에 대한 해석을 둘러싸고 국제 분쟁이 종종 일어났다. 국제연합(UN) 국제위원회는 이러한 문제점을 극복하기 위해 외교관에 관한 관습법을 성문화(문서화)하려고 시도를 했다. 마침내 국제연합은 45개 조항의 초안을 마련하고 이를 심의하기 위해 1961년 오스트리아 비엔나에서 특별 외교회의를 소집했다. 당시 회의에서 총 53개 조로 구성된 조약을 채택했는데, 이 국제조약이 바로 외교관계에 관한 비엔나협약이다. 그 후 우리나라를 포함해 세계 176개국이 비엔나협약에 가입해 활동하고 있다.

비엔나협약은 한마디로 '외교 활동의 바이블'이라 할 수 있다. 이 협약에는 외교 사절의 파견부터 외교 사절의 직무, 특권 등에 이르기까지 주요 외교 활동에 대한 상세한 규정이 조항별로 담겨 있다. 그렇다면 외교관이란 과연 어떤 일을 하는 사람일까? 비엔나협약은 외교관(외교공관)의 직무를 다음과 같이 규정하고 있다. ▲주재국에서 파견국을 대표하고 ▲주재국에서 파견국과 파견국 국민의 이익을 보호하며 ▲주재국 정부와 교섭하고 ▲적법한 수단에 의해 주재국에 관한 각종 정보를 조사해 본국에 보고하며 ▲주재국과 파견국 간 우호관계를 증진하고 ▲양국 간 경제, 문화 및 과학 분야 교류를 발전시킨다.

우리나라도 외무공무원법에서 외교관의 직무에 관해 '대외적으로 국가의 이익을 보호·신장하고, 외국과의 우호·경제·문화 관계를 증진하며, 재외국민을 보호·육성하는 것을 그 임무로 한다'고 규정하고 있다. 즉, 외교관이란 대한민국을 대표해 국가 간의 관계에서 우리 영토 주권을 지키고 국민을 보호하며, 국익을 위해 일하는 국가공무원이라고 할 수 있다. 이제 외교관이 하는 일에 대해 좀 더 구체적으로 알아보자.

아그레망과 페르소나 논 그라타

비엔나협약은 국가 간의 외교관계의 수립 및 상설 외교공관의 설치는 상호합의에 의하여 이루어진다고 명시하고 있다. 즉, 두 나라 간에 외교관계가 수립됐다고 해도 반드시 상대국에 외교공관을 설치해야 하는 강제성은 없다. 하지만 상대국에 외교공관을 설치하는 경우, 외교관을 파견하는 국가(파견국)는 상대국(접수국)으로부터 해당 외교관의 부임에 대한 사전 동의를 얻어야 한다. 이처럼 접수국이 다른 나라의 외교사절을 승인하는 일을 '아그레망(agrément; 프랑스어)'이라고 한다. 접수국은 다른 나라에서 현지로 파견하는 외교관에 대해 아그레망을 거절할 권리가 있으며, 거절의 이유를 파견국에 제시할 의무는 없다(비엔나협약 제4조).

아그레망을 받아 파견되는 외교사절의 장(대사)은 자신의 신분과 자신이 파견된 취지가 담긴 증명문서를 파견국 국가원수에게 제출하는데, 이 문서를 '신임장(lettre de créance)'이라고 한다. 접수국에 신임장을 제정해야 현지에 파견된 대사의 외교 활동이 정식으로 시작된다(비엔나협약 제13조). 그렇다면 앞에서 살펴본 이중스파이 암살 시도 사건으로 인해 영국과 러시아에서 벌어진 '외교관 추방'의 경우는 어떨까? 외교관 추방 조치 역시 비엔나협약에 근거한 외교 행위로 볼 수 있다.

비엔나협약 제9조 1항에 따르면 접수국은 '언제든지, 그리고 그 결정을 설명할 필요 없이' 자국에 주재하는 공관장 또는 기타 공관의 외교직원이 '기피 인물(persona non grata)'이라고 파견국에 통고할 수 있다. 이 경우, 파견국은 해당 외교관을 소환하거나 그의 공관 직무를 종료시켜야 한다. 또한 제9조 2항은 만약 파견국이 이를 거부하거나 상당한 기일 내에 이행하지 않을 경우에 접수국은 해당 외교관을 현지 주재 공관원으로 인정하지 않을 수 있다고 명시하고 있다. 접수국이 현지 주재 외교관에 대해 내리는 추방 조치는 이 조항을 근거로 삼은 것이다.

'미션 임파서블'과 '슈퍼맨'

불가능한 임무를 수행해 내는 첩보원의 세계를 다룬 영화 〈미션 임파서블〉과 상상불가의 초능력으로 인류를 구해 내는 외계 행성 출신 영웅의 스토리를 담은 영화 〈슈퍼맨〉. 나는 외교관이라는 단어를 떠올릴 때마다 〈미션 임파서블〉과 〈슈퍼맨〉의 주인공이 생각난다. 영화처럼 기발하고 화려하진 않지만, 때론 정말 수행하기 어려운 임무를 마치 초능력과 같은 열정으로 해내야 하는 사람이 바로 외교관이기 때문이다. 요즘처럼 세계 각국이 이해관계에 따라 첨예하게 맞서는 상황에서 외교관은 총성 없는 전장에서 총칼 없이 싸우는 군인과 다를 바 없다. 혹자는 그래서 외교관을 '올리브 잎을 든 전사'라고 부르기도 한다. 특히 우리나라의 경우, 외교관의 임무는 더욱 특별하다.

지정학적으로 강대국으로 둘러싸인 대한민국의 숙명이랄까, 한반도를 둘러싼 외교안보 환경은 카멜레온의 피부색처럼 시시각각 변하고 있다. 북한 핵과 미사일 기상도에 따라 한반도의 정세는 요동치고, 아시아를 둘러싼 미국과 중국의 패권싸움은 대한민국에 피를 말리는 선택을 강요하기도 한다. 이런 가운데 이웃 나라 일본은 경제적 저력을 바탕으로 '재팬 패싱'에서 벗어나 자국의 외교적 영향력을 높이기 위해 철저히 계산된 행보를 보이고 있다.

그렇다면 대한민국의 내부 사정은 어떤가. 경제 부문에서는 성장동력이 꺼지는 것이 아닌지 우려하는 목소리가 높고 미래 먹거리에 대한 불확실성이 우리를 불안하게 한다. 고령 사회에 접어들었지만, 미래를 이끌어 나갈 많은 젊은이들이 일자리를 구하지 못해 절망과 좌절 속에 고통받고 있다. 부존자원이 적고 대외 무역에 의존해 살아가는 대한민국에 외교란 국가의 생존과 직결되는 중차대한 일이다. 그런 점에서 우리나라 외교관은 나라의 운명을 개척하는 역할까지 맡고 있다고 해도 과언이 아니다.

대한민국과 수교한 나라들

2018년 현재 우리나라와 수교한 국가는 세계 190개국에 달한다. 유엔 193개 회원국 중 남북한을 제외하고 188개국과, 유엔 비회원국으로는 교황청, 쿡제도와 수교관계를 맺고 있다. 유엔 회원국 중 마케도니아, 시리아, 쿠바 3국과는 외교관계가 아직 개설되지 않았다. 2008년 세르비아로부터 독립한 코소보의 경우 미수교국으로 주오스트리아 대한민국 대사관에서 대외 업무를 관할하고 있다.

우리나라와 가장 먼저 외교관계를 수립한 국가는 미국(1882)이며, 가장 최근 외교관계를 맺은 국가는 모나코(2007)이다. 1970년까지 우리나라의 수교국은 82개국에 불과했고, 서울올림픽이 열렸던 1988년 당시의 수교국은 129개국이었다. 국제 외교 무대에서 수교국의 수는 국력의 잣대로 여겨지기도 한다. 우리나라가 서울올림픽 이후 20년 만에 거의 대부분의 유엔 회원국과 국교를 맺은 일은 과거와 달라진 대한민국의 위상을 보여 주는 것이기도 하다.

대사관, 대표부, 총영사관 뭐가 다를까

우리나라 외교조직은 외교부 본부와 재외공관으로 나뉜다. 재외공관이란 외교 및 재외국민 보호 업무 등을 수행하기 위해 해외에 설치된 외교부 장관 소속의 기관을 말한다. 본부에서는 외교정책을 수립해 국회에 보고하며, 재외공관에 지시해 외교정책을 시행한다. 또한 본부 장·차관, 간부들이 직접 다른 나라나 국제기구를 방문하거나, 다른 나라 인사들을 우리나라로 초대해 외교교섭을 한다.

재외공관에서는 본부의 지시를 받아 주재국과 교섭을 하고 주재국과의 우호관계를 증진시킨다. 또한 정치, 경제, 사회, 문화 등 여러 분야에서 정보를 수집해 본부에 보고한다. 아울러 현지 진출 기업을 지원하고 재외국민을 보호하는 역할을 한다.

재외공관은 대사관(Embassy), 대표부(Permanent Mission), 총영사관(Consulate General) 등으로 구분된다. 전 세계에 설치된 재외공관은 160개가 넘는다(2019년 현재 166개). 대사관은 주재국에서 대한민국을 외교적으로 대표하는 작은 정부와 같다. 외교관계를 수립한 국가 중 공관을 설치하지 못한 국가에는 인근 국가에 있는 대사관이 업무를 겸임한다.

그렇다면 대사관과 총영사관은 어떻게 다를까.

주요 업무도 서로 다르지만, 가장 큰 차이점은 총영사관의 경우 외교적으로 대한민국을 대표하지 않는다는 점이다. 대사관은 한 나라에 하나뿐이며 대개 수도에 위치한다. 반면, 총영사관은 한 국가 안에 여럿이 있을 수 있다. 총영사관은 미국의 뉴욕, 로스앤젤레스, 일본의 오사카, 중국의 상하이 등 교민이 많은 도시에 설치한다. 해외에서 우리 국민을 보호하고 지방정부나 민간 차원의 교류와 협력, 경제통상 등의 업무를 하기 때문이다. 총영사관은 대한민국을 외교적으로 대표하는 기능이 원칙적으로 인정되지 않는다. 총영사를 임명할 때는 대사와 달리 상대국의 사전 동의인 아그레망이나 대통령의 신임장이 필요 없고 대통령이 임명장을 수여하기만 하면 된다.

재외 공관원의 직위와 보직도 서로 다르다. 대사관과 대표부에는 대사, 공사, 공사참사관, 참사관, 1등서기관, 2등서기관, 3등서기관, 행정관을 둔다. 반면, 총영사관에는 총영사, 부총영사, 영사, 부영사를 둔다. 총영사관이 별도로 설치되어 있지 않은 국가나 지역에서는 대사관 직원이 영사 직함을 겸하면서(예를 들어, 1등서기관 겸 영사) 영사 업무를 수행한다.

대표부는 국제기구가 있는 곳이나 미수교국에 설치한다. 뉴욕의 유엔, 제네바의 WTO, 파리의 OECD와 유네스코, 비엔나의 IAEA와 같은 국제기구와 미수교국(타이베이)에서 대한민국을 대표한다. 국제기구 대표부의 주요 외교 대상은 국제기구 사무국과 회원국이다.

총영사관이 외교적으로 국가를 대표하는 기능이 없다고 대사관보다 격이 떨어지는 것은 아니다. 웬만한 대사관보다 규모가 크고 중요한 업무가 많은 총영사관은 선호도가 높고 경쟁이 치열하다. 공관장으로서도 일에 대한 의욕과 열정이 많은 사람은 외교 현안이 적은 소규모 대사관의 대사보다 주요국의 총영사를 선호하는 편이다.

2

'21세기 슈퍼맨' 외교관이
하는 일

1 외교관은 영토 주권 지킴이

독도, 외교로 지킬 수 있을까

외교관의 첫 번째 책무는 국가 간의 관계에서 우리 영토 주권을 지키는 것이다. 일본의 독도 영유권 침해, 배타적경제수역(EEZ) 문제로 인한 이어도를 둘러싼 중국과의 갈등 소지 등이 주요 현안으로 꼽힌다. 그중 이어도의 경우 사람이 거주하지 못하는 수중 암초라 영유권 문제가 아니라 해양 관할권 문제라고 볼 수 있다. 영토 주권과 관련해 가장 뜨거운 문제이지만 다른 한편으로 가장 차갑게 대응해야 할 현안을 꼽는다면 바로 독도를 지키는 일일 것이다.

대통령의 독도 방문은 약일까, 독일까

2012년 8월 이명박 대통령이 독도를 전격적으로 방문했다. 우리나라 대통령으로는 처음이었다. 예상했던 대로 일본은 거세게 반발했고 국내에서도 찬반 논란이 뜨거웠다. 찬성하는 사람들은 우리나라 땅에 우리 대통령이 방문하는 게 뭐가 문제냐는 주장을 폈다. 일본이 '방위백서'와 교과서 등에 독도를 자기네 땅이라고 쓰고 도발을 계속하는데 우리도 뭔가 단호한 대응을 해야 한다는 것이다. 반면에 반대하는 사람들은 우리가 일본이 원하는 판에 끌려들어 갔다고 지적했다.

국가의 책무 중 영토를 지키는 것만큼 중요한 게 없을 것이다. 우리는 내치와 외교를 잘못해 일본에 나라를 빼앗긴 뼈아픈 역사를 갖고 있다. 그 일본이 또다시 집요하게 대한민국의 영토인 독도를 넘보고 있다. 일본 사회가 전반적으로 우경화하면서 일본은 독도에 대해 끊임없이 도발을 계속하고 있다. 일본 의원들이 울릉도에 들어가려고 시도하는 등 방법도 교묘해지고 있다. 일본의 의도에 말려들지 않으면서 그들의 야욕을 단호하게 물리치는 것이 우리 외교의 과제이다.

일본의 독도 도발에 대한 대응은 현명하고 냉철해야 한다. 감정적으로 대응하다 보면 실익도 없이 일본의 의도에 끌려들어 갈 위험이 있다. 여론의 추이에 따라 감성적으로 대응할 일이 아니다. 독도는 우리가 실효적으로 지배하고 있는 대한민국의 영토다. 우리가 주권행사를 하면서 실효적 지배를 계속 쌓아 나가는 게 중요하다.

일본의 독도 도발 속내

독도에 대한 일본의 도발은 크게 세 가지로 볼 수 있다. 첫째, 한국이 독도를 '불법 점거'하고 있다는 부당한 주장을 교과서에 담아 학생들에게 가르친다. 둘째로, '방위백서', '외교청서' 등 정부 간행물에 독도를 일본 영토라고 기술한다. 셋째, 일본 시마네현이 2005년 2월 22일 소위 다케시마의 날 조례를 제정해 매년 '다케시마의 날' 기념행사를 개최하고 그 행사에 외교차관이 참석한다.

이러한 도발에 대한 우리 정부의 입장은 확고하다. 첫째, 독도는 역사적으로나 지리적으로나 국제법적으로 명백한 대한민국 고유의 영토라는 것이고 둘째, 따라서 독도에 대한 영유권 분쟁은 있을 수 없으며, 독도 문제는 외교적 교섭이나 사법적 해결의 대상이 아니라는 것이다. 이러한 입장에 따라 우리 정부는 일본의 부당한 주장과 도발에 단호하고 엄중하게 대응하고 있다. 외교부 대변인 이름으로 성명서를 발표하고 일본 대사를 외교부로 불러들여 항의하고 일본 외무성에 구상서를 전달하기도 한다.

독도를 빼앗으려는 일본의 전략을 한마디로 말하자면 독도를 '분쟁지역화'하여 국제사법재판소(ICJ, International Court of Justice)에 가져가는 것이다. 일본은 이미 1954년과 1962년 두 차례에 걸쳐 한국 정부에 ICJ를 통한 독도 문제 해결을 제안한 바 있다. 일본은 교과서 왜곡 등을 통해 우리가 과도한 대응을 하도록 유발하고 이에 다시 대응하는 방법으로 국제사회에 독도가 분쟁지역이라는 인식을 확산시키고 있다. 독도가 국제분쟁지역으로 비치면 독도 문제를 ICJ에서 해결하라는 국제적인 여론이 형성

될 것을 노리는 것이다.

우리의 전략 방향은 명확하다. 독도를 한·일 간 분쟁지역으로 만들려는 일본의 시도를 철저하게 차단하고 일본의 전략에 말려들지 않는 것이다. 일본의 도발에 단호하게 대응하되 수위 조절을 잘해야 한다. 특히 무력충돌을 일으킬 단초를 제공하지 않아야 한다. 노무현 정부 때 일본은 해양탐사선을 독도 주변 배타적경제수역(EEZ)까지 보내겠다고 하면서 군사적 긴장을 높였다가 우리 측의 강력한 대응으로 탐사선 출항을 중지한 적이 있다. 무력충돌을 일으킬 요인을 우리 스스로 만들지 않는 것이 중요하다. 독도에 군대를 주둔시키거나 독도 주변에서 군사훈련을 하는 것도 일본이 노리는 빌미가 될 수 있다. 독도는 우리 경찰이 지키면 된다. 시설물 설치도 일본에 불필요한 구실을 주지 않을지 잘 따져 보고 결정해야 한다.

일본의 기도에 맞서는 외교 전략은?

독도를 찬탈하려는 일본의 기도에 어떻게 맞서야 할까.

첫째, 독도가 분쟁지역화되는 것을 막아 일본이 국제사법재판소에 가져가지 못하게 하는 것이다. ICJ는 국내 재판 절차와는 달리 당사국 중 한쪽이라도 원하지 않으면 재판이 이루어지지 않는다. 일본이 일방적으로 제소해도 우리가 동의하지 않으면 독도 문제를 다룰 수 없다.

국내에선 "ICJ 제소에 당당하게 응하지 못할 이유가 무엇이냐"는 목소리도 나온다. 해외에선 자신이 없어서 ICJ에 가지 않으려는 것이 아니냐는 시각도 있다. 독도 문제를 ICJ에서 해결하면 안 되는 이유는 무엇일까? 독도는 우리 고유의 영토로 그 영유권을 ICJ에서 다투어야 할 하등의 이유가 없기 때문이다. 우리가 실제로 지배하고 있는 영토인데 구태여 국제재판소에 갈 필요가 없는 것이다.

그럼 일본은 왜 ICJ를 선호하는가. 독도가 원래 일본의 영토가 아니었으니 재판에서 져도 일본으로서는 잃을 것이 없다. 더구나 일본은 1961년부터 지금까지 3명의 ICJ 재판관을 배출했다. 지금도 15명의 재판관 중 재판소장을 비롯해 두 명이 일본인이다. 그중 한 명은 마사코 왕비(2019년 5월)의 아버지이다. 이처럼 국제사법재판소에서 일본의 영향력은 막대하다. 지금까지 한국인 재판관은 한 명도 없다. 또한 일본은 국제소송에 막대한 영향력을 가진 국제법 전문가들과 긴밀한 네트워크를 갖고 있다. 일본은 ICJ에 가는 것이 명백히 자기 측에 유리하다고 여길 것이다.

다른 나라와 영유권 문제로 대립하고 있는 국가 중 해당 영토를 실효적으로 지배하고 있는 국가들은 대부분 영토 문제를 국제재판에 가져갈 의사가 없다. 이러한 입장은 일본도 마찬가지다. 일본은 중국과 영유권 분쟁을 벌이고 있는 센카쿠(尖閣)제도(중국명 다오위다오)를 실제로 지배하고 있다. 이와 관련해 일본은 센카쿠제도에 대한 분쟁이 존재하지 않으며 국제사법재판소에서 해결할 필요가 없다는 입장이다. 이는 독도에 대한 우리 정책과 똑같다. 일본은 상황에 따라 이중적 태도를 보이고 있는 것이다. 자국이 지배하고 있는 센카쿠는 국제재판이 불필요하다고 주장하고, 한국이 지배하고 있는 독도에 대해서는 국제재판을 주장하는 것이다.

국제분쟁지역화 막으려면

국제분쟁지역화를 방지하려면 어떻게 해야 할까. 우리가 독도에 대해 과도한 조치를 취하면 일본도 강경하게 대응해 올 가능성이 크다. 독도 인근에서 양국 간 긴장이 고조되어 만에 하나 물리적인 충돌로 이어지고 독도가 국제분쟁지역이라는 인식이 국제사회에 확산되면 일본은 ICJ에 제소하거나 유엔 안전보장이사회에 보고할 것이다. 이 경우 안보리는 독도 문제가 법적인 분쟁이라며 ICJ의 해결을 권고할 가능성이 크다.

일본이 독도에 대한 우리의 과도한 조치를 빌미로 독도를 국제분쟁지역화하면 국제사회에서 우리의 입지가 약화될 우려가 있다. 우리가 'ICJ 해결 불가'라는 입장을 고수하여 안보리의 권고를 따르지 않으면 외교적 부담을 안게 된다. 한국이 독도에 대한 영유권 근거가 빈약하여 재판에 불응한다는 오해를 일으킬 우려도 있다.

터키와 그리스 간 영토 분쟁 사례

실제로 그런 사건이 있었다. 1976년 8월 터키 정부가 그리스와의 분쟁지역인 에게해 도데카니스 군도에 해·공군을 주둔시키자 그리스가 이를 안보리에 보고했다. 안보리는 이 문제를 ICJ에서 해결하도록 터키와 그리스에 권고했다. 앞서 말한 것처럼 ICJ는 모든 당사국이 동의하지 않으면 재판을 하지 않는다. 터키의 반대로 재판이 열리지 않았지만, 당시 터키는 외교적으로 큰 타격을 입었다. 독도 문제를 국제사법재판소에서 해결하라는 국제사회의 압박을 받지 않으려면 독도의 국제분쟁지역화를 막아야 한다.

둘째 전략은 어쩔 수 없이 ICJ에 회부되는 최악의 상황에 철저하게 대비하는 것이다. 독도 문제가 ICJ로 가더라도 오래전부터 독도가 우리 땅임을 뒷받침하거나 일본 땅이 아님을 보여 주는 고지도나 역사자료를 찾아내고 설득력 있는 국제법적 논리를 개발해야 한다. 만에 하나 ICJ에 가더라도 재판에서 이길 확실한 증거자료를 축적해 두는 것이다. 독도가 우리 땅이라는 국제사회의 인식을 높이는 일도 중요하다. ICJ 판사들이 우리에게 유리한 판결을 내릴 수 있도록 법적인 증거와 별도로 독도가 한국 땅이라는 인식을 국제사회에서 확산시키는 것이다. 세계 각국의 지도나 교과서 등에 독도 표기가 잘못되어 있는 경우 시정하는 것은 이러한 노력의 일환이다.

'독도는 우리 땅' 해외 광고는?

그렇다면 해외에서 '독도는 우리 땅'이라고 대대적으로 광고하는 것은 어떨까. 독도 문제를 전혀 알지 못하는 불특정 외국인을 대상으로 이러한 광고를 한다면 사람들에게 '아니, 독도는 한국 땅이 아니었나? 일본과 분쟁지역인가?'라는 잘못된 인식을 줄 위험이 있다. 실제로 미국 뉴욕에서 국내 유명인들이 막대한 돈을 들여 타임스퀘어나 『뉴욕타임스』 등에 독도 광고를 한 적이 있다. 하지만 원래 의도와 달리, 독도가 한국과 일본 간 분쟁지역이라는 잘못된 인상을 줄 우려가 크다는 문제점을 발견하게 되어 광고를 중단했다. 이를 두고 민간의 자발적인 독도 홍보 노력을 막는다는 논란이 불거지기도 했지만, 해외 광고가 가져올 외교적 득실을 냉정하게 따져 볼 필요가 있다.

정치권에서는 "일본이 독도에 대해 수위를 높여 가는데 우리 정부가 너무 '조용한 외교'를 하고 있다"는 비판을 한다. 일본의 도발이 있을 때마다 항의성명을 내고 일본 대사를 불러들이는 등 판에 박힌 조치만 되풀이하고 있다는 것이다. 그러나 요란하게 맞대응하여 일본의 노림수에 말려들 필요는 없다. 국민여론도 중요하지만 영토를 지키는 데 있어서는 비록 국민으로부터 박수를 받지 못하더라도 현상유지를 하면서 실효적 지배를 강화하는 것이 최선의 방법이라고 본다. 단호하게 대응하되 감정을 배제하고 냉정할 필요가 있다. 다시 한번 명심할 점은 독도를 분쟁지역으로 만들려는 일본의 의도에 끌려가지 않아야 한다는 것이다.

② 외교관은 재외국민 지킴이

외국에서 살거나 체류하고 있는 우리 국민은 260만 명이 넘고, 720만 재외동포까지 합하면 1,000만 명에 이른다. 테러는 물론, 각종 사건 사고와 재난으로부터 국민들을 안전하게 지키고 보호하는 일이야말로 외교관이 수행해야 하는 가장 중요한 임무 중 하나다. 외교부가 해외안전여행 사이트(www.0404.go.kr/dev/main.mofa)를 운영하면서, 치안 정세와 테러 위협, 자연재해 등 각 나라의 현지 사정에 따라 단계별 여행 경보를 제공하는 이유도 여기에 있다. 헌법 제2조 제2항은 '국가는 법률이 정하는 바에 의해 재외국민을 보호할 의무를 진다'고 규정하고 있다. 냉전 시대에 '마지막 주월남 공사'를 지냈던 고 이대용 예비역 육군 준장의 일화는 자신

을 희생해 재외국민을, 그리고 애국심을 지키려 했던 외교관의 전형을
보여 준다.

'적'으로부터 존경받은 외교관

이대용 전 공사는 1975년 4월 30일 월남(옛 남베트남)이 패망하던 때 주월
남 한국 대사관에서 경제공사로 일하고 있었다. 당시 그는 철수본부장을
맡아 한 명의 교민이라도 더 구출하기 위해 끝까지 사이공(지금의 호치민)에
남았다가 서병호·안희완 영사와 함께 월맹군에게 붙잡혔다. 이후 5년
간 포로수용소에서 이루 말할 수 없는 고초를 겪었다. 작은 독방에서 10
개월 동안 햇빛 한 번 못 보고 지내는 등 체중이 78kg에서 42kg으로 줄
어들 정도로 힘겨운 나날을 보냈다. 특히 북한 공작 요원이 북한 망명을
강요하고 회유했으나 그는 끝까지 버텼다. 이런 가운데서도 몰래 쪽지를
한국에 보내 소식을 알리기도 했다. 정부의 외교적 노력 끝에 이 전 공사
는 1980년 4월 12일 석방돼 귀국할 수 있었다.

이 전 공사는 자신을 수용소에서 혹독하게 심문한 즈엉 징 톡이 지난
2002년 주한 베트남 대사로 부임하자 극적인 만남을 갖고 역사적 화해
를 했다. 당시 즈엉 전 대사는 이 전 공사를 만나 "세상에서 당신을 가장
존경한다"라고 말했다. 국민을 보호하기 위해 스스럼없이 자신을 던지
고, 조국을 향한 뜨거운 마음을 끝까지 지켰던 노년의 외교관에게 보내
는 최고의 헌사였다.

외교관은 늘 주변의 변화에 대해 깨어 있어야 하는 존재다. 지구촌 어
느 곳에서 언제 무슨 일이 일어날지 모르기에 한시라도 방심할 수 없다.

허리케인 지진 쓰나미 항공참사 등 재난과 정변, 테러 등은 예고가 없이 일어나기 때문이다. 나 역시 외교관으로 일하는 동안 재해 및 정변과 수차례 맞닥뜨렸고 긴급 상황에서 재외국민의 안전을 지키기 위해 수많은 나날을 뜬눈으로 보내야 했다. 휴스턴 총영사 시절, 허리케인 카트리나로 인해 뉴올리언스가 물에 잠겼을 때에는 재외교포와 국민들을 구조하고 구호하기 위해 재난 현장으로 뛰어들었다. 또한 외교부 제2차관을 맡았을 때에는 동일본 대지진, 리비아 정변, 소말리아 해적의 삼호주얼리호 납치 등 재외국민의 안전과 직결된 민감한 대형 사건들을 진두지휘하며 처리했다. 그중 리비아 정변 때의 긴박했던 상황을 살펴보자.

리비아 정변이 남겨 준 교훈

2010년 12월 튀니지에서 일어난 '재스민 혁명(민주화 혁명)'의 바람은 이듬해 2월 리비아에도 불어와 반정부 시위가 번졌다. 독재자 카다피 대통령은 거리에 나선 시민들을 상대로 전쟁을 선포하고 전투기와 탱크, 미사일까지 동원해 시민들을 무자비하게 학살했다. 현지의 참상은 지옥과 다를 바 없었다. 유엔 안전보장이사회는 리비아에서 벌어지는 학살을 반인도적 범죄로 규정하고 이를 국제형사재판소(ICC)에서 즉각 조사하도록 요구하는 결의안을 만장일치로 채택했다. 미국, 영국, 프랑스 등은 전투기를 보내 카다피 정권에 대한 공습에 나섰다.

카다피 정권과 벵가지를 근거지로 한 반정부 세력 사이에 격전이 계속됐다. 반 카다피 세력은 임시정부를 수립하고 카다피의 즉각 하야를 요구했다. 그러나 카다피 대통령은 마지막 한 방울의 피가 남을 때까지 전투를 계속하겠다고 맞섰다. 리비아에 거주하는 한국 교민 수만 명의 안전이 심각한 위험에 빠졌다.

나는 리비아에 체류하고 있는 교민들의 즉각 철수를 결정했다. 그러나 현지 근로자들이 문제였다. 장기집권해 온 카다피 정권이 유지되느냐 아니면 반군이 승리하느냐에 따라 현지에 진출한 기업들의 운명 또한 달라질 수밖에 없었다. 어느 쪽이 승리할지 결과를 예측하기 어려운 상황이었다. 상당수 기업의 본사는 근로자들이 현지에 남아 사업장을 끝까지 지켜 주기를 바랐다. 만일 모든 인력이 철수했는데 카다피 정권이 반군과의 싸움에서 승리하여 계속 정권을 유지하게 되면 혹시 불이익과 보복을 받지 않을까 우려했기 때문이다.

그러나 국민의 생명과 안전을 최우선적으로 지키는 것은 정부의 의무이고 외교관의 가장 중요한 책무 중 하나다. 자체 방어 능력이 없는 인력에게 현지 사업장을 끝까지 지키라고 하는 것은 기업 이익만 추구하는 극단적인 이기주의라고밖에 볼 수 없었다. 나는 해당 기업들을 향해 "돈은 나중에도 벌 수 있지만 목숨은 한 번 잃으면 돌이킬 수 없다. 현지 인력이 당신의 가족이고 자식이라면 목숨을 걸고 지키라고 명령하겠느냐?"고 목소리를 높였다. 카다피는 그해 10월 20일 고향 시르테에서 반군에 쫓겨 콘크리트 하수구에 숨어 있다가 붙잡혀 처참하게 사살됐다. 42년 철권통치가 막을 내린 것이다.

현장에서 부딪힐 수 있는 고민들

리비아 정변 때와 대조적인 사례도 있었다. 이란·이라크 전쟁이 발발했을 당시 이란 현지에서 건설 현장을 지켰던 기업과 우리 정부의 시각에 대한 이야기다.

2016년 5월 박근혜 대통령이 이란을 국빈방문해 아야톨라 알리 하메네이 최고지도자, 하산 로하니 대통령과 연쇄 회동했다. 국제사회의 제재가 풀린 후 중동의 마지막 블루오션으로 떠오른 이란의 마음을 사려고 많은 나라가 공을 들이고 있던 시기였다. 박 대통령은 이란·이라크 전쟁 때 대림산업이 이란을 떠나지 않고 댐 건설을 완수한 일화를 상세히 거론하면서 깊은 신뢰 관계를 강조했다. 나는 그 모습을 보면서 한 가지 의문을 떠올릴 수밖에 없었다. 전쟁이나 내전으로 우리 근로자들이 생명의 위협을 받을 수 있을 때 신속하게 철수시켜야 할까, 아니면 기업의 이익을 위해 가능한 한 잔류시켜야 할까. 근로자들이 목숨을 걸고 현장을 지켰다는 사실을 정부가 상대국의 믿음을 사기 위한 좋은 사례로 언급하는 것이 과연 합당한 일일까.

당시 박 대통령의 경제사절단 일원으로 참가한 대림산업은 2조 원이 넘는 초대형 공사를 수주했다. 국내 건설사가 이란에서 수주한 공사 가운데 최대 규모였다. 이전에 대림산업이 이란에서 대형 댐 건설을 하는 동안 이란·이라크 전쟁이 발발해 1988년 7월 우리 근로자 13명이 숨지고 40여 명이 다치는 사고가 발생했다. 근로자들을 철수시키지 않는다는 비난이 쏟아졌어도 대림산업은 현장에 끝까지 남아 공사를 계속했다. 이란으로서는 당연히 대림산업이 고마웠을 것이다. 기업 간, 국가 간 경쟁이 치열한 상황에서 어느 기업이든 대림과 같은 입장에 설 수도, 비슷한 결정을 내릴 수도 있을 것이다. 이란에서는 결과적으로 대림산업이

뜻한 대로 기업에 유리한 결과가 나왔다. 하지만 앞으로도 유사한 상황이 벌어진다면 기업은 현장 근로자들에게 목숨을 걸고 현장을 사수하라고 하고 정부는 이를 방조 내지는 묵인해야 할 것인가. 만약 이런 상황이 벌어진다면 외교관은 어떤 판단을 내려야 할까.

나는 외교관으로서 가장 기본적인 책무를 지키는 데서 해법을 찾아야 한다고 생각한다. 물론 외교관은 전쟁이나 정변, 재해가 발생했을 때, 자신이 주재하고 있는 상대 국가의 입장을 고려해야 하고 현지에서 활동하는 우리 기업의 입지도 감안해야 한다. 하지만 그 어떤 명분도 우리 국민의 안전보다 위 순위에 놓을 수는 없다.

'20초 침묵'의 이유

리비아 정변이 일어났던 해의 3월 어느 날, 나는 외교부를 대표해서 서울 세종로 외교부 청사에서 기업체로부터 감사패를 받았다. 리비아 정세가 악화된 그해 2월 말 외교부가 이집트항공을 설득해 해당 기업의 직원들이 카이로로 철수할 수 있도록 전세기를 마련해 준 데 대해 감사의 뜻을 전하는 자리였다. 나는 답례의 말을 하다 아무 말을 이어 갈 수가 없었다. 그 순간에도 지구촌 어딘가에서 새우잠을 자며 국가와 국민을 위해 헌신하고 있을 동료 외교관들의 모습이 떠올라 목이 메었기 때문이었다. 언론은 "외교부 고충 대변한 민동석 차관의 '20초의 침묵'"이라는 기사를 썼다.

외교부와 재외공관에 거는 국민들의 기대는 거의 무한대에 가깝다. 그러나 현실적으로는 재외공관이 부족한 예산과 인력으로 인해 현지의 우리 국민을 안전하게 지키는 일이 참으로 어렵고 힘들 때가 많다. 온갖 악조건 속에서 위험을 무릅쓰고 헌신해도 사태가 무사히 넘어가면 당연한 일이고, 조금이라도 잘못하면 혹독할 정도로 비판받는 것이 현실이다. 하지만 다른 이들로부터 노고를 인정받지 못하면 어떠랴. 지구촌 어디에서건, 우리 국민을 지킨다는 긍지와 자부심이야말로 외교관만이 마음에 달 수 있는 빛나는 훈장이 아닐까.

3 외교관은 협상가

기자이자 소설가인 마크 트웨인(1835~1910)은 외교를 이렇게 풍자한 바 있다. "외교의 원칙은 주고받기(give and take)다. 다만 하나를 주고 열을 받으려 한다." 비록 하나를 내주고 열을 받아 내는, 힘에 의한 일방적인 외교의 시대는 저물었지만, 마크 트웨인은 '주고받기'가 외교의 본질이라는 점을 잘 지적했다. 어떤 면에서 외교관은 무엇을 얼마나 주고 어떻게 받을 것인가를 협상하는 전문가라고 할 수 있다.

실제로 주재국 정부와의 교섭은 외교관이 수행하는 가장 중요한 업무 중의 하나이다. 외교관은 양국 관계를 강화하기 위한 일뿐만 아니라 국가 간의 여러 현안을 해결하기 위해 끊임없이 교섭을 한다. 이러한 현안은 우리 정책에 대한 지지 등을 다루는 정무 분야는 물론, 경제통상, 문화, 영사 등 거의 모든 분야를 포함한다.

메이저리그에서 맹활약 중인 추신수 선수가 소속된 텍사스 레인저스

팀에 또 한 명의 우리 선수가 합류한다고 가정해 보자. 만약 이 새로운 한국 선수가 대한민국의 운전면허를 갖고 있다면, 텍사스주에서 새로 운전면허시험을 볼 필요가 없다. 2011년 9월 9일 우리나라와 텍사스주 간에 외교 교섭을 통해 '양자 간 운전면허상호인정 협정'이 체결돼 가능해진 일이다. 이처럼 국가 간 약정에 따라 우리나라 운전면허증을 유효하게 인정하고 있는 나라는 2018년 8월 현재 전 세계에서 137개국에 달한다. 미국에서는 메릴랜드주, 워싱턴주 등 22개 주와 상호인정 약정을 맺고 있다.

운전면허 상호인정 협정이 우리 국민의 편익 증진을 위해 진행한 행정적인 교섭의 결과라면, 경제통상과 관련한 협정은 우리나라의 경제적 주권 및 시장 개척 등과 직결되는 '전쟁 같은 협상'의 결과라고 할 수 있다.

전쟁 같은 통상 협상

1990년 우루과이라운드(UR) 협상이 한창 진행 중이던 때의 일이다. 스위스 제네바에 있는 GATT(관세 및 무역에 관한 일반협정) 건물 안에서 우리 농업인이 쌀시장 개방에 반대하며 등산용 칼로 자신의 배를 그어 자해하는 일이 벌어졌다. 쌀시장 개방 문제는 당시 협상에서 가장 크고 민감한 현안이었다. 농민의 입장에서는 한국 농업의 어려움을 알리기 위한 고육지책이었겠지만, 국제협상장에서 이 사건을 바라보는 여러 나라의 시선은 사뭇 달랐다. 거의 매일 점심과 저녁을 샌드위치로 때우며 실무협상을 해오던 다른 나라 대표들이 정색을 하면서 내게 물었다.

"한국은 다자무역체제에서 가장 큰 혜택을 받는 나라다. 우리가 이렇게 매일 협상을 하는 이유가 무엇인가? 국가 간에 서로 시장의 문을 열어 이익을 보자는 것이 목적 아닌가? 그런데 한국은 자기들이 원하는 것은 상대에게 악착같이 요구하고 다른 나라가 원하는 쌀시장은 목숨을 걸고 지키려고 한다. 한국의 사고방식이 이런 것이라면, 솔직히 우리가 왜 이 자리에서 매일 협상을 해야 하는지 모르겠다."

사실, 어떻게 해서든지 우리나라의 산업은 좀 더 보호하고 다른 나라의 시장은 좀 더 열도록 만들고 싶은 것은 외교관이기 이전에 국민의 한 사람으로서 갖게 되는 인지상정이다. 하지만 외교란 상대가 있는 국가 간의 일이고 나라와 나라의 관계에 일방통행이란 없다. 협정이든 현안이든 서로의 입장을 감안해 양보하고 타협하는 과정이 필요하다. 외교관이 현명한 협상가여야 하는 이유이기도 하다.

흔히 우리나라에 일방적으로 유리한 협상 결과가 나와야 '잘된 협상'이라 여기는 경향이 있지만, 정상적인 교섭 현장에서 그런 일은 결코 일어나지 않는다. 가령 우리가 다른 나라에서 물건을 팔려면 다른 나라의 물건도 우리 시장에 들어올 수 있도록 해 줘야 하는 게 세상의 이치다. 외교 전문가들은 서로 양보할 것은 양보하고 하나씩 주고받으면서 '51대 49' 정도의 결과만 이끌어 내도 성공적인 협상이라고 평가한다. 문제는 무엇을 주고, 무엇을 받을 것인가이다. 우리나라가 내주고 싶은 것만 내줄 수 있는 여건이 아니다.

벼랑 끝 승부수

우리나라의 경우, 통상 부문에서 가장 민감한 현안은 농업시장 개방 문제다. 2006년 한 · 미 FTA(자유무역협정) 농업협상 때도 마찬가지였다. 나는 휴스턴 총영사의 임기를 1년 남긴 상태에서 국가의 부름을 받았다. 농림부에 농업통상정책관의 직책을 맡아 책임지고 한·미 FTA 농업 협상을 타결하라는 것이었다. 전에 우루과이라운드 협상, 쌀 협상, 마늘 협상 등 농업시장 개방 협상에 참여했던 관료들이 거의 예외 없이 정치적 희생제물이 된 사실을 나는 누구보다 잘 알고 있었다.

농업시장 협상대표들이 정치적인 희생제물이 되는 데에는 구조적인 원인이 있다. 누가 협상을 하든 협상 결과에 상관없이 우리 농업은 피해가 날 수밖에 없다. 우리 공산품 등의 수출을 늘리고자 상대국에 시장 개방을 요구하면서, 우리 농업시장을 개방하라는 상대국의 요구를 무조건 외면하는 것은 불가능하기 때문이다. 우리 농업의 피해에 대한 비난의 화살은 결국 협상대표에게 돌아가기 마련이다. 협상대표가 성난 농업인들을 달래기 위한 정치적 희생제물이 되는 것이 그간 계속되어 온 악순환이었다. 그런데 이번 한·미 FTA 농업 협상은 규모나 파급력에서 역대 협상과는 비교할 수 없는 초대형 협상이었다. 그만큼 협상대표가 감당해야 할 후유증도 크고 심각할 것이 뻔했다. 밤새 고민했지만 나 자신을 던지는 것 이외에는 다른 선택지가 없었다. 한·미 FTA의 중요성을 누구보다도 잘 아는 내가 위험하다고 해서 임무를 피하는 것은 공직자로서 도리가 아니라고 생각했다.

결국 한·미 FTA 농업 분야의 고위급 대표를 맡았다. 실무협상에서는 이해가 부딪히는 민감한 품목에서 양국의 입장이 팽팽하게 맞섰다. 미국의 주된 공격목표는 여전히 쌀을 포함한 농산물시장의 완전한 개방이었다. 세계 최대의 농산물 수출국인 미국의 주종 수출품은 한국의 최고 민감품목과 일치했다. 양국의 협상은 마치 창과 방패의 대결과도 같았다. 미국은 농업시장 개방이라는 목표를 달성하고자 점점 압박의 수위를 높였다. 이에 맞서 우리 농업의 피해를 최소화하면서 타결을 이끌어 내는 게 나의 임무였다. 나는 협상에 임하면서 마음속에 확고한 원칙을 정했다. '아무리 한·미 FTA 협상 타결이 중요하다고 해도 우리 농업의 희생 위에 한·미 FTA라는 집을 세울 수는 없다. 우리 농업이 감내할 수 있는 한도를 넘어서는 농업 개방은 절대로 받아들일 수 없다'는 것이었다.

협상 테이블은 피를 말리는 전장이었다. 사안 하나마다 계산기를 두드리며 압박하는 미국은 바늘 하나 들어갈 틈이 없는 철옹성 같았다. 가슴이 새까맣게 타들어 가는 나날이 이어졌다. 미국의 공세를 온몸으로 막아내며 '협상 결렬'이라는 벼랑 끝 승부수를 띄운 끝에 결국 합의를 이끌어 낼 수 있었다. 협상 타결 후 다행히 '선방했다'는 평가를 받았다. 한·미 FTA 협상의 성패를 쥐고 있던 농업 분야에서 합의가 도출되면서 난항을 겪던 한·미 FTA 협상도 마침내 타결될 수 있었다.

한·미 FTA를 비준하는 과정에서도 국내에서 찬반논쟁이 뜨거웠다. 심지어 FTA 협상에 직접 참여했던 일부 고위 관료들이 비준을 반대하는 데 앞장서기도 했다. 한·미 FTA를 반대한 사람들은 '미국에만 이익이 되는 협정'이고 '굴욕적인 주권침해'라면서 흥분했다. 그런데 트럼프 미국 대통령은 "한·미 FTA가 미국에 '재앙'"이라며 재협상을 하거나 협정을 파기할 뜻을 내비쳤다. 한·미 FTA가 미국에 유리한 협정이라면 트럼프 대통령이 과연 재협상을 거론했을까. 정치적 이해관계에 따라 국가 간의 관계에 부담을 주는 행위는 국익에 결코 도움을 주지 못한다. 국제관계에서 영원한 동지도, 영원한 적도 없다. 외교관에게는 협상가로서 감정에 좌우되지 않고 이성과 합리성을 유지하면서 철저하게 국가의 실리를 추구하는 자세가 필요하다.

외교관에게 절실히 필요한 비즈니스 마인드

우리나라 경제는 대외의존도가 매우 높다. 2017년 88.1%로 조금 떨어지긴 했지만 2011~2013년 연속 100%를 넘었다. 미국과 일본의 대외의존도는 30%대다. 내수시장이 약하고 무역의존도가 높을수록 세계 무역 환경의 변화에 더 영향을 많이 받는다. 세계 자유무역 질서가 안정적으로 유지되어야 우리에게 유리한데, 세계는 보호무역주의와 자국우선주의로 가는 경향을 보이고 있다. 세계무역기구(WTO) 등을 근간으로 한 자유 교역 질서가 붕괴하고, 어떤 수단을 동원해서라도 국내 시장을 보호하는 시대에 접어든 것이다.

이럴 때일수록 경제통상 분야에서 외교관의 역할이 중요하다. 특히 무역으로 먹고사는 우리에게 해외시장을 확보하고 새로 개척하는 것은 생존과 직결된 문제다. 외교관들이 국가대표 '세일즈맨', '비즈니스맨'이라는 의식을 가지고 팔을 걷어붙이고 나서야 하는 이유다.

외교부 내에서는 안보 중심의 정무 외교를 선호하고 경제통상 외교를 기피하는 경향도 있다. 경제통상 분야에서는 최선을 다해도 잘해야 본전이라는 인식 때문이다. 하지만 경제통상에 관한 전문적인 지식이 없으면 반쪽짜리 외교관이 되기 십상이다. 가령 재외공관에서 근무할 때 주재국이 반덤핑 상계관세 등 무역 관련 조치를 취해도 국제통상법 규정을 잘 모르면 적절히 대응하기 어렵다.

2018년 1월 8일 로이터통신은 눈길을 끄는 기사 하나를 내보냈다. 도널드 트럼프 미국 대통령이 자국 외교관에게 '무기 세일즈'를 독려하는 범정부적 정책을 발표할 것이라는 내용이었다. 로이터는 이에 따라 해외공관에 파견된 미국 외교관과 국방무관 상무관 등이 록히드마틴, 보잉 등 자국 방위산업체의 해외 영업을 더 적극적으로 지원하게 될 것으로 전망했다.

트럼프 미 대통령이 '무기 세일즈 외교'를 강조한 것은 무역적자 감소와 일자리 창출을 위한 것으로 분석됐다. 또한 자국 거대 방위산업체들의 압력도 이러한 정책 수립에 영향을 끼친 것으로 관측됐다. 전 세계적으로 군축이 화두인 시점에서 미국의 무기 세일즈 강화 정책에 대한 각국의 시선은 엇갈리지만, '외교관도 세일즈맨이 되어야 한다'는 트럼프 대통령의 메시지는 우리에게 시사하는 바가 적지 않다. 부존자원이 적고 무역의존도가 높은 우리나라에서 '비즈니스 마인드'는 외교관에게 꼭 필요한 덕목이라고 볼 수 있다.

외교관이 직접 상품을 팔 수는 없지만, 자국 상품을 해외에서 팔 수 있도록 시장을 열어 주고 관련 정보를 제공하고 지원하는 역할을 해야 한다. 실제로 경제·산업·통상에 관한 생생한 고급 정보를 수집해 본국에 보고하는 일, 현지에 진출한 우리 기업의 애로사항을 해결하고 이들의 활동을 지원하는 일은 재외공관의 주요 업무 중 하나로 꼽힌다.

나는 휴스턴 총영사로 일하던 시절, 관저에서 자주 만찬을 개최하여 우리 기업인들에게 평소 만나기 어려운 미국 글로벌 기업의 CEO들을 연결해 주곤 했다. 이러한 만남을 통해 새로운 계약이 체결되거나 기업 활동에서 시너지 효과를 보기도 했다. 외교관으로서 우리 기업과 주재국 정부 및 기업들 사이에 교류와 협력의 다리를 놓아 주는 일은 새로운 시장을 창출하는 것만큼이나 중요한 임무라고 할 수 있다.

4 외교관은 공공외교 전문가

과거 정치, 경제, 군사 분야 등에 한정되어 있던 외교의 영역은 이제 문화, 예술을 포함한 국민 생활 전반의 영역으로 확대되고 있다. 이에 따라 정부 간에 소통과 협상으로 이뤄지는 전통적인 의미의 외교와는 대비되는 개념인 '공공외교'가 외교 활동의 중요한 한 축으로 떠오르고 있다.

공공외교란 외국 국민, 외국 대중과의 직접적인 소통을 통해 우리나라의 역사와 전통, 문화와 예술, 가치관과 비전 등에 대한 공감대를 넓히고 신뢰를 얻음으로써 국제사회에서 우리의 국가 이미지와 영향력을 높이는 외교활동을 말한다. 한마디로 공공외교란 다양한 소통을 통해 우리나라의 매력을 알리고 외국 대중의 마음을 사로잡는 일이라 할 수 있다. 공공외교에는 K-드라마, K-pop, 한식 등을 활용한 문화 교류, 예술 공연 및 전시 개최, 기여 및 봉사 활동 등 다양한 소통 방법이 활용된다. 정부뿐만 아니라 시민단체, 모든 국민이 공공외교의 주체가 될 수 있다. 가령, 당신이 지하철에서 길을 몰라 헤매는 외국인들에게 다가가 친절하고 정확하게 길을 안내해 준다면, 한국과 한국인에 대해 좋은 인상을 심어 주는 일종의 공공외교 활동을 했다고 볼 수 있을 것이다.

주재국과의 우호관계를 증진하는 일은 재외공관의 가장 기본적인 업무라고 할 수 있다. 그런 점에서 공공외교에 대해 이해하고, 이를 다양한 방법으로 실행하는 일은 외교관의 중요한 직무 중 하나라고 볼 수 있을 것이다. '기브 앤 테이크'식의 차가운 원리가 외교라는 동전의 앞면이라면, 소통과 공감을 토대로 삼는 공공외교는 동전의 또 다른 한 면인 셈이다.

공공외교의 모범, 리퍼트 대사

2015년 3월에 서울 한복판에서 리퍼트 주한 미국 대사가 피습당하는 전대미문의 사건이 벌어졌다. 피습 사건 초기만 해도 이 사건이 한·미 동맹에 미칠 악영향을 우려하는 목소리가 컸지만 사태는 뜻밖의 상황으로 흘러갔다. 리퍼트 대사의 의연한 대처로 인해 한·미 동맹의 중요성을 강조하는 우호적인 여론이 형성됐던 것이다.

사실 리퍼트 대사가 처음 부임할 때만 해도 그를 향한 국내의 시선은 뜨뜻미지근했다. 41세의 나이로 역대 최연소 주한 미국 대사라는 점은 경험이 일천하지 않을까 하는 우려를 낳았다. 하지만 그는 특유의 친화력과 소통 방식으로 우리 국민 속으로 조금씩 파고들었다. 길거리를 걸을 땐 마주치는 행인들에게 먼저 반갑게 인사를 건넸다. 행사나 모임에 참석할 때엔 '나 홀로 귀빈' 대접을 마다했다. 시민들과 함께 줄을 서서 입장하며 거리감을 좁혔다. 블로그와 트위터에는 한국에서 살아가는 이야기를 진솔하게 담아내며 정서적으로 다가갔다. 서울에서 얻은 첫아들의 미들네임을 '세준'이라 지은 것도 한국 사랑의 또 다른 표현이었다.

피습 사건 직후에도 그의 소통과 공감 행보는 그대로 이어졌다. 무려 80바늘이나 꿰매는 대수술이 끝나고 그가 한국인들에게 보낸 메시지는 "괜찮습니다. 같이 갑시다"였다. '한국과 미국이, 여러분과 제가 미래에도 같이 갑시다'라는 의미였다. 이 소식이 전해지면서 그의 트위터에 그를 응원하는 댓글과 메시지가 쏟아졌다. "그래요, 같이 갑시다" "세준 아빠, 힘내세요" 평소 1,000여 명이던 팔로어도 하루 사이에 1만 명을 넘어섰다. 한국인의 마음을 사로잡은 리퍼트 대사의 모습은 외교관이 펼치는 공공외교의 모범이자, 공공외교가 지닌 막대한 힘을 보여 주는 사례라고 할 수 있다.

대한민국만의 공공외교 자산

세계 200여 국가 중에서 우리나라만이 지닌 '반전 스토리'가 있다. 불과 60여 년 전만 해도 우리나라는 6·25 전쟁을 겪고 난 후 전국이 황폐화된, 세계에서 가장 못사는 나라 중 하나였다. 지금의 아프리카와 아시아 개발도상국가처럼 당시 우리나라에는 유엔을 비롯한 국제사회의 원조가 이어졌다. 그러나 불과 반세기 만에 대한민국은 국제사회의 도움을 받는 나라에서 다른 나라에 도움을 주는 나라로 탈바꿈했다. 수혜국에서 공여국으로 바뀐 나라는 세계에서 우리나라가 유일하다.

그때의 우리처럼 가난하게 사는 아프리카와 아시아의 개발도상국가들은 이러한 대한민국의 반전 스토리에서 희망을 발견한다. 이 국가들이 우리보다 수십 배의 돈을 쏟아붓는 강대국들의 원조보다 우리나라의 작은 지원을 값어치 있게 여기는 배경이기도 하다.

우리만이 지닌 '반전 스토리'가 앞으로 어떤 가치를 발휘하는가는 전적으로 우리의 행보에 달려 있다. 미래의 외교관들이 결코 잊지 말아야 할 점은 우리나라가 세계 여러 나라에 보이지 않는 은혜의 빚을 지고 있다는 사실이다. 우리나라가 마음으로 해야 하는 공공외교를 다른 나라보다 더 뜨겁게 해야 하는 이유이기도 하다.

 생생 현장 스토리

방탄소년단의 공공외교

K-팝 스타인 방탄소년단(BTS)의 노래는 얼마 전 새 앨범이 빌보드 차트 1위에 오른 데서 볼 수 있듯이 파급력이 대단하다. 이들의 노래와 공연은 세계의 수많은 젊은이들에게 한국에 대한 관심과 매력을 품게 한다는 점에서 민간 주체 공공외교의 하나로 볼 수 있을 것이다. 그런데 방탄소년단은 여기에 그치지 않고 직접 국제 외교무대에서 메시지를 전함으로써 진일보한 공공외교의 한 모습을 보여 주었다. 2018년 9월 유엔 본부에서 열린 유니세프(유엔아동기금) 청년 어젠다 파트너십 출범 행사에서 행한 연설이 바로 그것이다.

방탄소년단은 당시 연설을 통해 "자신을 사랑하고, 목소리를 내어 자신의 목소리를 들려 달라"는 메시지를 전 세계 청년들에게 보내며 감동을 전해 줬다. 자신의 정체성을 고민하는 수많은 젊은이들을 위로하고, 다양성과 포용이라는 보편적 가치를 함께 나눈 것이다. 방탄소년단의 연설이 세계 젊은이들에게 그 어떤 정치인의 연설보다도 큰 울림으로 다가왔던 것은 바로 서로 교감하고 공감대를 형성했기 때문이다. 이렇듯 마음을 움직이는 힘은 공공외교의 가장 큰 매력이기도 하다.

3

외교관의 꽃,
특명전권대사

　　대사는 '외교관의 꽃'이다. 직업외교관이라면 누구나 언젠가 대사가 되겠다는 꿈을 가슴에 안고 산다. 대사는 공식적으로 업무를 수행할 때 차량에 국기를 달고 움직인다. 국가를 대표하는 외교관이라는 의미이다. 한 번 대사가 되면 평생 명함에 'Ambassador' 호칭을 달고 살 수 있다. 대사에게는 국가원수, 장관 등에게 붙이는 'His Excellency' 경칭을 붙이는 게 관례다. 그만큼 국제무대에서 존경의 대상이다. 평생 외교관 생활을 하다 마침내 대사로 임명받아 부임하는 직업외교관의 감회는 정말 남다를 것이다. 아마도 직업군인이 별을 달고 야전사령관으로 나갈 때와 비슷하지 않을까?

　　외교부 직원이 대사로 처음 나가는 시기는 5급 사무관으로 외교부에 들어온 지 30년 가까이 될 때쯤이다. 대체로 본부 국장이나 심의관 보직을 마칠 즈음이다. 초임 공관장은 규모가 작은 공관의 대사나 총영사로 나간다. 공관장을 포함해 3인 이내인 공관이 전체 160여 개 공관의 60%를 넘는다. 최근엔 외교관이 공관장 한 사람뿐인 1인 공관장도 늘고 있다. 직급이 올라갈수록 규모가 큰 공관의 공관장을 맡게 된다. 주미 대사관이나 주일 대사관은 정규 외교관만 해도 수십 명이 넘는다.

아그레망과 신임장 제정

대사는 대통령이 임명한다. 미국에서는 대사도 장관처럼 상원 인사청문회를 통과해야 한다. 그만큼 국가적으로 중요한 보직으로 인식되고 있다. 대사는 보통 직업외교관 중에서 임명하지만 4강(미·일·중·러) 등 주요 국가 대사는 정치적 임명(political appointee)도 한다. 대사의 공식 직함은 특명전권대사(Ambassador Extraordinary and Plenipotentiary)이다. 대통령으로부터 교섭에 관한 전권을 위임받은 대사라는 의미를 내포하고 있다.

대사를 파견하기 전에 꼭 거쳐야 하는 절차가 있다. 상대국의 동의를 구하는 일이다. 이 사전 동의를 아그레망(agrément)이라고 한다. 상대국에 대사 내정자를 알려 주고 가부 의견을 제시할 기회를 주는 것이다. 상대국에 비호감 인물을 보내면 그가 임무를 제대로 수행하기 어려울 것이다. 상대국 입장에서도 누가 대사로 오느냐는 매우 중요한 사항이다. 대사의 역할에 따라 양국 관계가 더 가까워질 수도 있고 오히려 더 멀어질 수도 있기 때문이다. 아그레망을 받은 다음에야 대사를 정식으로 임명할 수 있다. 아그레망을 받는 데 보통 2주 정도 걸리고 상대국의 관례나 사정에 따라 한 달 이상 걸리기도 한다.

아그레망을 받으면 대통령은 대사에게 신임장을 수여한다. 대통령으로부터 전권을 위임받아 외교교섭을 할 수 있다는 일종의 보증문서이다. 신임장 수여식에는 배우자도 참석한다. 해외에서 대사가 외교활동을 할 때 배우자의 역할이 그만큼 중요하다고 여겨서다. 대사는 대통령에게서 받은 신임장을 상대국 국가원수에게 제정(presentation)한다. 아무리 일찍 부임하더라도 공식적인 대외활동은 신임장을 제정한 후에 할 수 있다. 그 전에는 주재국의 장관 등을 만나지 못한다. 그렇기에 하루라도 빨리 신임장을 제정하기를 원하지만 주재국 국가원수의 일정상 늦어지는 경우가 많다. 대개 여러 명의 신임 대사들을 모아 신임장 제정식을 갖는다.

신임장 제정은 나라마다 절차나 관행이 다르다. 대사는 신임장을 제정하기 전에 외교부 장관에게 신임장 사본을 제출하고 주재국 의전장으로부터 신임장 제정 절차에 관한 상세한 설명을 듣는다. 영국이나 일본 같은 입헌군주국에서는 대사와 수행원 일행이 왕실이 제공하는 화려한 마차를 타고 행사장인 왕궁으로 이동한다. 외교관으로서 가장 보람을 느낄 때이다. 요즘엔 한복을 입고 신임장 제정식에 참석하는 대사가 많다. 한복을 입고 상대국 국가원수에게 신임장을 제정하면 대한민국을 대표하는 대사라는 느낌이 더욱 들 것이다. 신임장 제정은 국가원수를 단독으로 만난다는 점에서도 특별한 의미가 있다. 장관과 달리 국가원수는 자주 만나기 어렵기 때문이다.

대사의 직급

대사에게도 급이 있다. 외교부 본부 장·차관 휘하에 최상위 직급으로 14등급(차관급)이 있다. 본부 한반도평화교섭본부장과 국립외교원장, 그리고 재외공관의 14등급 대사가 여기에 해당한다. 미국, 중국, 일본, 러시아 등 4강과 영국, 프랑스, 독일, 벨기에 겸 EU, 브라질, 인도, 유엔, OECD, 제네바 등 13곳에 주재하는 대사가 14등급이다. 그 아래 고위 공무원단 '가'등급(일반공무원 1급) 대사와 '나'등급(일반공무원 2급) 대사가 이어진다.

　대사를 파견할 때 특별히 고려해야 할 사항은 대사의 급이다. 너무 낮은 급을 파견하면 상대국의 불만을 야기하기도 한다. 상대국에 만족스럽지 못한 인물이 대사로 가면 정부 고위인사 면담 등 외교활동을 하는 데 어려움을 겪을 수밖에 없다. 국무총리를 지낸 인사를 대사로 보내는 것도 신중할 필요가 있다. 총리 출신을 보냈다가 다음에 차관 출신을 보내면 받아들이는 국가의 입장에서 전에는 총리급이다가 이번엔 차관이라 서운하게 여길 수도 있다. 중국이나 일본의 입장에서도 한국이 미국에는 총리급을 대사로 보내고 자기 나라에는 상대적으로 낮은 직급을 보내는 데 대해 어떻게 생각할까? 중국이 북한과 일본에는 차관급 인사를 대사로 보내면서 한국에는 그보다 2~3 단계 아래인 부국장급을 대사로 보내는 것은 어떤 의미일까?

　특명전권대사라고 하지만 요즘엔 대사의 재량권이 과거에 비해 크게 줄었다. 대신 본부의 권한이 대폭 커졌다. 교통, 통신 기술의 발달로 본부와 재외공관 사이의 실시간 의사소통이 가능해진 때문이다. 본부는 세세한 사항까지 공관에 훈령을 내린다. 재외공관은 본부의 훈령에 철저하게 따라야 한다. 현지 공관장이 자체 판단이나 재량을 갖고 할 만한 일도 일일이 본부의 지시를 구하는 경우가 많다. 북한 핵 문제와 같이 국가적으로 중요한 일은 장관이 직접 챙긴다. 중요한 외교정책의 결정과 집행이 본부 주도로 이루어지고 있어 현지 대사의 재량이 갈수록 줄고 있다. 그렇더라도 대사의 역할은 아무리 강조해도 지나치지 않는다. 지휘는 본부에서 해도 결실을 거두어 내는 것은 현장의 대사들이다.

대한민국의 대사는 선진국은 물론이고 아시아, 중남미와 아프리카 등에서도 대우를 받고 발언권도 강하다. 전쟁으로 폐허가 된 나라가 눈부신 발전을 하여 세계 15위권 경제를 이룬 덕이다. 지금 이 순간에도 전세계 160여 개 공관에 나가 있는 대사와 총영사가 국가의 이익을 위해 헌신적으로 뛰고 있다. 공관의 규모가 크든 작든, 주미 대사든 아프리카의 대사든 대한민국을 대표하는 특명전권대사라는 점에서는 차이가 없다. 모두 대한민국의 자랑스러운 국가대표들이다.

 생생 현장 스토리

휴스턴미술관에서 한국관이 모퉁이로 밀려난 까닭

미국 휴스턴에서 총영사로 일하던 때였다. 젊은이들이 수백 미터나 줄을 지어 휴스턴미술관에 들어가는 모습을 보고 놀란 적이 있다. 미술관에서는 27세에 요절한 미국의 세계적인 낙서화가 장 미셸 바스키아(Jean Michel Basquiat)의 작품 전시회가 열리고 있었다. 문화예술의 영향력을 새삼 실감할 수 있던 기회였다.

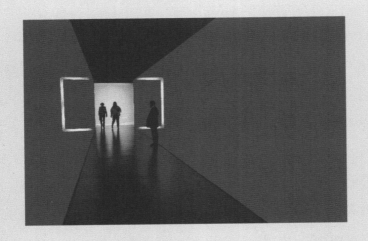

휴스턴미술관은 미국 남부 최대의 미술관이다. 내가 2004년 휴스턴에 부임했을 때 미술관에는 안타깝게도 독립적인 한국관이 없었다. 한국 도자기 몇 점이 일본관 안에 진열되어 있었을 뿐이다. 나는 마지오 관장과 필리핀계 미국인 큐레이터를 설득해 우선 임시로 '한국 코너'를 따로 만들었다.

다행히 마지오 관장은 한국 미술 작품의 독창성과 우수성을 이해하고 인정하는 전문가였다. 그는 22년째 미술관장으로 일하면서 한·중·일 3국을 자주 방문했다. 그는 한국의 미술 작품이 중국이나 일본 작품보다 우수하다는 확신을 가지고 있다고 내게 말하곤 했다. 당시 그는 미술관 확장 계획을 추진하면서 이사들을 설득해 한국관을 새로 개편되는 미술관의 중심관으로 설계했다.

새로 개편되는 미술관에는 1층 입구에서 들어서서 중앙홀을 지나 미술관이 시작하는 중앙부에 한국관을 배치하기로 했다. 일본관과 중국관은 한국관을 지나 측면에 배치될 예정이었다. 한국 미술 작품에 대한 마지오 관장의 특별한 배려였다. 설계상으로 한국관은 규모도 중국관과 일본관보다 컸다. 현대작품은 미술관이 구입해 전시하고, 가격이 비싼 옛날 작품은 6개월 주기로 국립중앙박물관이 대여해 전시하기로 했다. 교민사회에 이 소식을 알리자 후원을 위한 대대적인 모금 운동이 진행됐다. 우리 정부에 지원도 요청했다.

나는 본부로 귀임한 지 몇 년 후 휴스턴미술관 개막식에 초대를 받았다. 마지오 관장은 지병으로 타계한 뒤였다. 조지 H. W. 부시 전 대통령 부부도 내 요청으로 개막식에 참석했다. 그런데 한국관이 내가 마지오 관장과 합의한 곳이 아니라 모퉁이에 배치되고 규모도 줄어들어 있었다. 원래 한국관이 들어서기로 한 곳에는 인도관과 일본관이 자리 잡고 있었다. "왜 그렇게 했느냐"고 휴스턴미술관 관계자에게 물으니 이런 답변이 돌아왔다. 국립중앙박물관 측이 한국 미술품에 대한 보안을 이유로 한국관을 사이드에 배치해 달라고 요청했다는 것이었다.

이야기를 듣는 동안 수년 전의 기억이 주마등처럼 스쳐갔다. 당시 2년여 동안 한인동포들과 함께 혼신의 힘을 다해 휴스턴미술관 안에 미국 남부 최대의 한국관을 세우려 했었다. 한국 문화에 대해 잘 모르는 현지 사람들에게 우리 미술 작품을 널리 알리고, 그 작품들을 통해 소통하고 싶었기 때문이다. 원대했던 포부보다 움츠러든 한국관의 모습을 보면서 못내 아쉬웠다. 지금처럼 공공외교가 주목받는 시기였다면, 한국관의 모습 또한 달라지지 않았을까 하는 생각이 든다.

3장

외교관으로 살면
뭐가 다를까?

외교관이 된다고 해서 곧바로 해외에서 근무하는 것은 아니다. 통상적으로 외교부 신입 직원은 본부에서 2년 또는 2년 반 근무한 다음, 반드시 재외공관 근무를 해야 한다. 첫 공관에서 2년 간 근무를 하고 본부로 복귀하여 근무를 하다 2년 간의 해외연수를 나간다.

그런데 외교관으로서 해외근무를 할 때는 이른바 '냉 · 온탕 순환 배치'가 적용된다. 한 번 선진국이나 선호 지역 공관(온탕)에 배치되면, 그다음에는 개발도상국이나 비선호 지역, 험지(냉탕)의 공관으로 나가는 게 원칙이다.

과거에 외교관이 막연한 선망의 대상이 되었던 시기가 있었다. 1970년만 해도 우리나라의 1인당 GDP는 286달러로 세계 100위권 정도였다. 당시 북한의 1인당 GDP(384달러)보다 적었다. 그러다 보니 해외로 나가면 우리나라보다 잘사는 나라들이 대다수였다. 국내보다 더 나은 조건과 환경에서 생활할 수 있는 외교관이 인기를 끌었던 배경이기도 했다. 하지만 이제 상황은 역전됐다. 2018년 우리나라는 세계 6위의 수출 대국으로 성장했다. 국제통화기금(IMF)의 집계에 따르면 2019년 현재 우리나라의 1인당 GDP는 3만 1,940달러로 세계 29위에 해당된다. 외교관이되어 재외공관에서 근무를 할 경우, 국내 여건보다 못한 환경에서 생활하게 될 확률이 훨씬 높다. 하지만 생활여건이 국내보다 못한 국가에 주재하게 되더라도 외교관이라는 신분과 소명이 달라지는 것은 아니다. 오히려 험지 근무를 통해서 외교관으로서 더 큰 보람을 느끼고 탄탄한 내공을 쌓을 수도 있다.

 생생 현장 스토리

한국 외교관과 '개고기 편지'

24시간을 쪼개 쓸 정도로 바쁘다고 해서 재외공관 근무가 늘 힘들고 어렵기만 한 것은 아니다. 일을 하다 보면 외교관으로서 보람을 느낄 때도 많고, 또 개인적으로 명예롭고 즐거운 추억도 생긴다. 내게는 특히 영국이 추억거리가 많은 근무지였다. 외교관으로서 첫 해외 근무지이자 갓 결혼하여 부임한 곳이라 의미가 더욱 각별했다. 당시 선배 외교관들은 내게 "외교관은 경험이 많아야 한다. 돈 아낄 생각 말고 젊을 때 여행을 많이 다녀 머릿속에 많은 것을 채우라"고 조언해 주곤 했다. 그 때문이었을까, 나는 시간이 나는 대로 차를 몰아 런던 밖으로 빠져나갔다. 잉글랜드는 물론이고 멀리 스코틀랜드의 에든버러와 웨일즈의 옛 성(Castle), 그리고 서쪽 끝 '땅끝마을 (Land's End)'에 이르기까지 발길이 안 닿은 곳이 없을 정도였다.

내가 주영국 대사관에서 일하는 동안 한·영 관계는 수교 이래 최상의 관계로 평가를 받았다. 우리 부부는 엘리자베스 여왕의 초청을 받아 버킹검 궁에서 열린 '이브닝 파티'에서 찰스 황태자와 다이애나비도 만나고 무도회에서 사교의 기회를 갖기도 했다. 외교관이 아니라면 경험하기 어려운 '호사' 아닌 호사였다.

영국에서 근무하던 동안, 특히 기억에 남는 일들 중 하나는 다름 아니라 '개고기 시위' 사건이었다. 내가 대사관 총무를 맡고 있던 1983년 10월 어느 날, 국제동물복지기금(IFAW) 관계자에게서 전화가 왔다. 그는 한국인들이 개고기를 먹는 데 대해 항의하면서 회원들이 버스 두 대로 대사관에 찾아와 규탄 시위를 벌일 것이라고 했다. 당시 현지 일요신문인 『선데이 미러』에 한국에서 개를 잡아먹는 사진과 기사가 대서특필 되고, 『더 타임스』와 『데일리 텔레그래프』 등 주요 신문에는 큼지막한 항의 광고가 연일 실리고 있었다. 시위가 벌어지면 그 장면 또한 기사화되어 '개고기' 파문이 이어질 조짐을 보였다.

나는 우선 그들에게 먼저 이야기를 나누자고 했다. 대사관에 찾아온 IFAW 회원 대표 세 명을 권순대 정무참사관과 함께 만났다. 그들은 개를 나무에 매달아 놓고 가마솥에 불을 때는 장면을 찍은 사진을 보여 주었다. 그러면서 한국인들이 개고기를 먹는 야만적인 행위를 당장 중단하지 않으면 한국 상품 불매운동과 88올림픽 보이콧 운동을 전개하겠다고 위협했다. 나는 유럽인들이 말고기와 심지어 고양이고기를 먹는 사례를 예로 들면서 식습관은 나라마다 다른 문화적 차이라는 점을 강조했다. 또한 한국에서는 식용견과 반려견이 철저하게 구분되어 있는 점도 설명했다. 개고기를 먹게 된 유래에 대해서도 이야기했다. 가난하던 시절, 특히 결핵 등을 앓는 사람들에게 개고기와 같은 고단백질이 치료를 위해 불가피한 선택이었다는 점도 강조했다. 그러면서 "만약 영국민이 한국민과 같은 절박한 처지였다면 생명과 죽음 가운데 어떤 선택을 했겠느냐"고 되물었다.

그들은 고개를 끄덕이면서도 도살 방법을 묻고 늘어졌다. 왜 개를 무자비하게 때려 도살하느냐는 것이었다.

면담이 끝난 지 며칠 뒤 시위대가 찾아왔다. 하지만 처음의 예고와는 달리 대사관에서 조금 떨어진 지점에서 잠시 시위를 하다 떠났다. 정작 문제는 그다음에 일어났다. IFAW 회원들이 매일 항의 편지를 써서 대사관에 보내기 시작한 것이다. 편지에는 지난번 대표들이 보여 준 개 학대 장면을 담은 사진과 이를 항의하는 글이 담겨 있었다. 일부 손으로 쓴 편지도 있었지만 대부분은 같은 내용을 복사한 것이었다.

처음에는 몇백 통에 불과하던 편지가 며칠이 지나자 하루에 수천 통 가까이 쏟아져 들어왔다. '개고기 항의 편지'가 일반 우편물과 섞여서 들어오니 이를 분류하는 일도 여간 어려운 일이 아니었다. 나는 직원들과 함께 우편물을 바닥에 쌓아 놓고 진짜 편지와 '개고기 편지'를 분류했다. 처음에는 일일이 편지를 뜯어보았지만 몇 시간 지나지 않아 편지를 뜯어보지 않아도 어느 것이 '개고기 편지'인지 구분할 수 있었다. 하루 종일 그 일을 하고 있자니 기가 막혔다. 그러다 문득 눈에 들어온 것이 편지에 붙은 우표였다. 영국은 우표를 세계 최초로 발행한 나라다. 이미 사용한 우표라도 뭔가 활용할 방법이 있을 것 같았다.

여기저기 알아보니, 사용한 우표라도 5천 장을 모으면 구명용 보트를 한 대 구입할 수 있고, 2만 장을 모으면 시각장애인을 안내하는 개를 구입할 수 있었다. 나는 신바람이 나서 우편물을 쌓아 놓고 직원들과 둘러앉아 우표를 떼어 내기 시작했다. 가위로 자르기도 하고 칼로 떼어 내기도 했다. 손가락이 부르트기도 하면서 며칠을 계속해 우표를 모으니 수만 장이 됐다. 나는 관련 기관에 우표 수만 장을 전달하여 구명정과 시각장애인 안내견을 구입하는 데 사용해 달라고 요청했다. '개고기 편지' 사태는 생명을 구조하고 장애인에게 도움을 주는 선한 결말로 마무리됐다. 외교관이 하는 일이란 때때로 상상을 넘어서는 것이기도 하다.

1

외교관으로
산다는 것

1 초보 외교관에게 닥친 위기

외교관으로 입문하여 본부에서 초년 외교관으로 일
하던 때 예기치 못하게 당혹스러운 경험을 했다. 1979년 외무고시에 합
격하고 그해 7월 배치된 부서는 중앙청 5층 동쪽 끝에 자리 잡은 동구과
였다. 주로 소련(지금의 러시아) 및 소련의 위성국(지금의 CIS 국가)에 관한 일을 하는
부서였다. 이 국가들은 북한과 가까운 미수교국이라 우리와는 공식적인
인적 교류나 교역이 거의 없어서 실질적인 외교 업무가 없었다. 주로 하
는 일이 재외공관이 보고한 1차 정보들을 분석하고 이들 국가와의 관계
개선 방안을 찾는 일이었다. 수교는 꿈도 꾸지 못했다.

가장 중요한 나라는 소련인데, 양국 관계로는 4년 전 모스크바 하계
유니버시아드대회에 우리 선수단이 참가한 것이 고작이었다. 소련에서

113

개최된 스포츠 대회에 참석한 것은 건국 후 그때가 처음이었다. 당시 북한은 우리나라의 참가에 대한 항의의 표시로 대회에 불참했다.

초보 외교관의 부푼 꿈은 금방 깨졌다. 담당 과장이 나에게 전혀 일을 주지 않았기 때문이다. 아무리 사무관 '시보'라 해도 최소한 총무나 서무는 맡기는데 그런 일도 시키지 않았다. 간단한 정보활동비 사용 후 심사보고서도 과장이 직접 기안하고 서명했다. 내가 하는 일이라곤 복도에 비치된 복사기에 가서 문서를 복사해 오는 일이 고작이었다. 책상에 앉아 시간 보내기가 고역이었다. 남들은 일을 하는데 나는 책을 읽고 있을 수도 없었다. 오전 시간은 그럭저럭 넘어가도 오후가 문제였다. 무료함에다 점심식사 후 쏟아지는 졸음을 견디기 어려웠다.

스스로 찾은 일

'내가 이러려고 그토록 머리를 싸매고 공부하여 외교관이 되었나!' 탄식이 흘러나왔다. 그러기를 몇 달이 흘렀을까. '이렇게 허송세월하듯 시간을 보낼 순 없다'는 생각이 들었다. 철제 캐비닛에 빼곡하게 들어 있는 문서 서류철을 꺼내 읽기 시작했다. 문서 안에는 지금까지 무슨 일을 어떻게 했는지 상세한 내용이 들어 있었다. 읽다 보니 재미가 붙었다. 파일 제목을 새로 붙이고 너덜너덜한 문서는 가위로 잘 다듬어 편철하기도 했다. 사서가 하는 업무였지만 일을 알아 가는 재미에 시간 가는 줄 모르고 문서 읽기에 푹 빠졌다. 동구과에 있는 문서를 모두 읽는 데 몇 달이 걸렸다. 중요한 문서는 다시 꺼내 읽고 또 읽었다. 아마 역대 동구과 직원 중에 모든 문서를 읽은 사람은 나밖에 없었을 것이다.

당시에는 컴퓨터에 문서내용을 저장하여 검색할 수 없던 때라 일이 발생하면 일일이 관련 문서를 찾아 전에 어떻게 처리했는지 파악하는 것이 중요했다. 나는 선배들이 문서를 찾지 못해 우왕좌왕하면 슬며시 문서를 찾아 내밀곤 했다. 선배들은 물론 나를 대하는 과장의 눈빛도 달라지기 시작했다. 마침내 내 역할이 생겼다. 문서 찾아 주는 일이었다. 해가 바뀌고 새로 김석현 과장이 부임했다. 과장은 애주가여서 저녁마다 술자리에 따라가야 했다. 나는 몇 잔만 마셔도 꾸벅꾸벅 졸기 일쑤였지만, 그 자리야말로 과장의 신임을 받게 되는 절호의 기회였다. 업무와 관련한 이야기가 나올 때마다 내가 모르는 것은 거의 없었다. '이건 어떻고 저건 어떻게 처리하면 되고….' 모든 문서를 읽어 내용을 꿰뚫고 있으니 고참들보다 아는 게 훨씬 더 많을 수밖에 없었다. 과장이 신기해했다.

외무부 입부 2년째 되던 1981년 가을, 마침내 기회가 왔다. 과장이 조용히 나를 부르더니 특별미션이라면서 빨리 국장에게 가서 지시를 받으라고 했다. '아니! 고참 선배들이 많은데 무슨 일을 시키려나?' 의아한 생각이 들었다. 정경일 국장은 최근에 구주국장으로 부임한 상사였다. 업무 처리가 치밀하고 불같은 성격이어서 누가 어떻게 야단맞았는지 벌써 소문이 무성했다. 나는 보고할 만한 일을 한 적이 없으니 야단맞을 기회(?)도 없었다.

특별미션

국장은 나에 대해 이미 보고를 받아 알고 있었는지 단도직입적으로 말했다. 국장의 지시는 대략 이랬다. "남덕우 총리가 최근 핀란드를 방문했다. 회담을 마치고 공항으로 가는 길에 차량에 동승한 코이비스토 (Koivisto) 총리는 소련 고위층(정치국원)으로부터 받은 메시지를 적은 메모를 남 총리에게 전했다. 남한이 소련에 관계개선을 하자는 제안을 계속 하고 있 는데, 구체적인 제안을 해 주면 진지하게 검토하겠다는 내용이다. 민 사 무관이 대통령에게 이에 관한 외교정책을 건의하는 보고서를 작성하라."

국장은 "이 일은 장관(노신영), 차관(김동휘), 정무차관보(공로명) 그리고 국장과 과 장만 알고 있는 사항이니 어느 누구한테도 말해서는 안 된다. 심지어 동 구과 다른 직원도 눈치채게 해서는 절대 안 된다"고 신신당부했다.

나는 뛰는 가슴으로 사무실로 돌아와 자료를 찾기 시작했다. 어느 캐 비닛에 어떤 문서가 들어 있는지 훤히 알고 있으니 금방 꺼내어 책상 위 에 쌓아 놓았다. 그날 밤을 꼬박 새워 보고서를 작성했다. 아침 일찍 보 고서를 내미니 국장이 깜짝 놀라는 표정이었다. 그런데 일이 터졌다. 이 런저런 의견을 내는 국장에게 내가 일일이 대꾸했다. 국장이 부임한 지 얼마 안 되니 나보다 더 많이 알 수 없으리라는 자만심이 문제였다. 국 장의 표정이 일그러지고 화를 참는 기색이 역력했다. 마침 과장 한 사람 이 국장실에 들어왔다가 나를 밖으로 끌고 나갔다. "너, 죽으려고 작정했 어?" 나는 사태의 심각성을 깨닫고 다시 국장실에 들어가 백배 사죄하 며 용서를 빌었다. 국장이 다시 여러 의견을 제시했다. 역시 경험이 많은 국장의 의견은 다르다는 생각이 들었다. 나는 다시 내용을 보완하기 시 작했다. 다른 고참들이 고개를 갸우뚱하면서 나를 보았다. 그날 밤도 꼬 박 새웠다. 다음 날 아침 다시 국장에게 보고했다. "많이 나아졌어!" 몇 차례 내용을 보완하여 대통령에게 보고하는 건의서를 완성했다. 차관보,

차관, 장관에게는 국장이 직접 보고했다.

이제 남은 일은 대통령 결재용 정책건의서를 만드는 일이었다. 청와대 전담 필경사를 찾아가 교회 장로라 일요일엔 일을 안 한다는 그에게 통사정을 하여 손 글씨로 쓴 87쪽 정책건의보고서를 완성했다. 제목은 '한소관계개선(안)'이었다. 며칠 뒤 국장이 나를 불렀다. 그는 환한 얼굴로 "장관이 직접 청와대에 가서 대통령에게 보고했다. 대통령에게서 큰 치하를 받았다. 정말 수고 많았어"라고 말했다.

그해 말 구주국 송년행사가 열렸다. 나는 국장이 인사위원회에서 강력히 주장하여 주영국 대사관으로 발령이 난 상태였다. 국장이 말했다.

"입부 2년밖에 안 된 초임 사무관이 외교정책건의서를 기안해 대통령의 재가를 받아 시행한 것은 정말 대단한 일이야. 민 서기관이 평생 외교부에서 두 번 다시 경험하기 어려운 일이니 큰 보람으로 여겨도 좋을 거야."

정말 그 말이 맞았다. 30여 년 외교부에서 일하는 동안 내가 대통령에게 이런 정도의 외교정책을 건의해 시행한 것은 그때가 처음이자 마지막이었다. 당시 나는 두 가지 교훈을 얻었다. 하나는 결국 실력이 중요하다는 것, 다른 하나는 위기의 순간이야말로 실력이 가장 빛을 발할 때라는 것이었다.

위기를 기회로 만드는 법

외교관으로 입문하는 이들이 앞으로 나의 경우처럼 위기와 시련의 순간
을 만나게 될지 모른다. 때론 험지의 공관에서, 때론 재난의 현장에서 시
험대에 올라야 할지도 모른다. 하지만 한 가지 분명한 것은 외교관으로서
당신의 미래는 그 위기와 시련 자체가 결정짓는 것이 아니라는 사실이다.
당신의 미래는 위기와 시련의 시기를 당신이 어떻게 보내느냐에 따라 달
라질 것이다.

2 재외공관 외교관의 직장생활

문서와 사람의 숲에 묻혀 살다

우아하게 물 위를 떠다니는 백조를 본 적이 있는지? 하지만 그 모습이
백조의 모든 것을 말해 주는 것은 아니다. 백조는 물 위에 떠 있기 위해
수면 밑에서 쉴 새 없이 발을 놀리며 헤엄을 친다. 격조 높은 파티와 만
찬을 즐기는 외교관의 화려한 면모를 물 위의 우아한 백조에 비유한다
면, 외교관의 드러나지 않은 일상은 수면 밑에서 쉴 새 없이 발을 놀리는
모습과 다를 바 없다. 그만큼 바쁘고 업무량도 많은 편이다.

특히 재외공관에서 근무하는 외교관의 경우 밤낮의 구별이 따로 없을
정도다. 업무가 끝난 이후에도 외교 활동의 연장선상에서 사람들을 만나
고 모임에도 참석해야 하기 때문이다. 재외공관에서 외교관의 일상은 정

말 바쁘게 돌아간다. 우선, 매일 방대한 문서와 자료를 읽고 파악해야 하는데 보통 일이 아니다. 외교관은 엄청난 읽을거리 속에 묻혀서 산다고 해도 과언이 아니다. 외교관의 일상에서 가장 많은 시간과 에너지를 투입하는 일이 바로 문서와 자료 읽기다.

일반적으로 재외공관 외교관의 하루는 아침에 출근하자마자 본부에서 보낸 전문을 읽는 것으로 시작된다. 본부만이 아니라 다른 공관에서 보내오는 전문도 있다. 전문에 지시 내용이 있는지 파악해 이행하는 일이 급선무다. 처리해야 할 일이 여러 건이면 전략적 사고 능력이 필요하다. 중요도와 우선순위를 정해 대처하고 해결해야 한다. '지급'으로 보고해야 할 지시가 있으면 바로 주재국 외교부 담당자와 면담약속부터 잡아야 한다.

그런데 본부에서는 전문만 오는 것이 아니다. 외교부는 매일 아침과 저녁 두 차례 우리나라의 외교 관련 언론보도 내용을 스크랩해서 보내온다. 그중에 주재국과 관련된 기사가 있는지 확인하고 추가 확인이 필요하면 주재국과 접촉해 보고해야 한다. 본부는 물론이고 전 세계에서 벌어지고 있는 우리나라 외교와 관련한 동향을 파악하지 않고서는 외교 업무를 제대로 하기 어렵다. 아무리 바빠도 본부에서 보내온 언론 스크랩을 대충이라도 훑어보아야 한다.

그다음 할 일은 현지 언론을 모니터링하여 본국에 보고하는 일이다. 주재국의 동향을 파악하는 가장 일차적인 수단은 현지 신문, 방송 등 언론보도다. 필요할 경우에는 주재국 인사를 접촉해 보도의 진위 여부와 추가 내용을 파악하고 공관의 관찰 및 평가 내용을 추가해 보고해야 한다.

외교관은 주재국은 물론, 자국에 대해서도 해박한 지식을 가져야 한다. 특정 사안에 대해 파악하려고 주재국 인사와 만날 때 우리가 궁금한 사항만 물어볼 수는 없다. 상대방이 "한국은 어떻게 하나요?"라고 물을 때 대답할 수 있어야 한다. 각종 행사나 모임에서 많은 사람을 만나 대화를 해야 하는데, 한국과 관련하여 예상되는 질문에 대답할 준비가 되어 있지 않으면 낭패를 보기 쉽다. 주재국과 한국의 동향을 이해하는 것만으로는 부족하다. 평소 양국과 관련된 현안들을 속속들이 파악한 후 분명한 입장을 갖고 상대에게 설명할 수 있도록 정리가 되어 있어야 한다. "외교관은 끊임없이 공부해야 하는 직업"이라고 말하는 이유도 여기에 있다.

외교관에게 문서 업무가 중요하긴 해도 매번 문서의 숲에 빠져 지낼 수는 없다. 본부 지시사항을 이행하고 나면 공관 자체 사업도 해야 한다. 본부에서 공식 대표단이나 방문자가 오면 면담이나 행사를 주선하고 함께 가서 만나야 한다. 또한 외교관으로서 주재국 인사와의 인적 네트워크를 구축하는 일도 가장 기본적인 직무 중 하나다. 외교는 국가 대 국가의 관계지만, 그 일을 수행하는 것은 결국 사람이기 때문이다.

나라마다 관행이나 사정에 다소 차이가 있겠지만, 외교관은 직급에 따라 만나는 상대가 정해져 있다. 직급이 낮은 사람이 직급이 높은 사람과 공식적으로 만나기는 어려울뿐더러, 설사 만난다 해도 외교적 결례로 비칠 수 있다. 과거 내가 외교관 생활을 하던 시절에는 주재국 외교부 카운터파트너의 자택 전화번호를 받아 내는 것이 중요했다. "주말이나 저녁이라도 괜찮으니 언제든지 전화하라"는 말을 들으면 최상의 관계였다. 주재국 외교부 직원이 적극적으로 도와주지 않으면 현지에서 외교활동을 제대로 하기 어렵다. 외국인과 그 정도로 친밀한 관계를 쌓으려면 사무실에서 공식적으로 만나는 것만으로는 부족하다. 수시로 식사도 하고 취미생활도 함께 하면서 친밀한 관계를 이어 가야 한다. 외교관에게 가장 큰 자산은 '사람'이고, 그 자산을 유지하거나 키우려면 사람들 속에서 더불어 살아갈 수밖에 없다.

오늘은 쉬어도 될까요? 외교관의 휴일

사람과 업무의 숲에 둘러싸여 사는 재외공관 외교관의 바쁜 일상을 보면서 이런 질문을 던지는 청소년들도 있을 듯하다. "그럼 외교관은 언제 쉬어요?"

물론 재외공관에서 일하는 외교관에게도 공식 휴일이 있다. 바로 재외공관의 공휴일이다. 우리나라의 국경일, 주재국의 공휴일, 그리고 외교부 장관이 지정하는 날 등이 여기에 해당된다. 언뜻 생각하면 공휴일이 많은 나라에서 근무하는 외교관이 부러울 법도 하다. 수년 전 미국 경제 뉴스 전문방송인 CNBC는 '법정 공휴일이 많은 나라 Top 10'을 소개한 바 있는데, 4위 볼리비아를 제외하면 1위 영국, 2위 폴란드 등 'Top 10' 중 9곳이 유럽 지역 국가였다. 해당 유럽 국가들에 주재하는 우리 재외공관들이 선망의 대상이 될 법도 하다. 하지만 외교관은 '쉬어도 쉬는 게 아닌' 직업 중의 하나다. 현지의 재외국민 동향을 수시로 파악해야 하는데다, 사건이나 재해 등이 휴일을 피해 발생하지는 않기 때문이다.

2

외교관의 결혼, 가정,
자녀교육

"배우자와 함께 해외 공관에 나갈 수 있나요?"
"외교관들은 결혼과 육아를 어떻게 하나요?"

외교관을 꿈꾸는 젊은이들로부터 가장 많이 받게 되
는 질문들이다. 외교관이 되면 2~3년마다 재외공관에서 해외생활을 해
야 하는데 과연 '정상적인 가정을 꾸릴 수 있을까?' 하는 걱정이 담겨 있
는 셈이다. 사실 외교관 지망생에게 가장 큰 관심사 중 하나는 바로 결혼
과 가정 문제일 것이다.

통계(2016년)에 따르면 국내 가구 중에서 맞벌이 가구 비율은 약 45%에
달한다. 작가, 화가, 프리랜서처럼 혼자 일하는 직업이라면 몰라도 국내
에 직장이 있거나 의사, 변호사 같은 전문직을 가진 사람은 배우자를 따
라 해외에 가서 몇 년씩 살기가 어려운 것이 현실이다. 전에는 여성 외교

관들이 배우자감으로 대학교수나 학교 교사를 선호하기도 했는데, 그 이유는 여름과 겨울 방학 기간에 가족과 함께 해외에 머무를 수 있기 때문이었다. 최근 몇 년간 외교관후보자 선발시험에서 합격자의 절반 이상이 여성인 점을 감안하면, 젊은 외교관들에게 결혼과 출산, 육아 등은 가장 민감한 문제라고 해도 과언이 아닐 것이다.

여성이 외교관 생활을 하면서 몇 년마다 수년씩 배우자와 헤어져 해외에서 살게 되면 안정적으로 가정을 꾸리는 데 어려움이 한두 가지가 아니다. 무엇보다 해외에서 외교업무를 수행하면서 출산을 하거나 자녀를 키우는 일이 보통 힘든 게 아니다. 저출산 위기를 극복하는 것은 국가적으로 해결해야 하는 시급한 과제이다. 이런 점에서도 여성 외교관에 대한 각별한 배려가 필요하다고 본다. 여성 외교관들이 특히 해외에서 임신·출산과 자녀교육에 대한 걱정을 덜고 대한민국을 대표해 외교활동에 전념할 수 있도록 특단의 대책이 마련되어야 할 것이다. 출산적령기 여성 외교관들이 필요한 경우 국내 근무를 선택할 수 있게 하는 것도 하나의 방안이 될 것이다. 공관 근무 체계를 좀 더 탄력적으로 운영하고 대체인력도 확충이 돼야 여성 외교관이 가정을 꾸리면서 외교에 전념할 수 있을 것이다.

부부외교관과 기러기부부

외교관들이 배우자를 찾기 어렵다 보니 외교부 안에서 연분을 맺는 경우도 늘고 있다. 바로 '부부외교관'이다. 2011년 22쌍이던 부부외교관이 2016년에는 33쌍으로 늘었다. 유엔 사무차장으로 근무했던 김원수

(외시 12회), 박은하(19회) 씨 부부가 부부외교관 1호다. 부부가 함께 같은 목표를 향해 나아가는 진정한 동반자가 된다는 것은 분명 커다란 축복이다. 그러나 부부외교관에게도 말 못할 어려움이 있기는 마찬가지다. 가장 큰 어려움은 어느 한쪽이 해외 발령을 받으면 서로 떨어져 지내야 하는 점이다. 부부가 함께 동일 공관에 발령받기는 '하늘의 별 따기'이다. 부부외교관이 드물던 때에는, 부부가 같은 공관이나 인접 공관에 발령받는 특혜를 받기도 했다. 그러나 부부외교관이 계속 늘어나는 상황에서 이같은 배려를 더 이상 기대하기 어려워졌다.

내가 차관으로서 외교부 인사위원장을 맡고 있을 때, 인도적 차원에서 부부외교관의 재외공관 발령 문제에 대해 검토해 본 적이 있다. 부부외교관을 같은 공관에 보낼 것인지, 아니면 최소한 같은 나라, 같은 지역에라도 보낼 것인지, 그 실현 가능성을 살펴본 것이다. 부부를 동일 공관에 발령하기 위해서는 몇 가지 조건이 맞아야 한다. 우선, 동기 또는 비슷한 연조의 부부외교관을 함께 배치할 만큼 인력 규모가 큰 공관이어야 한다. 그런데 전 세계 160여 개 재외공관 가운데 공관장을 포함해 2~3인 미만의 소규모 공관이 전체 공관의 절반 이상을 차지한다. 심지어 1인 공관장 공관도 느는 추세다. 비교적 규모가 큰 공관이라도 두 사람의 직급에 적합한 자리가 비어 있어야 하고, 선·후진국 순환근무 원칙에도 맞아야 한다. 이러한 조건들을 동시에 충족하기는 사실상 어렵다.

외교부 간부들과 함께 오랜 시간 이 문제를 논의했는데, 결론은 '부부외교관에게 특혜를 주지 않는 것이 낫겠다'는 것이었다. 부정적인 영향이 더 클 것이라는 판단에서였다. 부부외교관들에게 지나친 기대감을 줄

뿐만 아니라, 그러한 혜택을 받지 못하는 부부외교관은 상대적 박탈감이 더 클 것이다. 배우자를 동반하지 않고 홀로 재외공관에 부임하는 외교관들이 상대적으로 차별의식을 가질 수도 있다. 인사발령을 하는 입장에서는 부부를 같은 공관에 보내자니 특혜 시비가 일 수 있고 2, 3년마다 떼어 놓자니 몇 년 동안 생이별의 아픔을 겪어야 하는 부부외교관들이 인간적으로 너무 안쓰러워 원칙과 인도주의 사이에서 고민할 수밖에 없었다.

이삿짐과 자녀교육

가정을 꾸린 젊은 외교관들이 부딪히는 또 하나의 커다란 고민은 바로 육아와 자녀교육 문제다. 맹자의 어머니가 아들의 교육을 위해 세 번 이사를 했다면, 외교관은 국가의 부름에 따라 몇 번이고 이사를 다닐 수밖에 없는 존재다. 국내와 해외를 번갈아 다니다 보면 잦은 환경 변화로 자녀들이 겪는 정서적인 어려움이 클 수밖에 없다.

내 경우엔 직업외교관으로 일하면서 여섯 차례 해외근무를 했는데, 유난히 한 임지에서 오래 있지 못하고 자주 이삿짐을 싸야 했다. 자녀가 새로운 나라에 가서 친구를 사귀고 학교생활에 적응할 만하면 또다시 다른 나라로 옮겨 가야 했다. 이러한 과정을 반복해서 겪는 아이들의 스트레스는 이만저만 큰 게 아니었다. 아이들의 모습이 안쓰러워 남몰래 눈시울이 붉어지기도 했다. 가장 안타까웠던 것은 부임하자마자 아이들이 "이번엔 이 나라에서 언제까지 있을 건가요?"라고 물었을 때였다. 확실한 대답을 할 수 없었다. 내가 해외생활을 하면서 가장 걱정했던 점은 자녀교육이었다. 만약 여성 외교관이 해외근무를 하면서 혼자서 자녀를 키우게 된다면, 그 어려움은 상상을 넘어설 것이다.

해외공관에서는 부부동반으로 참석해야 하는 만찬 등 외교행사가 많은데, 만리타향에서 어린 자녀를 맡길 만한 곳을 찾기가 쉽지 않다. 미국처럼 열 살 미만의 자녀를 집에 홀로 두면 부모를 처벌하는 국가도 있다. 결국 자녀가 학교에 들어갈 때까지 유아원, 유치원에 보내야 하고, 초등학교에 입학한 후에도 가까이서 아이를 돌봐야 한다. 외부 행사가 있으면 직원들이 서로 아이들을 돌봐 주기도 하지만 늘 가능한 일은 아니다. 경우에 따라선 아이를 돌봐 줄 도우미를 구해야 하는데, 문화와 환경이 달라 어려움이 뒤따를 수밖에 없다. 임지를 옮길 경우엔 눈코 뜰 새 없을 정도로 업무가 많아지는데, 시간을 쪼개고 쪼개 아이들이 낯선 환경에 잘 적응하는지 더 세심하게 살펴야 한다.

외교관으로서 해외에서 자녀를 키우고 교육시키는 것은 힘들고 어려운 일이지만 이점도 많다. 자녀들이 어려서부터 세계 여러 나라에서 다양한 문화와 사람들을 접하면서 세상을 보는 시야가 넓어지고 글로벌 마인드가 생기게 된다. 이 과정에서 자연스럽게 영어와 제2외국어를 익히고 구사하게 되는 것도 커다란 축복이다. 다만 국내 실정에 어둡고 한국어 구사 능력이 약해질 수 있기 때문에 이를 보완할 만한 교육도 필요하다. 내 경우엔 아이들이 어릴 때부터 한국 신문과 책 등을 읽도록 하고, 글쓰기 연습을 하도록 이끌었다. 무엇보다도 중요한 일은 자녀에게 대한민국의 아들과 딸이라는 자긍심과 정체성을 심어 주는 것이다. 뿌리가 깊어지면 꿈나무가 더 높이, 더 멀리 가지를 뻗을 것이기 때문이다.

재외공관 외교관이 누리는 경제적 혜택

세간에는 외교관은 큰 특혜를 누리는 직업이라는 인식이 적지 않다. 재외공관 외교관은 누구나 고급 주택에서 만찬을 즐기며 가사도우미까지 두고 생활한다고 여기기도 한다. 과연 '현실'도 그럴까?

결론부터 말하자면 외교관은 공직자이고, 외교관의 처우나 보수도 같은 직급의 일반 공무원과 다를 바 없다. 이른바 '특혜'는 외교업무상 필요한 경우에만 국한된다. 한 예로 대사 등 공관장에게 관저가 제공되는 것은 관저가 단순한 주거공간이 아니라 각국 요인과 만나고 손님을 맞는 외교 활동의 또 다른 터전이기 때문이다.

다만, 재외공관에서 일하는 외교관에게는 근무 여건과 상황 등에 따라 추가적으로 여러 수당과 실비가 지원된다. 대한민국을 대표하는 외교관으로서 품격을 유지하고, 생활인으로서 정상적인 삶을 누릴 수 있도록 하기 위한 것이다.

먼저 재외 근무 때 받는 수당의 종류를 살펴보면 ▲재외근무수당 ▲특수지 근무수당 ▲특수외국어 수당 등이 있다. 이 가운데 재외근무수당은 해외 근무지에서 일정 생활수준을 유지하도록 보전하는 수당으로, 10개 근무지역별 및 직급별로 정해진 기준에 따라 미화 또는 현지화로 지급한다.

특수지 근무수당은 근무환경이 열악한 험지 국가에서 근무하는 데 대한 보상적 성격의 수당이다. 험지의 정도에 따라 가~다 지역으로 구분하여 직급에 따라 차등 지급한다. 특수외국어 수당의 경우 해당 특수어를 사용하는 국가나 국제기구 소재지에 근무하는 외교관으로서 국립외교원이 인정하는 어학등급(1~3등급)을 소지한 사람에게 매달 일정액을 지급한다. 참고로 외교부에서 2018년 영사(3등급) 경력공채 때 시험 과목으로 채택한 특수외국어로는 크로아티어어, 그리스어, 체코어, 터키어, 태국어, 베트남어, 이탈리아어, 마인어(말레이 인도네시아어), 헝가리어, 덴마크어, 포르투갈어, 미얀마어, 캄보디아어 등이 있다.

또한 재외공관 외교관에게는 ▲(현지 국제학교 취학 시) 자녀학비보조수당 ▲현지공관 부임 여비 및 본부 귀임 여비 ▲주택임차료 등의 경비가 실비로 지원된다. 자녀학비보조수당은 유치원부터 고등학교까지 국내 수준의 교육을 받는 데 드는 학비의 일부를 지원하는 것이다. 부임 여비 및 귀임 여비로는 본인, 배우자 및 26세 미만 자녀의 항공료가 '최단거리 최저요금'을 기준으로 지급된다. 이와 함께 이전비(이삿짐 운송비)도 국가별·부피별로 정해진 '이전비 기준액' 범위 안에서 실비를 지원받는다. 선박운송을 기준으로 15cbm(㎥) 이내의 이삿짐 운송비가 여기에 해당된다. 주택임차료의 경우 공관별·직급별로 정해진 '임차료 상한선' 이내에서 지원을 받으며, 상한선을 초과하는 금액은 직원이 부담하게 된다. 이 외에 의료비(또는 의료보험료), (부모상 등으로 인한) 일시귀국 여비, 부임 정착지원금 등도 실비로 지원된다.

여성 외교관의 험지 근무

국내외에서 번갈아 순환 근무가 이뤄지는 직업의 특성상 여성 외교관도 해외공관 근무를 해야 한다. 문제는 임지다. 여성 외교관들이 정변의 위험이 크거나 근무여건이 열악한 아프리카 등의 험지에서 일할 수 있느냐가 관건이다.

여성 외교관의 수가 많지 않던 시절에는 선·후진국을 교차 근무토록 하는 '냉탕온탕' 인사발령 원칙에서 여성 외교관에게 어느 정도 예외를 인정해 주기도 했다. 그러나 여성 외교관의 수가 압도적으로 많아지면서 이런 '배려'는 더 이상 가능하지 않게 됐다. 이젠 남녀 불문하고 번갈아 험지 근무를 해야 하는 상황이다. 여성 외교관에 대한 배려가 자칫 남성 외교관에 대한 역차별로 비칠 수도 있어 예외를 인정해 주기가 더욱 어렵게 됐다.

실제로 최근에는 여성 외교관이 '분쟁 지역'의 재외공관에서 성공적으로 근무한 사례들이 보고되고 있다. 한 중견 여성 외교관의 경우, 정정이 불안하고 치안이 취약한 아프가니스탄 파르완 지역에서 활동하고, 뒤이어 에티오피아에서도 훌륭히 임무를 마치고 본부에 귀임해 화제가 되기도 했다. 그는 현지에서 보니 외국의 경우 여성 외교관들이 많이 나와 활동하고 있었다고 말한다. 험지 임무를 성공적으로 수행한 그의 사례는 다른 여성 외교관들에게도 용기와 자신감을 불어넣는 본보기가 되고 있다.

3

외교관이
누리는 특권

　　해외 드라마나 영화를 보면 재외공관에 근무하는 외
교관이 범죄에 연루돼도 자신이 주재하는 국가에서 체포나 구금되지 않
는 특권을 누리는 장면이 종종 나온다. 흔히 '불체포 특권'이라 불리기도
하나 이것은 정확한 표현이 아니다. 이러한 특권은 외교관의 신체, 자유,
품위가 침해되지 않도록 보호받는 '불가침의 권리'에 해당된다. 그렇다
면 외교관이 누리는 특권은 과연 어떤 것들이 있으며, 왜 이러한 특권을
허용한 것일까?

외교관의 특권과 면제

　재외공관에 부임하면 일반인과 달리 외교관으로서 특권을 누리게 된
다. 공식 용어로는 외교관의 '특권과 면제(privileges and immunities)'라고 한다.
외교관계에 관한 비엔나협약에 따라 외교관에게 부여된 권리다. 가장 대

표적인 외교관의 특권은 불가침권(inviolability)이다. 외교관의 신체와 외교 공관은 불가침권을 가진다. 외교관의 문서와 개인 재산도 불가침의 대상이다. 외교관에게 이러한 특권과 면제를 부여하는 것은 파견국을 대표해 외교업무를 자유롭고 효율적으로 수행하도록 하기 위해서다. 따라서 외교관의 특권과 면제는 외교관 개인의 권리나 특혜가 아니라 그를 파견한 국가의 권리에 해당된다. 여권(Passport)이 개인의 소유가 아니라 국가가 발급한 공문서인 것과 같은 이치다. 그런 까닭에 외교관은 본국의 허가 없이 자기 마음대로 특권과 면제를 포기할 수 없다.

불가침의 범위, 어디까지?

외교 공관은 불가침이라고 했는데, 여기에는 대사관은 물론 대사관저도 포함된다. 공관장의 동의 없이는 주재국 경찰 포함 어느 누구도 그 안에 들어가지 못한다. 외교관이 살고 있는 주택도 공관처럼 불가침이다. 자기 소유든 임차주택이든 마찬가지다. 외교관이 휴가나 출장 갈 때 호텔에 잠시 머무는데 이러한 임시체류지도 불가침의 대상이다.

그럼 외교공관은 자국 영토의 일부로 볼 수 있을까? 아니다. 외교공관이 불가침권을 가지고 있다 하여 자국 영토의 일부로 확대 해석해서는 안 된다. 외교공관은 당연히 접수국(주재국)의 영토이다. 단, 비엔나협약에 따라 접수국은 외교공관을 보호할 의무가 있다. 우리나라의 경우 '집회와 시위에 관한 법률'에 따라 외교기관이나 외교사절의 숙소 100미터 이내에서는 일체의 옥외집회와 시위를 금지하고 있다.

화재와 같이 긴급한 사태가 발생했을 때, 소방경찰이 공관장의 동의를 구하지 않고도 외교공관 안에 들어갈 수 있을까? 공관장의 동의를 구할 시간적 여유가 없는 긴급한 경우에도 외교공관 안에 들어갈 수 없다는 것이 정설이다. 그렇다면 탈북자들이 외교공관에 들어와 보호를 요청하는 경우는 어떨까? 이는 외교공관에 도피자나 정치적 망명자에 대한 외교적·정치적 비호권(asylum)이 있느냐의 문제와 연결된다. 외교공관이 정치적 도피처가 되는 사례가 현실적으로 많기는 하지만, 법적으로는 외교공관에 정치적 비호권을 인정하지 않는다는 견해가 일반적이다. 그러나 도피자나 정치적 망명자가 일단 외교공관 안에 들어온 후에는 공관장의 동의 없이는 경찰이 공관 안에 들어가 끌어낼 수 없다.

외교공관의 비품, 재산, 차량도 모두 불가침의 대상이고, 이에 대한 주재국의 수색·징발·압류·강제집행이 면제된다. 또한 외교공관의 문서는 언제 어디서나 불가침이다. 문서를 보관하는 용기는 물론, 외교관의 개인문서도 불가침이다. 외교관계가 단절되거나 무력충돌이 발생한 경우에도 불가침의 권한은 유지된다. 종이문서만 아니라 컴퓨터 저장장치(USB), 필름, 사진, 녹음도 불가침이다. 외교공관의 통신도 불가침이다. 외교업무를 수행하는 데 자유롭고 안전한 통신의 확보는 매우 중요하므로 접수국은 외교공관의 자유로운 통신을 허용하고 보호해야 한다.

외교행낭 배달자도 불가침 대상

외교공관과 본국 정부 간에 문서와 물품을 담아 운송하는 외교행낭(diplomatic bag or pouch)도 당연히 불가침이다. 외교행낭에는 외부에서 식별할 수 있는 표시를 해야 하고 공적 외교문서와 물품만 넣어야 한다. 금지물

품이 들어 있다는 명백한 증거가 있어도 공관의 동의 없이는 외교행낭을 강제로 열거나 맡아 둘 수 없다. 외교행낭이 제3국을 통과할 때도 제3국은 그 비밀과 안전을 도모해야 한다. 외교행낭을 배달하는 사람도 보호와 불가침의 대상이다.

외교관의 신체도 물론 불가침이다. 외교관은 주재국(접수국)에서 체포 또는 구금을 당하지 않는다. 접수국은 외교관의 신체와 자유가 침해되지 않도록 적절히 조치를 취해야 한다. 우리나라를 비롯해 많은 국가가 외교관의 신체를 침해하는 죄에 대하여 더 엄격하게 처벌한다. 접수국은 외교공관의 직무수행을 위해 충분한 편의를 제공해야 한다. 외교관 역시 접수국의 법령을 존중해야 하며 현지 내정에 개입하지 말아야 한다.

재판관할권으로부터 면제

외교관은 접수국의 형사, 민사 등 모든 재판관할권으로부터 면제된다. 증인으로서 증언을 할 의무도 없다. 그렇다고 외교관이 치외법권을 가지는 것이 아니다. 외교관이 직무수행 기간 중 사법절차에서 면제된다는 것에 불과하다. 외교관도 접수국의 국내법을 준수해야 한다. 또한 본국에 귀국한 후에는 접수국에서 행한 행위에 대해 본국의 재판관할권에 따라야 한다. 단, 개인 부동산에 대한 소송과 공무 이외의 상업적 활동에 관한 소송에 있어서는 접수국의 민사·행정 재판관할권에 따라야 한다.

재판관할권으로부터의 면제는 외교관 개인의 권리가 아니라 파견국의 권리에 해당된다. 따라서 본국만 그 권리를 포기할 수 있다. 면제에 대한 포기는 명시적으로 해야 하며 묵시적 포기는 인정되지 않는다. 다만 외교관이 스스로 소송을 제기한 경우, 재판관할권의 포기로 간주된다.

과세로부터의 면제

외교공관은 물론 외교관은 국세, 지방세, 인세 및 물품세로부터 면제된다. 그러나 간접세, 상속세를 비롯해 서비스에 대한 대가, 개인 소유 부동산과 개인소득에 대해서는 세금이 면제되지 않는다. 공관이 공용 물품을 수입하거나 외교관 및 그 가족이 개인적 사용을 위해 물품을 수입하는 경우 모든 관세와 조세로부터 면제된다.

 생생 현장 스토리

외교관 가족도 같은 특권을 누릴까

외교관의 가족도 외교관과 동일한 특권과 면제를 인정받는다. 다만, 나라마다 국내법상 가족의 개념에 차이가 있으며, 성인으로 독립적 경제활동을 하는 가족에 대해서는 외교관의 특권과 면제를 인정하지 않는 국가가 많다.

외교관은 개인적으로 영리를 위한 직업 활동이나 상업적 활동을 할 수 없다. 반면, 외교관의 배우자는 현지에서 직업을 갖거나 영리활동을 할 수 있다. 외교관이 공무가 아닌 직업적 또는 상업적 활동을 할 경우 주재국의 민사 및 행정재판관할권으로부터 면제되지 않는 것처럼, 배우자도 사적인 직업 활동에 대해서는 소득세를 납부할 의무를 진다. 외교관의 가사도우미, 운전기사 등 개인사용인의 경우 보수에 대하여만 면세를 받는다.

외교관 여권은 특권 여권?

외교관이 재외공관에 근무하게 되면 배우자와 가족도 '외교관 여권'을 발급받는다. 외교관 여권을 소지하면 출입국 때 절차가 간소하고, 외교관 및 외교관 가족으로서 예우를 받을 수 있다. 그러나 외교관 여권은 공무를 위해 이동할 경우에만 제시해야 하고, 사적인 여행에 이용해서는 안 된다.

외교관 여권은 '외교관계에 관한 비엔나협약'에 따라 외교관과 그 가족의 신분 보호를 위해서 제공될 뿐, 외교관 여권이 주는 특혜는 많지 않다. 면세 구입이 사실상 유일한 혜택인데 정작 지출이 가장 많은 생필품은 면세가 안 된다. 우리 외교부의 경우 배우자와 27세 미만의 미혼 자녀에게만 외교관 여권을 부여하고 있다. 직계존속(부모)은 생활력이 없다는 증명을 해야만 근무지에 동행할 수 있다.

국제사법재판소로 간 외교관의 특권, 프랑스 VS 적도기니 사건

외교관의 면제 특권, 외교공관의 불가침권과 관련해 국제적으로 주목을 끄는 사건이 있다. 서아프리카의 작은 나라인 적도기니가 프랑스를 상대로 국제사법재판소(ICJ)에 제소한 '면제와 형사절차' 사건이 바로 그것이다. 2016년 6월 프랑스 사법당국은 테오도린 응게마 오비앙 망구에 적도기니 부통령에 대해 돈세탁 등의 혐의로 형사소송 절차에 착수하고, 그의 재산인 파리 포슈가에 있는 한 건물에 대해 가압류 결정을 내렸다. 안보 등을 담당하는 제2부통령인 망구에는 1979년 쿠데타로 집권한 테오도로 오비앙 응게마 음바소고 적도기니 대통령의 아들이다. 프랑스와 스위스를 오가며 마이클 잭슨의 유품 등을 고가에 구매하고 십수 대의 슈퍼카를 사들이는 등 사치스러운 해외 생활로 주목을 받아 왔다.

프랑스의 사법 절차가 시작되자 적도기니는 곧바로 프랑스를 상대로 ICJ에 소를 제기했다. 자국의 부통령에 대한 형사소송과 외교공관인 해당 건물에 대한 가압류는 비엔나협약 등의 위반이므로, 그 위법성을 확인하고 배상 명령을 내려 달라는 내용이었다. 적도기니는 망구에 부통령이 외교관 신분이므로 프랑스의 형사관할권으로부터 면제의 대상이고, 파리 포슈가에 있는 건물 역시 외교관의 주거공간이므로 불가침의 대상이라고 주장했다.

반면, 프랑스는 사법당국의 조치는 망구에 부통령이 프랑스 내에서 저지른 범죄에 대한 것으로 내정의 문제이므로 ICJ가 '관할권 없음'을 선언해야 한다고 맞섰다. 프랑스는 그 근거로 처음 수색 등의 사법절차가 시작된 2010년 12월 당시 망구에 부통령은 농업–산림업 담당 장관으로서 외교관이 아니었으며, 적도기니가 외교공관이라고 주장하는 포슈가의 건물 역시 당시에는 부통령의 개인 재산이었다는 점을 들었다. 망구에 장관이 제2부통령으로 임명된 시기는 2012년 5월, 포슈가의 건물이 외교공관으로 공식 통보된 때는 2012년 7월이었다.

적도기니는 '망구에 부통령에 대한 형사소송 중지', '외교공관으로 쓰이는 포슈가 건물에 대한 불가침성 보장' 등의 잠정조치를 내려 줄 것을 ICJ에 요청했다. 이에 ICJ는 2016년 12월 7일자 명령을 통해, "이 사건의 최종 결정이 있기까지 프랑스가 적도기니 외교사절의 주거에 사용되는 해당 건물에 대해 불가침을 보장하기 위한 모든 조치를 취하라"고 지시했다. 그러나 적도기니의 '형사소송 중지' 요청에 대해서는 일단 ICJ의 잠정조치 대상이 아니라고 판단했다.

그러자 이번에는 프랑스가 '선결적 항변'에 나섰다. 선결적 항변이란 국제재판에서 사건의 본안에 들어가는 것을 막기 위해 사건 당사자가 실행하는 항변 조치다. 특히 프랑스는 ICJ가 이 사건에 대한 관할권이 있는가에 대해 문제를 집중적으로 제기했다. 이에 따라 ICJ는 2018년 2월 네덜란드 헤이그에 위치한 평화의 궁(Peace Palace)에서 양국 관계자를 출석시켜 공개심리를 진행했다. 향후 ICJ는 이를 토대로 프랑스의 선결적 항변에 대해 '용인' 또는 '기각' 등의 조치를 내릴 예정이다. 용인 조치가 내려질 경우 적도기니의 제소는 무효로 돌아가고, 반면에 기각 조치가 내려지면 적도기니의 뜻대로 본안 소송이 진행된다.

외교관의 형사관할권에 대한 면제 특권을 과연 소급적용할 수 있을까? 대체 어느 시점을 기준으로 외교관의 지위를 인정하고, 외교공관의 불가침성을 보장해야 하는 걸까? 앞으로 ICJ의 결정이 그 가이드라인을 제시해 줄 것으로 예상돼 외교가의 관심이 집중되고 있다.

한편 2017년 10월 프랑스 1심 법원은 망구에 부통령의 돈세탁 등 혐의를 유죄로 판단하고, 징역 3년형의 집행유예와 3천만 유로(약 389억 원)의 벌금, 가압류된 건물에 대한 몰수 등을 선고한 상태다.

4장

나도 외교관이
될 수 있을까?

1

외교관에게 필요한 덕목과 자질

       나무가 뿌리의 힘으로 자라듯 외교관도 기본이 매우 중요하다. 프로 스포츠선수에게 체력과 기술이 기본 중 기본이듯, 프로 외교관은 외교관으로서 기본적인 자질과 덕목을 갖추어야 한다. 과연 외교관에게 필요한 자질과 덕목은 무엇일까?

애국심과 충성심

    "내가 사람의 방언과 천사의 말을 할지라도 사랑이 없으면 소리 나는 구리와 울리는 꽹과리가 되고." 세기의 베스트셀러 『성경』에 나오는 유명한 구절이다. 외교관의 경우 역시 이와 마찬가지라고 생각한다. 제아무리 화려한 언변을 자랑한다 해도, 그 가슴에 나라에 대한 사랑이 없다면 앵무새의 말 흉내와 다를 바 없을 것이다.

    나는 외교관에게 가장 중요한 덕목이 무엇인지 꼽으라면 주저 없이 애국심을 들겠다. 외교관은 대한민국을 대표해 국가와 국민을 위해 일하는 공직자이기 때문이다. 애국심은 외교관으로 하여금 열정을 갖고 국가에 헌신하게 하는 힘의 원천이다.

수년 전까지 중국의 외교정책을 총괄했던 다이빙궈 전 외교담당 국무위원(2008~2013)은 『전략대화-다이빙궈 회고록』에서 "외교관은 죽음을 두려워해서는 안 된다."고 했다. 외교관은 국가와 국민을 위해 일하다가 언제라도 자신을 희생할 각오를 해야 한다는 의미일 것이다. '양복 입은 군인'이라는 별칭처럼 국제무대에서 총칼 없는 전쟁을 치러야 하는 것이 외교관이다. 때론 전쟁 중에도 최일선에서 적대국과 담판을 벌여야 한다. 실제로 협상하러 적진에 들어갔다가 목숨을 잃은 외교관도 있다. 애국심 없이는 국가를 위해 몸을 던지기가 쉽지 않다. 국가에 대한 충성심과 애국심은 외교관에게 가장 필요한 덕목이자 가장 큰 무기이기도 하다.

소신과 용기

고려시대의 충신 정몽주는 충절의 상징으로 널리 알려져 있지만, 용기와 소신을 지닌 빼어난 외교관이기도 했다. 고려 말 왜구들의 노략질이 점점 심해지자 조정에서는 일본으로 사신을 보내 화친을 도모했다. 그런데 이 사신은 임무를 수행하기는커녕 왜구의 장수에게 붙잡혔다가 겨우 죽음을 면하고 돌아왔다. 그러자 평소 정몽주에게 앙심을 품고 있던 권신들이 그를 사지로 내몰았다. 일본으로 건너가 왜구의 단속을 요청할 사신으로 그를 추천한 것이다.

사실 정몽주는 험한 바닷길에 트라우마가 있었다. 이보다 앞서 그가 서장관(임금에게 보고할 글을 기록하는 관리)으로 명나라를 다녀오던 때의 일이었다. 거센 풍랑으로 배가 난파돼 일행이 익사하고, 그는 13일이나 사경을 헤매다 구사일생으로 구조되었다. 그로서는 바다만 봐도 악몽이 떠오를 만했다. 게다가 왜구가 들끓는 일본에서 무슨 험한 일을 당할지도 모르는 상황이었다. 하지만 모두가 위태롭게 여기던 임무를 정몽주는 두려워하는 기색 없이 받아들였다. 그는 일본으로 건너가 양국이 교린함으로써 얻는 이해득실을 잘 설명해 임무를 완수했고 왜구에게 잡혀갔던 고려 백성들까지 데리고 돌아왔다. 대의를 위해 자신을 던지는 용기, 험한 파도와 날카로운 창칼 앞에서도 흔들리지 않는 신념이 없다면 해낼 수 없는 일이었다.

사실 공직자로서, 또 외교관으로서 소신을 갖고 용기 있게 행동하는 것은 말처럼 쉬운 일이 아니다. 관료사회에는 스스로 책임질 일을 만들지 않고, 그저 시류에 따라 처신하는 풍조가 존재하기도 한다. 하지만 외교관은 해외에서 국가를 대표하는 공직자로서 그 행위가 국가적으로 미치는 영향이 매우 크다. 외교관 생활을 하다 보면 현장에서 갖가지 상황과 마주칠 수밖에 없는데, 이때 흔들림 없이 임무를 수행하려면 무엇보다도 소신(신념)과 용기가 필요하다. 자신의 일이 국가와 국민을 위한 것이라는 신념, 힘들고 어려워도 앞으로 나아갈 수 있는 용기가 있다면 이미 훌륭한 외교관이다.

정직과 신뢰

"대사란 자국의 이익을 위해 거짓말을 하도록 해외로 보내는 가장 정직한 사람이다(An ambassador is an honest man who is sent to lie abroad for the good of his country)."

16~17세기 영국의 작가이자 외교관이었던 헨리 워튼 경(Sir Henry Wotton)이 남긴 유명한 말이다. 과거 외교가에서 종종 인용되던 이 말은, 17세기 초 워튼 경 자신이 외교관으로서 임무를 수행하러 독일의 아우크스부르크로 떠나면서 했던 말이기도 하다.

당시 아우크스부르크는 유럽의 '핫 플레이스'였다. 당대 제일의 재벌인 푸거 가문(Fugger family)이 교역과 금융업을 크게 일으켜 유럽의 중심으로 떠오르던 상업도시였다. 또한 종교개혁운동으로 갈등을 빚던 신교(프로테스탄트)와 구교(가톨릭파) 사이에서 공존을 위한 협상과 화의가 계속 진행된 종교도시였다. 푸거 가문은 전 유럽에 지점망을 두고 사업은 물론 정치 · 경제 정보까지 수집했는데, 아우크스부르크는 그런 고급 소식이 집결되는 정보의 도시이기도 했다.

워튼 경은 치열한 정보전이 벌어지는 아우크스부르크로 부임하면서 '자국의 이익을 위해서라면 거짓말도 불사할 수밖에 없는' 자신의 처지를 특유의 어법으로 표현했던 것이다. 하지만 그런 워튼 경조차 외교관의 전제조건으로 삼았던 것은 바로 '정직한 사람(an honest man)'이었다.

지금 우리는 워튼 경이 활약했던 시대와 전혀 다른 세상에서 살고 있다. 왕권시대의 옛 외교가 비밀외교였다면, 민주시대의 현 외교는 공개외교에 가깝다. 그 시대에는 거짓말이 문제와 위기를 잠시 모면하는 임시방편이 될 수 있었는지 모르겠지만 지금의 상황은 전혀 다르다. 통신과 교통의 비약적인 발달로 말의 진위를 가리는 데 많은 시간이 필요하지 않기 때문이다. 거짓말의 유효기간은 짧을 경우 분초에 불과하다. 국가 간의 관계에서 거짓말은 오히려 신뢰를 깨뜨리는 독이 될 뿐이다.

외교관은 권모술수에 능하고 거짓말도 잘해야 된다고 여기는 이들이 있다. 하지만 실상은 정반대다. 외교관은 진정성이 있어야 하고 정직해야 한다. 물론 때로는 정직함 때문에 당장의 불편함을 초래할 수도 있다. 하지만 정직해야 결국 상대로부터 신뢰를 받고, 파트너로서 인정을 받는다. 외교관이 한 번 신뢰를 잃으면 발붙일 곳이 없다. 외교의 기본은 신뢰이고 그 신뢰의 문을 여는 열쇠는 바로 정직과 진정성이다. 나는 워튼 경의 명언을 이렇게 바꿨으면 한다. "대사란 자국의 이익을 위해 해외로 내보내는 가장 정직한 사람"이라고.

관용과 배려

혹시 수년 전에 일어난 '샤를리 에브도 테러 사건'을 기억하는지? 프랑스 파리에 있는 풍자 주간지 『샤를리 에브도』 잡지사 사무실에 이슬람 극단주의자들이 침입해 '무함마드(이슬람교 창시자)를 모욕했다'는 이유로 총기를 난사한 사건이다. 이 사건 이후 전 세계적으로 테러 행위에 대한 비난 여론이 빗발치는 가운데 프랑스 서점가에선 기이한 현상이 벌어졌다. 1763년에 출간된 계몽주의 철학자 볼테르의 『관용론』이 250여 년 만에 베스트셀러에 오른 것이다. 프랑스 국민들이 극단주의에 맞서기 위해 '관용'이라는 방패를 꺼내 들었던 셈이다. 대체 '관용'이란 무엇이기에 이러한 반향을 이끌어 냈던 것일까?

『관용론』에 따르면 관용, 즉 불어로 '톨레랑스(tolérance)'란 '종교를 포함해 서로 다른 생각과 행동양식을 존중하고 이를 받아들이는 적극적인 태도'다. 또한 종교적 광신주의, 극단적인 민족주의, 사회적 차별과 배척, 폭력과 같은 불관용에 맞서는 보편적 가치이기도 하다. 우리가 흔히 쓰는 사전적 의미의 관용, '너그럽게 용서함'과는 개념의 차이가 크다. 배려는 이러한 관용의 연장선상에 있는 덕목이다. 상대방에 대한 이해와 존중을 바탕으로 상대의 입장을 헤아리고 상대를 위해 마음을 쓰는 것이 바로 배려라고 할 수 있다.

관용과 배려는 다양한 인종, 다양한 종교, 다양한 가치관이 혼재되어 있는 지구촌에서 인류가 더불어 평화롭게 살아가기 위해 꼭 필요한 덕목이다. 특히 여러 국가를 다니며 다양한 문화권에서 활동하는 외교관에게는 늘 몸에 배어 있어야 할 '생활 덕목'이기도 하다. 관용과 배려의 가장 큰 특징은 사소해 보이지만 정말 커다란 영향력을 발휘하는 가치라는 점이다. 내가 알게 모르게 실천한 작은 관용과 배려가 훗날 더 큰 관용과 배려로 되돌아온다.

실제 외교 무대에서도 그런 일이 벌어진다. 한국과 한국의 외교관들이 다른 나라를 위해 펼친 작은 관심과 배려가 나중에 국제회의에서 한국을 지지하는 표로 돌아오기도 한다. 유네스코한국위원회 사무총장 시절, 우리나라가 유네스코 세계유산위원회 위원국 선거에 나갔을 때의 일이다. 21개 위원국으로 구성된 세계유산위원회는 세계유산협약을 집행하고 세계유산 목록 등재를 결정하는 힘 있는 기구이다. 세계 여러 국가들이 위원국 진출을 원하고 있어, 이미 두 차례나 위원국을 역임한 우리나라의 선출 가능성은 불투명했다. 이때 예기치 못한 곳에서 도움의 손길이 다가왔다. 유네스코한국위원회가 국가위원회 웹사이트를 만들어 운영할 수 있도록 '배려'했던 카리브해와 남태평양 지역 국가들이 앞장서서 지지 표를 모아 줬던 것이다. 결과는 사상 3번째로 위원국 진출이었다. 때때로 뉴스를 장식하는 국제 외교 무대의 낭보 뒤에는 이런 비밀 아닌 비밀이 숨어 있다.

침착성과 인내심

"뛰지 마. 외교관은 뛰면 안 돼."

내가 초보 외교관이던 시절의 일이다. 급한 업무를 처리하느라 복도에서 뛰어가다가 고참 외교관과 마주쳤다. 그는 외교관은 국가를 대표하는 존재이기에 늘 침착하게 처신해야 한다고 조언했다. 외교관이 다급하게 뛰면 국가적으로 뭔가 위급한 상황이 벌어진 게 아니냐는 불안감을 줄 수 있다는 것이다. 그 뒤로 나는 아무리 급한 일이라도 다른 이에게 결코 뛰는 모습을 보이지 않았다.

해외에선 외교관의 일거수일투족이 관심의 대상이다. 외교관의 언행을 보고 파견국의 위상에 대해 판단하기도 한다. 외교관의 불안정한 모습은 파견국의 이미지에도 좋지 않은 영향을 끼치기 마련이다. 반면, 외교관의 침착하고 신중한 처신은 개인을 넘어 파견국에 대한 인정과 신뢰로 이어진다.

『외교론(Diplomacy)』의 저자로 유명한 영국의 외교관 해롤드 니콜슨 경은 이상적인 외교관의 7대 덕목으로 '진실성, 정확성, 인내심, 침착성, 관대함, 겸손, 충성심'을 꼽은 바 있다. 이 가운데 침착성과 인내심은 동전의 양면과도 같다. 인내심은 분별력을 잃지 않고 감정에 휘말리지 않으며 평정심을 유지하는 마음이다. 인내심이 없다면 침착성이 발휘될 수도 없다.

외교 현장, 특히 협상 무대에서 인내심은 외교관의 커다란 자산이다. '밀당'을 넘어 총칼 없는 전쟁이 벌어지는 협상 테이블에서는 서로 얼마나 인내심을 발휘하느냐에 따라 협상의 성패가 좌우된다. 외교란 입력을 하면 곧바로 결과물이 나오는 컴퓨터와 출력기가 아니다. 한 끼 밥을 짓기 위해서도 뜸 들일 시간이 필요한데, 국가와 국가의 관계를 좌우하는 외교 활동에 있어서는 두말할 나위가 없다. 때로 외교는 기다림의 미학이기도 하다. 그리고 외교관에게 적극적인 기다림을 가능케 해주는 미덕이 바로 인내심이다.

외교관, 이름을 불러 주는 사람

"내가 그의 이름을 불러 주기 전에는 그는 다만 하나의 몸짓에 지나지 않았다. 내가 그의 이름을 불러 주었을 때, 그는 나에게로 와서 꽃이 되었다."

김춘수 시인의 시 '꽃'의 일부분이다. 나는 이 시의 한 구절에 외교관의 기본 덕목이 거의 들어가 있다고 생각한다. 이름을 부른다는 것은 상대방에게 관심(호기심)을 갖고 배려하는 행위다. 또한 이름을 부르기 위해서는 친화력과 용기가 있어야 한다. 호기심과 배려, 친화력과 용기는 외교관이 지녀야 하는 기본 덕목 중 하나다. 상대를 존중하며 이름을 불러 주는 사람, 그게 바로 외교관이다.

최초의 '일본 전문 외교관' 이예

애국심은 나라에 대한 충성심이라 할 수 있는데, 그 표상으로 조선 초기의 외교관 이예를 꼽지 않을 수 없다. 이예는 중인인 아전 출신으로 동지중추원사(종2품)의 자리에 오른 입지전적인 인물이다. 이예가 울산 관아에서 아전으로 있을 때, 항복하러 온 왜구 일당이 변심해 군수를 잡아가는 사건이 벌어진다. 다른 아전들이 혼비백산해 도망하는 가운데 그는 전혀 다른 선택을 했다. 군수를 구출하기 위해 왜구의 배를 바다까지 쫓아가 배에 올라타 포로가 되기를 자청한 것이다.

포로가 된 뒤에도 이예의 마음은 한결같았다. 대마도에 이르러 왜구들이 포로들을 죽이려고 작당하는 순간에도 군수를 더욱 깍듯하게 성심으로 대했다. 이 모습에 감동한 왜구들은 "이 사람은 진짜 조선의 관리다. 이런 사람을 해하는 것은 좋은 일이 아니다"며 군수와 그를 살려 준다. 섬에 갇혀 있는 한 달여 동안 이예는 비밀리에 배를 구해 탈출계획을 세웠다. 그러나 때마침 나라에서 통신사를 보내 화해가 이뤄졌고 이듬해 그는 군수와 함께 돌아올 수 있었다. 조정에선 그의 충성심을 가상히 여겨 신분을 올려 주고 벼슬을 내렸다.

그로부터 몇 해 뒤, 이예는 나라에서 보내는 사신을 따라 일본에 들어간다. 어린 시절 왜구에게 납치됐던 어머니의 행방을 찾기 위해서였다. 결국 어디서도 어머니를 발견할 수는 없었지만 그의 눈에 자꾸 밟히는 이들이 있었다. 바로 왜구에게 포로로 끌려와 고통받고 있는 조선의 백성들이었다.

그 후로 이예는 43년간 무려 40여 차례에 걸쳐 일본을 오가며 외교관으로서 빼어난 활약을 펼쳤다. 때론 목숨을 건 협상으로, 때론 지혜로운 지략으로 불안했던 양국의 관계를 안정시키고, 도합 667명에 이르는 조선 백성을 고국으로 돌려보냈다.

당시 사신으로서 일본 교토, 큐슈, 오키나와, 대마도 등을 오가는 일은 지금으로 치자면 정정이 불안한 시리아의 험지로 부임하는 것과 다를 바 없었다. 실제로 이예는 일본을 오갈 때 배를 도둑맞거나 해적의 습격으로 목숨을 잃을 뻔하기도 했다. 배를 잃고도 현지의 왜인을 설득해 빌린 배에 50여 명의 피랍된 조선 백성을 태우고 돌아온 적도 있었다.

무엇보다도 놀라운 것은 그의 식지 않는 열정이었다. 수십 년간 쌓은 공로로 이미 외교관으로서 최고의 지위에 올라 있던 이예는 또 한 번의 험지 임무에 스스로 뛰어든다. 왜구에게 잡혀간 백성들을 구하기 위해 사신을 보낸다는 소식을 듣고, 자신을 보내 달라고 임금에게 주청한 것이다. 그의 나이 일흔한 살 때의 일이었다.

"신이 듣건대, 이제 대마도(對馬島)에 사신을 보내어 피로(被虜)된 사람들을 쇄환(刷還)하려고 하시는데, 신은 어려서부터 늙기까지 이 섬에 출입하여 이 섬의 사람과 사정을 두루 알지 못하는 것이 없으니, 신이 가면 저 섬의 사람들이 기꺼이 만나 볼 것이며, 누가 감히 사실을 숨기겠습니까. 다만 성상께서 신을 늙었다 하여 보내시지 않을까 두렵습니다. 신이 성상의 은혜를 지나치게 입었으므로 죽고 삶은 염려하지 않습니다. 이제 종사(從事)할 사람을 가려서 소신(小臣)을 보내도록 명하시면 피로된 사람들을 죄다 찾아서 돌아오겠습니다."

    – 조선왕조실록, 「세종실록」, 세종 25년(1443년) 6월 22일의 기록 중에서

실제로 이예는 특사의 임무를 훌륭히 완수했다. 포로로 잡힌 조선 백성 7명뿐만 아니라, 이들을 붙잡아 간 왜구 14명을 찾아내 함께 데려온 것이다. 하지만 이것이 그의 마지막 임무였다. 그로부터 2년 후 이예는 향년 73세로 세상을 등졌다. 「세종실록」, 세종 27년 2월 23일자에는 그의 죽음을 애도하며 남긴 '이예의 일대기'가 기록돼 있다.

사람은 모두 죽되, 모든 사람이 세상 너머로 사라지는 것은 아니다. 역사 속에서 살아 숨 쉬는 외교관 이예는 7백여 년의 시공을 초월해 지금 우리와 만나고 있다. 지난 2010년 외교부는 나라와 국민을 위해 헌신한 그를 '우리 외교를 빛낸 인물'로 선정했다.

충성심, 소신 같은 외교관의 덕목 이야기는 자칫 고리타분한 옛이야기로 들릴 수도 있다. 하지만 'old' 앞에 알파벳 하나만 붙이면 'gold'가 된다. 케케묵은 이야기로 그냥 남길 것인지, 아니면 금덩어리로 만들 것인지는 바로 그대 자신에게 달려 있다.

2

지금부터 뭘 해야 할까

1 '외계어'라도 공용어라면 배워라(모든 길은 외국어로 통한다)

유네스코 일을 하는 동안 초등학생으로부터 대학생에 이르기까지 외교관과 국제기구 진출이 꿈이라는 수많은 학생들을 만났다. 이들의 한결같은 질문은 "지금부터 제가 무슨 준비를 해야 하나요?"였다. 프로그램에 참가한 학생들과 함께 온 부모들도 그런 질문을 많이 했다. 외교관이나 국제기구 직원이 되려는 사람에게 현실적으로 가장 필요한 것은 다름 아닌 언어 소통 능력이다. 상대방의 말을 경청하려 해도, 나의 의사를 전달하려 해도 서로 소통할 수 있는 언어가 없으면 불가능하다. 외교관에게 모든 길은 외국어로 통한다고 말하는 이유도 여기에 있다.

현재 전 세계에는 모두 7,097개의 언어가 존재한다(생생 현장 스토리 참조). 유엔은 이 가운데 가장 영향력이 큰 6개 언어를 국제공용어로 사용하고 있다. 영어, 프랑스어, 중국어, 스페인어, 러시아어, 아랍어다. 유엔과 산하 국제기구들은 이 공용어로 회의를 진행하며, 통역도 공용어로만 제공된다. 유엔의 경우 웹사이트(홈페이지)도 6개 공용어별로 각각 운영하고 있다. 외교관, 또는 국제기구 직원으로 활동하려면, 이 6개 공용어 가운데 가장 널리 쓰이는 영어는 물론 제2외국어도 한 가지 이상 익혀야 한다. 특히 영어의 중요성은 아무리 강조해도 지나치지 않는다.

영어를 잘한다고 반드시 외교관으로서 성공하는 것은 아니지만 영어를 잘 못하는 외교관은 상상하기 어렵다. 우선, 외교관후보자 선발시험에 합격하기 위해서도 그렇고, 외교부에 들어오면 평생 영어로 일을 해야 한다. 더욱이 요즘은 공공외교 시대다. 공관장은 물론 일반 외교관도 한국을 알리고 주재국과 관계를 강화하기 위해 현지 국민을 상대로 다양한 외교활동을 해야 한다. 이때 현지 언어를 구사할 수 있다면 금상첨화겠지만 최소한 영어만큼은 소통에 불편이 없을 정도로 쓸 수 있어야 한다.

유엔, 제네바, 오이시디(OECD) 등 국제기구에서 다자외교를 하는 우리나라 외교관에게 영어 구사 능력은 더욱 중요하다. 유엔 공용어 사용국의 외교관은 통역이 제공되므로 자국어로 발언하면 되지만, 우리나라 외교관은 외국어인 유엔 공용어로 발언해야 한다. 대부분의 경우 영어로 발언하게 되는데, 순발력 있게 묻고 대답할 정도는 돼야 한다. 국제회의에서는 발언할 내용을 미리 준비해 가도 실제로는 논의의 흐름에 따라 수정해야 할 때가 많다. 특히 다른 나라 대표가 우리나라와 관련한 문제를 제기하거나 질문을 할 경우, 영어실력이 뒷받침되지 않으면 제대로 대응하기가 어렵다. 외교관에게 외국어는 가장 기본적인 소통의 수단이자 최고의 무기 중 하나다. 만약 외계어가 공용어로 쓰인다면, 외계어라도 배워야 한다는 우스갯소리도 그래서 나온다.

 생생 현장 스토리

가장 많은 사람이 '모국어'로 사용하는 외국어는?

세계적인 언어정보 제공 사이트인 '에스놀로그(www.ethnologue.com)'의 2018년 집계에 따르면 현재 지구상에서 사용되는 언어는 모두 7,097개에 이른다. 권역별로 살펴보면, 아시아 지역에 가장 많은 2,300개(32.4%), 아프리카 지역에 2,143개(30.1%), 태평양 지역에 1,306개(18.5%), 아메리카 지역에 1,060개(15.0%), 유럽 지역에 288개(4.0%)의 언어가 분포돼 있다.

세계인의 80%가량은 이 중에서 단 92개(1.3%) 언어를 제1언어(first language, 모국어)로 사용한다. 범위를 더 좁히면, 지구상에서 5,000만 명 이상이 모국어로 사용하는 언어는 23개에 불과하다. 제1언어를 기준으로 가장 많은 인구가 사용하는 언어는 표준 중국어(12억 9,900만 명)이고, 그 뒤를 스페인어(4억 4,200만 명), 영어(3억 7,800만 명), 아랍어(3억 1,500만 명), 힌디어(2억 6,000만 명), 벵골어(2억 4,300만 명), 포르투갈어(2억 2,300만 명), 러시아어(1억 5,400만 명) 순이다. 한국어의 경우 한반도를 비롯해 중국, 동러시아 일대 등 6개국에서 7,720만 명이 사용하는 언어로

영어, 어느 정도까지 해야 할까?

당연한 말이지만 영어 실력은 완벽할수록 좋다. 최근엔 외교를 '공감의 예술'이라고도 하는데, 어눌한 영어로는 다른 나라 외교관의 공감을 이끌어 내기 어렵다. 영어로 유머를 나누고, 스토리텔링을 할 수 있는 정도는 돼야 일단 합격점을 줄 수 있을 듯하다. 내가 일선에서 만난 우리나라 외교관 중에서 '영어' 하면 떠오르는 이는 박근 대사다. 그는 제네바 대사와 유엔 대사를 역임한 다자외교 전문가였다.

스위스 제네바는 유엔 유럽본부를 비롯해 국제노동기구(ILO), 세계무역기구(WTO) 본부 등 다수의 국제기관이 모여 있는 국제도시다. 세계 대다수 국가들이 제네바에 대표부를 설치해 운영하고 있는데, 박 대사를 가까이서 뵌 것도 주제네바 대한민국 대표부에서였다.

사무관 시절, 나는 동료들과 제네바로 출장 가서 박 대사와 '관세 및 무역에 관한 일반협정(GATT)' 회의에 몇 차례 참석한 적이 있다. 새로운 다자간 무역협상 기구의 출범을 위한 국제회의라 각국의 이해가 첨예하게 맞서는 자리이기도 했다. 회의 장면을 지켜보면서, 국제회의장이 마치

영어를 유창하게 구사하는 외교관들의 경연장 같다는 생각이 들었다. 각 나라 대표마다 발언에 특색이 있었는데, 우리나라 대표들의 경우 대체로 핵심 위주로 간략하게 발언하는 편이었다.

사실 초임 외교관이 베테랑 외교관과 대사들이 즐비한 국제회의장에서 제때에 입장을 표명하고 전체 논의에 기여하기는 쉬운 일이 아니었다. 평소 영어를 능숙하게 해도 회의 분위기에 주눅 들기 마련이었다. 박 대사는 젊은 후배 외교관들이 너무 긴장하지 않도록 이렇게 격려하곤 했다. "영어가 우리 모국어가 아니니 좀 틀려도 괜찮아. 사실 저 사람들도 잘 못해. 걱정 말고 자신 있게 해!" 때론 옆에 앉은 나와 동료들에게 직접 발언해 보라며 마이크를 불쑥 내밀기도 했다. 몸으로 부딪혀 현장 영어를 체득하라는 짓궂은(?) 배려였다.

영어로 제네바를 휘어잡다

박 대사의 영어 실력은 당시 제네바 주재 각국 대사들 사이에서도 알아주는 수준이었다. 그는 각국의 이해관계가 팽팽히 맞서 회의장에 긴장감이 감돌 때마다 특유의 재치와 입담으로 분위기를 완화시키곤 했다. 보호무역주의 퇴치 문제를 두고 선진국과 개도국의 입장이 날카롭게 대립하고 있던 때의 일이었다. 박 대사가 마이크를 잡고 뜻밖의 질문을 던졌다.

"보호무역주의의 확산은 다자무역 체제에 심각한 위기가 되고 있습니다. '보호무역주의'라는 호랑이를 물리쳐야 하는데, 호랑이를 잡고 가죽도 얻는 일석이조의 방법을 알려드릴까요?"

각국 대표단의 시선이 박 대사에게 쏠렸다. 평소 그의 재치 있는 언변을 익히 아는 터라 호기심 어린 모습들이었다.

"이렇게 하면 됩니다. 호랑이가 잠을 자고 있는 틈을 타서 살그머니 다가가 밧줄로 호랑이 꼬리를 나무에 단단히 묶습니다. 그다음 면도칼로 호랑이 얼굴을 위아래, 그리고 좌우로 쭉 긋습니다. 그런 다음 몽둥이로 호랑이 엉덩이를 세게 후려치세요. 깜짝 놀라 잠에서 깬 호랑이가 앞으로 튀어나오는데, 얼굴을 십(+)자로 째 놓았으니 몸통만 앞으로 튀어나오고 가죽은 남게 되지요. 호랑이(보호무역주의)도 잡고 가죽(자유무역)도 얻는 것이지요."

회의장에 폭소가 쏟아졌다. 분위기가 한순간에 부드럽게 바뀌면서 새롭게 논의가 이어졌다. 박 대사의 유머러스한 이야기가 회의장에 평화를 되찾아 준 것이다. 그 후에도 박 대사의 '활약'은 계속됐다. 회의 분위기가 너무 과열되거나 경색되면 의장이 넌지시 박 대사에게 발언을 요청할 정도였다. 영어를 자유롭게 구사할 실력이 없었다면, 그의 유머 감각도 결코 빛을 보지 못했을 것이다.

그 후 박 대사는 각국 대표들과 나눈 끈끈한 유대감과 다자간 논의에 기여한 덕분에 GATT 이사회 의장에 선출될 수 있었다. 경쟁이 치열한 이사회 의장 자리를 정부의 지원 없이 순전히 개인 역량으로 맡은 것이다. 그는 이사회 의장으로서 1986년 9월 '우루과이라운드' 협상을 출범시키는 데 크게 공헌했다. 당시 GATT의 논의는 10여 개 주요국 그룹이 주도했는데 우리나라는 그 그룹에 끼지 못했다. 하지만 박 대사가 이사회 의장 역할을 수행함으로써 우리나라의 입장도 유·무형으로 논의에 반영될 수 있었다.

박근 대사의 사례는 외교관에게 영어 능력이 얼마나 소중한 자산인가를 다시 한번 일깨워 주고 있다. 외교관에게 영어가 성공을 위한 충분조건은 아니지만, 성공으로 다가가기 위해 가장 중요한 필요조건임은 분명하다. 외교관을 꿈꾼다면 지금 당장, 영어 한 문장이라도 더 쓰고 읽어야 한다.

박 대사는 자서전도 영어로 썼다. 영어로 책을 낸 이유는 두 가지다. 하나는 한국을 잘 모르는 외국인과 외교관들에게 자신의 경험을 알리기 위해서, 다른 하나는 후진들이 자신의 책으로 영어공부를 하게 만들기 위해서다. 이 노년의 외교관이 수년 전 낸 자서전 제목은 'HIBISCUS'이다. 대한민국 국민으로서 그럴 리는 없겠지만, 혹시 뜻을 모른다면 지금 사전을 펼치시라.

 생생 현장 스토리

외교부의 외국어 교육

'외교부에 입부해 정식 외교관이 되면, 혹시 외국어 공부로부터 자유로워질 수 있을까?' 외국어를 힘들게 익히느라 고생한 이들이라면 떠올릴 법한 질문이다. 하지만 외교관에게 외국어란 가장 큰 자산이자 가장 강력한 무기이다. 외교관이 되는 순간부터 오히려 더 갈고 닦아야 할 것이 바로 외국어 실력이다.

외교부는 직원들의 영어와 제2외국어 능력을 끌어올리기 위해 초임 사무관들을 해외에 연수 보내기도 하고, 주기적으로 직원들의 영어능력평가(1~5등급)를 실시한다. 영어와 제2외국어에서 일정 수준의 등급을 받지 못하면 승진과 재외공관 발령에서 불이익을 받게 된다.

영어능력평가에서 1등급은 '동시통역 수준', 2등급은 '유창함', 3등급은 '능숙함', 4등급은 '무난함', 5등급은 '미흡함' 수준이다. 이 가운데 4등급은 "어휘와 문장은 제한된 범위 내에서 대체로 적절히 구사되고 있으나 보다 복잡한 문장 구조에서는 정확성이 떨어지고, 단어 구성, 철자 등에 다소 부정확성이 있으나 의미 전달에 중대한 영향은 없는 수준"을 말한다.

최하등급인 5등급은 "어휘 사용의 적절성이나 문장구성력이 제한되어 짧고 간단한 문장에서도 오류가 나타나거나 시제 일치 및 주어, 동사 일치의 부정확성이 발견되고 단어 구성과 철자 오류가 빈번한 수준"이다.

외교관이라면, 원어민 수준으로 외국어를 구사할 수는 없더라도 말과 글로 의사를 정확하게 표현하고 협상에서 상대를 설득할 수 있을 정도의 외국어 실력을 갖추어야 한다. 이제 자신의 외국어 능력을 한 번쯤 점검해 보고, 스스로 등급을 부여해 보자. 그 과정에서 자신이 보완해야 할 부분을 발견할 수 있을 것이다.

제2외국어로 어떤 언어를 택할까?

외교관이 되려면 영어와 함께 최소한 1개 이상의 제2외국어를 익혀야 한다. 우리나라는 다양한 문화권의 국가들과 외교 관계를 맺고 있으며 이 가운데엔 영어를 공용어로 쓰지 않는 국가들도 많다. 비영어권 국가에서도 외교관 대 외교관의 공식 만남에는 영어가 주로 쓰이지만 다양한 계층과 만나게 되는 일선 현장에서는 사정이 다르다. 재외공관에서 근무할 때 영어만 알고 현지어 구사 능력이 없으면 반쪽짜리 외교관이 되기 쉽다. 반면 현지어 구사 능력까지 갖춘 외교관은 주재국에서 좀 더 특별한 관심을 받게 마련이다. 한국어로 우리 국민과 늘 소통하며 사랑을 받았던 캐슬린 스티븐스 전 주한 미국 대사의 경우를 떠올려 보면 이해가 쉬울 듯하다. 현지어를 잘 아는 외교관의 인맥과 정보는 그렇지 못한 외교관의 인맥 및 정보와 질적으로 차이가 날 수밖에 없을 것이다. 외교관에게 영어 이외에 구사할 수 있는 외국어가 더 있다는 것은 '기회가 더 열려 있다'는 말과 다르지 않다.

외교관후보자 선발시험 과목에도 제2외국어가 포함돼 있다. 나는 외무고시를 볼 때 제2외국어로 러시아어와 독일어를 선택했지만, 실제 외교관 생활을 하는 동안 두 외국어를 사용할 기회를 거의 갖지 못했다. 오랫동안 많은 노력을 기울여 공부했는데 제대로 활용하지 못해 아쉬움이 컸다. 그렇다면 어떤 외국어를 제2외국어로 선택하는 게 좋을까?

결정에 앞서, 먼저 자신이 어느 문화권에 더 관심이 있는지, 어떤 지역에서 일하고 싶은지 심사숙고할 필요가 있다. 제2외국어를 익히는 것은 해당 언어를 사용하는 국가들에 대한 전문성을 키우는 것과 다르지 않기 때문이다.

가령 중남미 국가에 관심이 많다면 제2외국어로 스페인어를 선택하는 것이 유리하다. 포르투갈어를 쓰는 브라질을 제외한 대부분의 중남미 국가들은 스페인어로 의사소통을 한다. 주요 외국어별로 사용 국가를 알아보면, 중국어는 중국·홍콩·대만, 러시아어는 러시아와 CIS 국가, 프랑스어는 프랑스·벨기에·아프리카, 스페인어는 스페인과 중남미 지역에서 주로 쓰인다. 이 외국어들 중 하나를 잘 구사하는 외교관은 특히 과장이 되기 전까지는 해당 국가에 주재하는 공관과 본부의 관련 부서를 오가며 경력을 쌓을 가능성이 크다.

제2외국어 중에 중국어와 일본어는 그간 우리 외교관들 사이에서 알게 모르게 선호의 대상이 돼 왔다. 우리나라 외교에서 중국과 일본이 차지하는 비중이 클 뿐만 아니라 현지 우리 대사관의 규모가 크고, 여러 지역에 총영사관이 개설돼 있기 때문이다. 실제로 외교부 안에는 중국어와 일본어 인력 풀이 두텁다. 최근에는 중국어와 일본어 두 언어를 모두 구사하는 외교관들도 늘고 있다.

반대의 경우도 있었다. 한때는 프랑스어를 제2외국어로 선택하면 아프리카 국가로 발령받을 가능성이 높다 하여 외교부 직원들이 프랑스어를 기피하기도 했다. 하지만 이런 선택은 결코 현명한 결정이 아니었다고 생각한다. 과장급이 되기 전에는 모든 외교관이 순환근무 인사원칙에 따라 아프리카든 중동이든 한 번은 험지에 가서 근무해야 하기 때문이다. 더욱이 프랑스어는 국제무대에서 영어 다음으로 많이 쓰이는 언어이기도 하다.

외교관이라면 지역 및 분야에서 각각 하나씩 전문성을 갖는 것이 바람직하다. 자신이 앞으로 일하고 싶은 분야가 있다면 그 분야에 맞춰 제2외국어를 선택하는 것도 한 가지 방법이다. 가령 장차 유네스코와 관련된 업무를 맡고 싶다면 프랑스어를 제2외국어로 선택하는 것이 유리할 것이다. 유네스코 본부가 프랑스 파리에 있고, 유네스코 외교도 파리를 배경으로 펼쳐지기 때문이다.

"봉주르(Bonjour) 반기문" 반기문 전 유엔 사무총장과 프랑스어

제7대 유엔 사무총장인 코피 아난의 임기가 저물어 가던 2006년 초, 국제 외교무대에선 차기 총장 자리를 놓고 치열한 물밑 경합이 벌어졌다. 인도, 태국, 요르단, 라트비아, 아프가니스탄 등 세계 각국의 유력 인사들이 출마의 뜻을 밝히고 외교전에 돌입했다. 대한민국 외교통상부 장관이던 반기문도 그중 하나였다.

사무총장에 당선되기 위해서는 반드시 넘어야 할 중요한 관문이 있었다. 바로 미국, 영국, 프랑스, 중국, 러시아 등 5개 안전보장이사회 상임이사국(P5) 전원의 지지를 받는 일이었다. 이 가운데 한 나라라도 거부권을 행사하면 사무총장 후보에서 탈락하기 때문이다.

그런데 P5 중 하나인 프랑스로부터 이상 신호가 전해졌다. '프랑스어를 못하면 지지도 없다'는 메시지였다. 표면적으로는 '아프리카의 많은 나라들이 프랑스어를 사용하기 때문'이라고 했지만 실제 이유는 따로 있었다. 자국어에 대한 자긍심이 유독 강한 프랑스는 이전부터 프랑스어 실력을 사무총장 후보의 역량을 가늠하는 척도 중 하나로 삼아 왔다.

반기문 장관 진영에 빨간불이 켜졌다. 원래 초보 외교관 시절에 반 장관의 특기는 외국어였고, 영어는 물론 프랑스어도 여기에 포함됐다. 하지만 구르지 않는 돌에 이끼가 끼듯 오랜 세월 묵혀 둔 그의 프랑스어 실력에도 녹이 슬어 있었다. 그는 과외 선생까지 구해 집중적으로 프랑스어 공부를 시작했다. 다른 한편으론 여러 경로를 통해 '프랑스어를 할 수 있다'는 시그널을 프랑스에 보냈다. 프랑스를 방문했을 때엔 파리 시내의 시앙스포(파리 정치학교)에서 프랑스어로 30분간 특별강연을 했다. 자크

시라크 프랑스 대통령과 빌 클린턴 전 미국 대통령이 함께 참석한 모임에서는 프랑스어로 사회를 보기도 했다. 이러한 노력 끝에 반 장관은 프랑스의 지지를 이끌어 내고, 유엔 사무총장이라는 꿈을 이룰 수 있었다.

만약 반기문 전 유엔 사무총장이 일찍부터 제2외국어로 프랑스어를 익혀 두지 않았다면 과연 어떤 일이 벌어졌을까? 더 높은 곳을 꿈꾸고 있다면 제2외국어에 더 많이 투자하라고 권하고 싶다.

말하기만큼 중요한 글쓰기 능력을 키워라

외교관 생활을 하다 보면 글쓰기 능력이 얼마나 중요한지 실감할 때가 많다. 외교부 본부든, 재외공관이든, 국제기구든 외교의 기본은 소통이다. 소통은 말과 글로 한다. 외교관으로서 실무를 볼 때 정말 필요한 것이 쓰기 능력이다. 한글이나 영어로 각종 외교문서와 서한을 작성해야 하고, 행사가 많은 만큼 수시로 연설문이나 인사말도 써야 한다. 또 국제회의에 참석하면, 회의내용을 기록해 바로 전문으로 본부에 보고해야 한다. 영문을 한글로, 한글을 영문으로 번역해 보고하거나 제출해야 하는 경우도 있다. 보고서나 서한을 잘 쓰는 외교관은 조직 내에서 존재감이 남다를 수밖에 없다. 말 잘하는 외교관은 많지만, 글 잘 쓰는 외교관은 상대적으로 드물기 때문이다.

국제기구에서 일하려면 글쓰기 능력이 더욱 필요하다. 국제기구 사무국의 업무 중 대부분은 문서 작성이라고 해도 과언이 아니다. 사안마다 기획서, 보고서 등을 작성해야 하고, 모든 회의 내용, 심지어 회의 준비 내용까지도 문서로 정리돼 회람된다. 실무 직원에게 글쓰기 능력이 부족하면 스트레스가 이만저만이 아니다.

그렇다면 어떻게 해야 글을 잘 쓸 수 있을까? 글쓰기는 하루아침에 늘지 않는다. 우선, 좋은 글을 많이 읽고 많이 써 봐야 한다. 다른 지름길은 없다. 한 원로 문필가는 '글을 잘 쓰는 방법'에 대해 질문을 받고 "원고지로 자기 키 높이만큼 글을 써 본 다음에 다시 오면 그때 이야기하자."고 대답했다고 한다.

나의 경우엔 책과 영자 신문으로 글쓰기 공부를 했다. 한글이든 영문이든 좋은 표현이 나오면 수첩에 문장을 적고 외웠다. 하루에 한 문장만 외워도 1년이면 365개의 문장을 자기 것으로 만들 수 있다. 수험 기간은 물론 외교관의 꿈을 이룬 뒤에도 책을 가까이하며 매일 한 줄씩 수첩에 써보기를 권한다. 언젠가 그 수첩이 최고의 '보물창고' 역할을 할 것이다.

2 매일 조금씩 나를 바꾸라

지구본을 돌려라

우리는 세계가 하나의 마을인 시대에 살고 있다. 세계 각국은 서로 끊임없이 영향을 주고받으며 떼려야 뗄 수 없는 관계를 맺고 있다. 2018년 560여 명의 예멘 난민이 제주도로 밀려든 사례에서 보듯 기후변화, 난민, 테러 등 전 세계의 어떤 문제도 우리와 무관한 것은 없다. 다른 나라에서 무슨 일이 일어나고 있는지 알 수 있어야 능동적으로 대처할 수 있다. 특히 외교관을 꿈꾸고 있다면 세계를 향한 넓은 시야는 필수 요건이다.

외교관은 '가슴엔 조국을, 두 눈엔 세계를' 품고 사는 사람이다. 학업 성적과 외국어 실력 등 스펙이 뛰어나더라도 세계가 어떻게 돌아가고 있는지 무관심하다면 외교관 지망생으로서는 낙제점이다. 다른 나라, 다른 문화에 대한 관심과 배경지식이 없으면 해외에서 외교관으로서 성공적으로 활동하기 어렵다.

『장자』「외편(추수편)」에는 "우물 속에 있는 개구리에게는 바다에 대해 설명할 수 없다"는 글귀가 나온다. '우물 안 개구리' 신세에서 벗어나려면 우물 밖으로 뛰쳐나와 더 넓은 세상을 마주 봐야 한다. 세상은 아는 만큼 보이고, 보이는 만큼 세상에 대한 관심도 커지기 마련이다. 시야를 넓히기 위해서 자신만의 '이슈 노트'를 만드는 게 어떨까 싶다. 지금 세계는 무슨 문제로 고민하고 있는지, 그 고민을 해결하기 위해 어떻게 대응하고 있는지, 우리나라의 입장은 무엇인지 등을 일주일에 한 가지라도 간략하게 정리해 보자. 노트의 두께가 두꺼워지면서 어느새 세계 속에 있는 자신을 발견할 것이다.

제너럴리스트냐, 스페셜리스트냐

외교관을 꿈꾸는 젊은이들이 자주 묻는 질문 중 하나는 제너럴리스트(Generalist)가 되어야 하는가, 아니면 스페셜리스트(Specialist)가 되어야 하는가이다. 제너럴리스트란 업무와 지식 등을 다방면에 걸쳐 두루 아는 사람이고, 스페셜리스트란 특정 분야의 전문적 식견을 갖춘 사람을 말한다. 이 질문에 대하여 한마디로 단정하여 답하기가 쉽지 않다. 외교 자체가 전문 분야이기에 모든 외교관은 스페셜리스트라고 볼 수 있기 때문이다.

군이 말한다면 외교관은 제너럴리스트이면서 자신만의 전문 분야를 가진 스페셜리스트가 되어야 한다고 생각한다. 예를 들면 경제, 문화, 재외동포영사 업무 등을 두루 소화할 수 있는 역량을 지니고, 특히 환경 분야에서 전문 지식과 경험을 갖췄다면 제너럴리스트이면서 스페셜리스트라고 볼 수 있다.

외교관의 전문 분야는 다양하다. 우선 미국, 중국, 일본, 러시아, 유럽, 동남아, 중남미, 아프리카 등 특정 국가나 지역의 사정에 밝고 현지어를 구사할 수 있는 지역전문가가 있다. 또한 업무에 따라 경제통상, 핵/군축, 유엔/국제기구, 국제법, 조약, 환경, 재외동포영사 등 각 분야에서 전문성을 갖춘 외교관들이 활동하고 있다. 그런데 특수외국어가 필요한 지역전문가, 전문 법률 지식이 필요한 국제법 전문가 등을 제외한다면 특정 분야의 전문가로 외교 업무를 시작하기는 어렵다. 또한 처음부터 전문성을 너무 강조하다 보면 보직 등에서 운신의 폭이 좁아질 수도 있다. 조언을 하자면, 먼저 제너럴리스트로서 소양을 갖추고, 자신이 바라는 분야의 전문성을 차츰 키워 가는 방법이 바람직하다.

가벼운 일탈을 시도하라

수년 전 토니 존슨이라는 현대 건축가이자 디자인학계의 권위자가 한국을 방문했을 때의 일이다. 영국왕립예술학교 등 세계적인 미술대학 세 곳에서 30년 가까이 총장을 지냈던 그는 국내 한 언론과의 인터뷰에서 이런 이야기를 했다.

"회사 CEO들에게 '요즘 대학생들이 뭐가 부족하냐'고 물으면 이구동성으로 이렇게 말해요. 바로 창의력과 혁신적인 생각이라고. 그런데 의외로 창의력이란 다른 분야의 일을 해 보는 데서 나와요. … 새로운 것을 만들기 위해서는 전혀 다른 시각이 중요하니까요."

그가 사례로 든 것은 영국왕립예술학교를 졸업하고 한국의 한 대기업에서 근무한 자신의 제자였다. 이 제자는 한국 문화에 대해 잘 몰랐지만 다른 문화에 대한 호기심이 많았다고 한다. 한국에서 김치를 먹어 보고 음식의 정체와 만드는 법을 궁금해했고, 결국 새로운 관찰과 경험, 지식을 통해 아주 혁신적인 스타일의 김치냉장고를 디자인해 주목을 받았다는 것이다. 그는 다른 분야의 일, 다른 문화에 대해 호기심을 갖고 접촉하고 경험하는 데서 창의력이 나온다고 강조했다.

창의력, 창의성은 과연 무엇일까? 창의성의 사전적 의미는 '새로운 것을 생각해 내는 특성'이다. '획일성' '구태의연함' 같은 반의어를 떠올려 보면, 창의성이란 단어를 좀 더 쉽게 이해할 수 있을 것이다. 영국 북부 스코틀랜드 교육 당국은 창의적 사고의 구성 요소를 '호기심, 열린 마음, 상상력, 문제해결력'으로 정의하고, 교육 현장에서 이러한 능력을 키워 나갈 수 있도록 노력하고 있다고 했다. 그런데 공교롭게도 이 네 가지 요소는 '외교관에게 꼭 필요한 소양과 능력'으로 꼽히는 것들이다. 호기심과 열린 마음 없이는 다양한 문화권의 사람들을 진정성을 갖고 만나기 어렵고, 상상력과 문제해결력 없이는 살아 있는 생물처럼 시시각각 변하는 외교 환경에 대응하기 어렵기 때문이다.

창의성과 혁신적인 생각은 배워서 생기는 것이 아니다. 흥미롭게도 창의성을 키우는 방법으로 '가벼운 일탈'을 꼽는 전문가들이 적지 않다. 새로운 환경, 새로운 시각, 새로운 경험에서 창의성이 시작된다는 것이다. 뉴턴이 만유인력을 떠올린 곳도 서재나 연구실이 아니라 사과나무 아래였다.

혹시 집-학교(학원)-도서관만 매일 쳇바퀴 돌 듯 옮겨 다니고 있다면 가끔은 작은 일탈을 시도해 보자. 서점에 찾아가 새 책 읽기, 자연 속에서 산책하며 동식물 관찰하기 같은 것들 말이다. 당장은 아까울 수도 있는 시간일지 모르지만, 그런 소소한 일탈을 통해 얻는 영감과 아이디어, 그리고 경험이 앞으로 어느 순간에 삶을 더욱 빛나게 해 줄 것이다.

창의력으로 빗장 푼 한 · 미 FTA

잘 알려지지 않은 사실이지만 한 · 미 FTA 협상 때도 외교적 창의성이 발휘된 바 있다. 당시 미국은 중국과 함께 한국의 가장 큰 수출시장이었다. 수출을 늘리려면 시장을 넓히고 무역장벽을 낮추어야 하는데, 가장 효과적인 방안은 바로 FTA 협상이었다. 미국과 FTA를 맺으면 관세 문턱을 낮추는 것은 물론 기술 교류와 투자도 더욱 활성화될 수 있었다. 또한 EU를 비롯하여 다른 국가와 FTA 협상을 추진하는 데도 추동력이 생길 것이다. 특히 일본과 중국은 미국과 FTA를 체결하지 않은 상황이라 한 · 미 FTA를 체결하면 중국이나 일본보다 유리한 조건에서 미국시장을 선점하고 경쟁력을 키울 수 있었다. 노무현 정부가 한 · 미 FTA를 최우선 국정과제로 정하고 심혈을 기울인 배경이기도 했다.

하지만 미국은 한국과의 FTA 협상에 대해 미온적이었다. 우리 측 협상 제안에 좀처럼 응하려고 하지 않았다. '어떻게 하면 미국을 움직일 수 있을까' 하는 고민이 깊어졌다. 이때 김현종 당시 통상교섭조정관의 창의적인 아이디어가 빛을 발했다.

그는 나에게 "먼저 캐나다의 문을 두드려야겠다."라고 말했다. 그때만 해도 나는 그게 과연 효과가 있을까 반신반의했다. 김 조정관은 캐나다를 전격 방문하여 FTA를 제안했다. 캐나다는 우리 제안을 긍정적으로 받아들였다. 캐나다와 FTA협상을 시작하자 미국 쪽 기류가 변하기 시작했다. 캐나다와 미국은 북미자유무역협정(NAFTA)으로 한 경제권을 이루고 있기 때문이었다. 한국의 물품과 서비스가 한·캐나다 FTA 특혜조건 아래에서 캐나다로 수출되면 미국으로도 자유롭게 스며들 것이다. 미국으로서는 한국시장을 열지도 못하고 한국의 상품과 서비스를 받아들여야 할 상황이었다.

미국의 입장이 난처해졌을 때 김 조정관은 미국 정부와 의회 인사들을 집중적으로 설득했다. 결국 미국은 우리의 FTA 제안을 받아들였고, 2006년 2월 역사적인 한·미 FTA 협상이 시작됐다. 김 조정관의 창의적인 외교 전략이 적중한 것이다. 외교관에게 창의력이 필요한 이유를 실증해 준 사례라 할 수 있을 듯하다.

경청하고 앞장서라

포털사이트 '네이버'에서 리더십 책을 검색하면 무려 2만 건이 넘는 결과가 나온다. 지금까지 무수히 많은 책이 리더십을 설명하고 있지만, 여전히 우리는 리더십에 굶주린 시대에 살고 있다. 과연 리더십이란 무엇일까?

리더란 '업무'를 아는 사람이 아니라 '임무'를 아는 사람이다. 학생으로 치면 공부할 줄 아는 사람이 아니라 왜 공부하는지를 아는 사람이 바로 리더다. 공부를 하는 이유, 학생에게는 그게 바로 비전이다. 공부는 단순히 대학에 가기 위해서가 아니라, 자신이 바라는 꿈을 실현시키기 위해서 하는 일이다. 나는 리더란 비전을 파악하고 공유할 줄 아는 사람이라고 생각한다. 그런 점에서 리더십의 핵심 키워드는 '소통'이라고 할 수 있다.

사람의 몸이든, 거대한 회사 조직이든 의사전달체계가 제대로 기능하지 못하면 병이 들고 망가지게 된다. 사람이 행동을 할 때엔 뇌가 리더 역할을 한다. 수많은 뉴런으로 이루어진 복잡한 신경계를 통해 외부 자극에 관한 정보와 대응을 위한 지시가 오간다. 이 의사전달 체계가 망가지면 머리와 손발이 따로 놀게 된다. 사람과의 관계나 회사 같은 조직에서도 마찬가지다. 소통이 '불통'이 되면 그 사람이나 조직은 결코 미래가 없다.

소통은 입이 아니라 귀에서 시작된다. 소통의 첫걸음은 바로 '경청'이다. 경청이란 단순히 상대의 말을 듣기만 하는 것이 아니라 상대의 입장, 마음을 헤아리고 자신의 마음을 전해 주려 노력하는 것이다. 내가 상대의 이야기를 경청하면, 묘하게도 상대 또한 나의 이야기를 경청하게 된다. 이것이 바로 소통의 마술이다. 소통의 힘을 키우려면 상대가 누구든 먼저 겸허한 자세로 상대의 말에, 상대의 마음에 귀를 기울이는 '연습'을 해야 한다. 겸손과 권위는 시소(seesaw)의 양쪽과도 같다. 스스로 자신을 비우고 낮추면, 상대가 느끼는 당신의 권위는 오히려 올라갈 것이다. 반기문 전 유엔 사무총장이나 강영훈 전 총리 같은 분들은 모두 겸허한 자세로 인해 오히려 더 높이 존경을 받은 인물들이다.

내가 생각하는 리더십의 또 다른 키워드는 다름 아닌 솔선수범이다. 리더란 뒤에서 명령을 내리는 사람이 아니라 앞에서 이끄는 사람이다. 뒷전에서 뒷짐만 지고선 단 한 사람도 제대로 이끌기 어렵다.

메마른 사막 위에 오늘날의 두바이를 일으켜 세운 지도자, 셰이크 모하메드는 학자들이 리더십을 이야기할 때 자주 거론되는 인물이다. 그는 자서전 『나의 비전』에서 훌륭한 지도자상 중 하나로 이런 사람을 꼽았다. 바로 '남에게 하라고 시키는 사람'이 아니라 '자신이 먼저 행동하는 사람'이다. 동양에서 말하는 솔선수범을 실천하는 사람이 바로 훌륭한 리더의 덕목을 갖춘 사람이라는 것이다.

솔선수범의 리더십은 하루아침에 만들어지지 않는다. 작은 일 하나에서부터 자신을 바꾸고 단련시켜야 한다. 우선 내 마음을, 내 몸을 바르게 이끄는 것이 리더가 되는 첫걸음이다. 자신의 몸과 마음도 제대로 이끌지 못하면서 다른 이들을 이끈다는 것은 한마디로 어불성설이다. 자신을 긍정적으로 변화시킬 수 있다면 그대는 이미 리더십 DNA가 넘치는 사람이다.

대처 영국 수상의 손 편지

마가렛 대처는 영국 최초의 여성 총리이자 290여 년 동안 배출된 수많은 영국 총리 가운데 이름 뒤에 '~주의(ism)'라는 단어가 붙은 유일한 인물이다. 총리를 세 차례 연임하면서 특유의 강인한 리더십으로 마이너스

성장의 위기에 빠진 영국 시장경제를 살려 냈다. 그의 통치철학은 '대처리즘'으로 불리며 지금까지도 세계 정가에서 오르내리고 있다. 나도 주영국 대사관에서 근무하던 당시 대처리즘이 펼쳐지던 영국을 경험했다.

내가 영국에 부임한 지 며칠 안 된 1982년 4월 2일 영국과 아르헨티나 사이에 포클랜드 전쟁(Falklands War)이 일어났다. 아르헨티나가 영국령 포클랜드 섬(아르헨티나는 말비나스 섬이라 부른다)을 기습 침공해 점거하자, 영국은 1만 5,000킬로미터나 떨어진 포클랜드로 병력을 파견해 탈환에 나섰다. 전쟁은 두 달 만에 영국의 압도적인 승리로 끝났지만 영국군에도 전사자가 적지 않았다.

포클랜드 전쟁이 끝난 직후, 대처 총리가 가장 먼저 한 일은 승리를 자축하는 행사가 아니었다. 그는 여름휴가를 가는 대신, 전사한 장병의 어머니나 아내에게 밤을 새워 한 통 한 통 편지를 썼다. 그리고 대처 수상의 손 편지는 250여 명에 이르는 전사자 유가족에게 정중하게 전달됐다. 전쟁으로 아들을, 남편을, 아버지를 잃고 큰 슬픔을 겪고 있던 유가족들은 수상의 진심 어린 편지로 조금이나마 위로를 받았을 것이다. 대처 총리가 '철의 여인'이라 불릴 정도로 강인한 모습을 보인 이면에는 이처럼 진정성을 가지고 국민을 보듬으려는 리더십이 있었다. 국민의 처지와 마음을 헤아리고 자신의 마음을 전하는 것, 그것이 대처가 실천한 소통의 리더십이었다.

이순신 장군과 '앞장 리더십'

몇 해 전 국민영화로 등극했던 〈명량〉을 기억하는가? 이 영화의 배경이기도 한 명량해전 당시 이순신 장군은 함선 13척으로 130여 척의 왜적 대전단을 물리치며 대승을 거뒀다. 하지만 사실 명량해전 직전만 해도 조선 수군은 최악의 상황에 놓여 있었다. 앞서 칠천량 전투에서 원균이 대패하면서 사실상 궤멸 상태에 빠졌기 때문이었다. 백의종군 끝에 장군이 삼군수군통제사로 전선에 복귀했을 때, 그의 앞에 놓인 것은 패배의식에 젖은 장수와 군사들, 그리고 적선의 10분의 1도 안 되는 함선뿐이었다. 그렇다면 장군은 어떻게 지리멸렬한 군사들을 수습해 기적 같은 대승을 이끌어 낼 수 있었을까? 그 배경으로는 여러 요인이 꼽힌다.

어떤 이는 진도 울돌목이라는 좁은 해협을 전장으로 삼아 수적 열세를 최소화한 탁월한 전략을, 또 어떤 이는 왜선에 비해 높고 튼튼했던 조선 판옥선의 상대적 우위성을 승리 요인으로 거론한다. 하지만 겁에 질린 장수와 휘하 군사들의 마음마저 용기로 바꾸어 버린 장군의 '앞장 리더십'을 빼놓고는 그날의 대첩을 설명하기 어려울 듯하다. 당시 장군은 생사를 초월한 필승 의지로 대장선을 이끌고 홀로 적진을 향해 돌진해 장수와 휘하 군사들의 잠든 투혼을 일깨웠다. 만약 장군이 먼저 뛰어들어 행동으로 본을 보이지 않았다면 과연 승리할 수 있었을까? 솔선수범의 리더십은 위기의 순간에 더 빛을 발하는 법이다.

3

좋은 외교관이 되기 위한
7가지 실천 습관

깨어나면 웃어라

　　사람은 살아가는 동안 평균 10만 명의 사람을 만난다고 한다. 외교관처럼 사람을 많이 상대하는 직업이라면 아마도 훨씬 더 많은 사람과 만나게 될 것이다. 그런데 그 만남이 계속 이어질지, 아니면 일회성으로 그칠지는 첫인상이 좌우한다고 한다. 특히 해외에서 '대한민국의 얼굴'로서 외국인을 상대해야 하는 외교관은 밝고 좋은 인상을 주는 것이 무엇보다 중요하다.

　평소 내가 사람들에게 어떤 인상을 줄지 추측해 볼 수 있는 방법이 하나 있다. 아침에 잠에서 깨어 화장실 거울에 비친 자기 얼굴을 살펴보자. 아마도 잠에서 완전히 깨지 못해 이마와 눈살을 찌푸리는 얼굴일 가능성이 많다. 스트레스가 쌓이는 일상 속의 모습도 이와 비슷할 수 있다. 이제부턴 아침에 깨어나면 무조건 1분간 활짝 웃어 보자. 이렇게 자기 얼굴을 환하게 바꾸고 하루를 시작하면, 자신도 모르는 사이에 남들에게 좋은 인상을 남길 수 있다. 그러다 보면 자연스럽게 친화력이라는 선물도 얻을 수 있을 것이다.

한–영 일기를 쓰라

외교관이든, 국제기구 직원이든 글쓰기가 얼마나 중요한지는 아무리 강조해도 지나치지 않는다. 글을 잘 쓰려면 우선 많이 써 보아야 한다. 쓰고 고치는 첨삭(添削) 연습을 많이 해야 한다. 가장 기본적인 글쓰기는 바로 일기이다. 이때 일기를 한글로 쓰고, 영어로도 병행해 쓰는 것이 중요하다. 한글로 쓴 내용을 그대로 영어로 옮겨 쓰면 시간을 절약할 수 있을 것이다. 몇 줄짜리 간단한 내용이라도 좋으니 하루도 빠지지 않고 한–영 일기 쓰는 습관을 들이자.

영어로 글쓰기 연습을 하는 또 한 가지 방법은 영어 사설을 활용하는 것이다. 영어 사설의 내용을 먼저 한글로 번역한 후 번역한 글을 다시 영어로 번역해 원문과 비교해 보는 것이다. 한글이든 영문이든 좋은 표현이 나오면 메모하고 암기하여 자기 것으로 만들자.

손에서 책을 놓지 말라

외교관은 아는 것이 많아야 한다. 각국의 사정, 국제정치의 흐름, 세계경제 동향 등 외교관으로 일을 하는 데 기본적으로 알아야 할 것도 있지만, 일반 상식을 포함해 전문적인 지식까지 두루 알아야 한다. 왜 많이 알아야 하는가? 단순히 대화를 위해서만이 아니다. 문제해결 능력을 기르기 위해서다. 외교관은 복잡한 외교 이슈를 해결할 수 있는 능력을 갖추어야 한다. 통찰력을 키우는 효율적인 방법 중 하나가 바로 독서다. 다양한 책을 읽고 그 책의 핵심 내용과 메시지를 메모지 1장, 몇 줄의 글로 요약하는 습관을 기르자. 외교관은 평생 공부해야 하는 직업이다. 손에서 책을 놓으면 안 된다.

꼭 답신하라

외교관에게 실력과 함께 중요한 것이 인간관계이다. 외교도 결국 사람이 하는 것이다. 인간관계는 만남에서 시작되고 그 만남을 어떻게 발전시키느냐는 자신의 처신에 달려 있다. 인간관계에서 가장 중요한 요소는 바로 신뢰이다. 믿을 수 없는 사람이라는 인상을 주는 순간 인간관계는 지속될 수 없다. 휴대폰으로 전화가 왔는데 불가피한 사정으로 못 받게 되는 경우, 가급적이면 우선 문자로 양해를 구하고 나중에 잊지 말고 답신 전화를 하자. 요즘은 카톡이든 전화든 누가 연락을 했는지 다 알 수 있다. 답신을 하지 않으면 상대방이 무시당했다고 생각할 수 있다. 문자 메시지도 마찬가지다.

약속시간을 지키는 습관도 매우 중요하다. 특히 여러 사람이 만나는 모임에 늦으면 모든 사람의 시간을 빼앗는 것이나 다름없다. 외교부에서 신입직원들이 선배들에게서 많이 듣는 충고 중 하나는 "열 명의 친구를 만드는 것보다 한 사람의 적을 만들지 않는 것이 더 중요하다"는 것이다. 내가 상대편을 존중하고 있음을 알리는 가장 기본적인 방법은 늦더라도 회신을 꼭 하고, 한 번 한 약속을 지키기 위해 최선을 다하는 것이다.

매일 영-한 사설을 읽어라

한글 및 영문 신문 사설을 소리 내어 읽는 습관도 무척 중요하다. 사설을 읽으면 사회적 이슈에 대한 지식을 얻을 수 있을 뿐만 아니라 한글이든 영어든 글쓰기에 큰 도움이 된다. 글을 쓰는 전개 방식은 물론 좋은 표현도 많이 익힐 수 있다. 사설의 주제는 너무 특정한 분야로 제한하지 말고 가급적 다양한 분야로 확대하는 것이 좋다. 한글 사설과 영문 사설을 매일 한 개씩 읽으면 1년에 700개가 넘는 사설을 읽게 된다. 사설 읽기를 실천하는 사람과 그렇지 않은 사람 사이에는 나중에 엄청난 차이가 나타날 것이다. 영문 사설을 소리 내어 읽으면 영어에 대한 혀의 적응력을 높일 수 있다. 영어발음을 교정하고 청취력을 높이는 데에도 도움이 된다.

메모를 일상화하라

요즘에는 상사에게 결재받으러 갈 때 메모지와 필기도구도 가져가지 않는 직원이 의외로 많다. 하지만 사람의 기억력에는 한계가 있고, 이 한계를 극복시켜 주는 것이 바로 메모 습관이다. 세기의 과학자인 아인슈타인은 젊은 시절부터 틈나는 대로 생각을 기록한 메모광이기도 했다. 메모는 누구에게나 중요한 습관이지만, 외교관에게는 특히 더욱 중요하다. 외교관은 모든 일에 정확해야 한다. 외교관이 잘못 파악하거나 전달한 의미 하나가 국가 간에 큰 파장을 부를 수도 있다. 하지만 평소 메모를 습관화하면 일을 정확하게 처리할 수 있을 뿐만 아니라 실수를 방지할 수 있다.

나도 메모를 많이 하는 편이다. 화장실에서도 메모할 수 있도록 수첩과 필기구를 두고 있다. 지하철로 이동할 때도 아이디어가 떠오를 때마다 메모를 한다. 심지어 잠을 자는 동안 꿈에 아이디어가 떠오를 때면 잠깐 일어나 서재에 가서 메모를 해 놓기도 한다. 컴퓨터나 스마트폰에 메모를 저장해 두고 키워드로 그 내용을 찾아볼 수 있도록 문서화한다면, 자신만의 아이디어 보물창고를 만들 수 있다. 평소 메모를 충실히 남겨 놓으면 훗날 책을 쓸 때도 큰 도움이 된다. 최소한 행사 이름, 날짜와 장소, 사람 이름, 자기의 생각, 특기사항 정도는 간략하게라도 메모해 두는 습관을 갖자. 메모할 여건이 안 된다면 휴대폰에 녹음했다가 퇴근 후 옮겨 적는 방법도 있다.

취미 생활을 즐겨라

외교관으로 오랜 세월을 보내면서 때로 다른 사람들이 부러웠던 순간이 있었다. 바로 음악이나 그림, 노래 등으로 자신의 마음과 메시지를 전하는 외교관들을 볼 때였다. 아쉽게도 나는 악기를 다룰 줄 모른다. 피아노나 바이올린은 물론이고 기타도 연주할 줄 모른다. 마흔이 넘어 피아노를 배워 보겠다고 시도를 했다가 손가락이 원하는 대로 건반 위에서 움직여 주지 않아 결국 포기했다. 각종 모임에서 취미로 익힌 피아노나 기타를 연주하는 사람들을 보면 아직도 부럽다. 내가 악기를 하나라도 다룰 줄 알았다면 나의 삶이 훨씬 더 풍성해졌을 것이다. 외교관으로서 다른 이들과 소통하는 데도 큰 도움이 됐을 것이다.

외교관 생활을 하다 보면 이런저런 모임에 참석해야 할 경우가 많다.

업무를 위해서도, 또 친분을 넓히기 위해서도 참석자들에게 좋은 인상을 남기는 것이 중요하다. 그런데 때로는 한 곡의 기타 연주나 노래가 십수 번의 악수나 여러 장의 명함보다 큰 위력을 발휘하는 모습을 보았다. 음악이야말로 만국공용어이고, 가장 아름다운 소통의 도구이기 때문이 아닐까 하는 생각이 든다.

과거 아세안지역안보포럼(ARF) 회의에서는 매년 폐막 직전에 23개국 외교장관들이 기지 넘치는 장기자랑을 펼치곤 했다. 이 같은 뒤풀이를 통해 날선 대화와 딱딱한 연설문 대신 노래나 춤, 연극 등으로 저마다 부드러운 메시지를 전했던 것이다. 1997년 동남아 외환위기 당시 매들린 올브라이트 미 국무장관은 '아르헨티나여 울지 말아요(Don't cry for me Argentina)'를 개사한 '아세안이여 울지 말아요'를 불러 화제가 되기도 했다.

나는 인생의 선배로서, 또 외교관 선배로서 여러 후배들이 틈틈이 음악이나 스포츠 등 취미생활을 즐기기를 권한다. 적절한 취미생활은 삶을 윤택하게 하고, 그러한 취미 활동을 통해 더 많은 이들과 소통과 교감을 나눌 수 있기 때문이다.

5장

실전! 외교관후보자
선발시험 준비

인터넷에서 검색을 하면 외교관에 관한 수많은 질문이 올라와 있다. 그중에서 가장 빈도가 높은 질문은 '어떻게 하면 외교관이 될 수 있는가' 하는 것이다. 외교관이 될 수 있는 가장 일반적인 방법은 5등급 외무공무원 공채시험, 즉 외교관후보자 선발시험(옛 외무고시)을 치르는 것이다. 외교관후보자로 선발되면 국립외교원에 입교해 1년간 정규과정을 거치게 된다. 그리고 정규과정 종합교육 성적이 '외교부 장관이 정하는 기준 이상'인 외교관후보자는 5등급 외무공무원으로 채용된다.

이 외에도 3등급 외무공무원 공채시험(7급 상당)에 합격하면 외무영사직으로 일할 수 있다. 3등급 외무공무원 공채시험은 필기시험(객관식), 면접시험 등 2단계로 진행된다. 참고로 외교부 공무원의 직무등급은 1~14등급으로 구분된다. 최상위인 14등급은 차관급에 해당된다.

외교관이 되는 두 번째 방법은 특별채용에 응시하는 것이다. 외교부는 특수언어, 법률 등 특정 전문 분야에서는 일정한 경력을 갖춘 전문가를 대상으로 경력경쟁채용시험을 실시한다. 이 외에 주재관 제도를 통하여 재외공관에서 일할 기회를 얻을 수도 있다. 주재관(attaché; 아타세)은 외교부에서 전문 분야별로 직위공모 방식으로 선발한다. 전에는 해당 정부 부처 공무원이 주재관으로 가는 것이 관행이었지만 이제는 일반인 전문가도 신청할 수 있다. 주재관은 재외공관에서 3년간 근무하는 것이 원칙이고 1년의 범위에서 근무기간을 연장할 수 있다. 그러나 3등급 외무공무원 공채시험은 외무영사직에 국한되고, 외교관 특별채용과 주재관 제도는 사실상 경력직을 뽑거나 한시적이다. 따라서 젊은이들이 직업외교관(career diplomat)에 도전하는 길은 외교관후보자 선발시험을 치르는 게 사실상 유일한 방법이다.

1

외교관후보자 선발시험 살피기

　　　　　2013년은 외교관 채용방식이 일대 전환점을 맞은 해다. 1968년부터 50년 가까이 1,361명의 외교관을 배출해 낸 외무고시 시대가 막을 내리고 새로운 외교관 선발제도인 '외교관후보자 선발제도'가 첫발을 내딛었다.

　외교관후보자 선발제도는 외무고시의 한계를 극복하기 위해 도입됐다. 고시와 같은 암기형 지식측정 시험으로는 급변하고 있는 국제 환경에 대응할 역량 있는 외교 인재를 선발하기 어렵다는 판단에서다.

　외무고시가 시험을 통해 지식형 인재를 뽑는 데 그쳤다면 새로운 선발제도는 외교역량을 지닌 인재를 길러내는 데 주안점을 두었다. 과거 외무고시에선 3차 면접시험에 합격한 사람이 바로 외교관으로 임명됐다. 하지만 새로운 선발제도에서는 선발시험에 합격한 후보자가 국립외교원에서 1년간 교육을 받고 최종 평가를 통과해야 외교관으로 임용된다. 채용 예정 인원보다 많은 수(150% 이내)의 후보자를 시험으로 뽑은 후, 국립외교원 정규과정의 성적에 따라 일부를 반드시 탈락시키는 방식이었다. 이러한 '강제 탈락' 방식은 끝까지 경쟁을 유발해 후보자들의 역량을 끌어올리려는 취지에서 비롯됐지만, '인력과 예산 낭비'와 '비효율적'이라는 비판을 낳았다.

상대평가에서 절대평가로

이러한 점을 감안하여 2017년 12월 30일 외무공무원법을 일부 개정하여 외교관후보자 선발제도를 변경했다. 이전의 선발 방식과 달라진 점은 크게 두 가지다. 하나는 최종 채용인원보다 더 많이 선발한 다음, 국립외교원 정규과정의 성적에 따라 일부를 반드시 탈락시키는 것은 문제가 많다고 판단하여 '채용 예정 인원수'대로 후보자를 뽑는다는 점이다. 다른 하나는 국립외교원 정규과정에서 후보자의 종합교육 성적이 외교부 장관이 정하는 '일정 기준 이상(5점 만점에 3.25점)'이면 외교관으로 임용한다는 점이다. 전에는 상대평가를 적용했다면 이제는 절대평가를 적용하는 것이다. 일각에서는 이를 두고 국립외교원 정규과정에 대한 평가 방법이 다소 느슨해진 게 아니냐는 시각도 있다. 그러나 '일정 기준 이상'의 성적을 얻어야 하는 만큼, 후보자 간의 경쟁에서 나 자신과의 경쟁으로 바뀌었다고 보는 게 타당할 것이다.

경쟁률 31.1 대 1

외교관이 되는 1차 관문은 외교관후보자 선발시험에 합격하는 것이다. 그런데 후보자 선발 방식이 바뀌면서 외교관후보자 선발시험을 둘러싼 경쟁도 더 치열해졌다. 이전처럼 채용 예정 인원의 150% 이내(실제로는 110% 내외 적용)에서 후보자를 선발하는 게 아니라 채용 예정 인원수만큼 뽑기 때문이다. 2018년 외교관후보자 선발시험에서 '일반외교' 분야의 경쟁률은 31.1 대 1을 기록했다. 그렇다면 과연 어떻게 해야 1차 관문의 가파른 벽을 넘을 수 있을까? 먼저 선발시험에 대해 파악해 보자.

외교관후보자 선발시험은 일반외교, 지역외교, 외교전문 세 분야로 구분하여 실시한다. 일반외교는 일반적인 외교업무를 담당할 인력을 선발하는 분야로서 전체 채용 예정 인원의 80%가량을 차지한다. 지역외교와 외교전문은 새로운 선발제도를 도입하면서 전문인력을 채용하고자 추가한 분야다. 지역외교 분야에서는 중동, 아프리카, 중남미, 러시아·CIS, 아시아 등 지역 전문성을 갖춘 외교인력을 선발한다. 또한 외교전문 분야에서는 경제외교와 다자외교 분야의 전문인력을 뽑는다. 분야별 채용비율은 외교인력 수요에 따라 매년 달라진다.

선발시험에서 지역외교와 외교전문 분야는 제2차 시험이 서류전형으로 대체되는 등 사실상 경력공채에 가깝다(2021년부터 경력공채 요건으로 전환 예정). 일반외교 분야는 학력, 경력 등의 제한이 없지만 지역외교와 외교전문 분야는 특정 경력이나 요건을 갖춰야 응시할 수 있다(생생 현장 스토리 참고). 단, 지역외교 분야는 경력이 없어도 외국어능력검정시험에서 기준 점수 이상을 얻으면 응시 자격을 갖는다.

생생 현장 스토리

지역외교-외교전문 분야 응시 요건 (2018년도)

지역외교와 외교전문 분야에 응시하려면 다음 경력 중 하나 이상을 갖추어야 한다.

- 관련 분야에서 7년 이상 연구·근무한 경력
- 관련 분야에서 관리자로 2년 이상 연구·근무한 경력
- 관련 분야 박사학위 소지
- 관련 분야 석사학위 소지 후 2년 이상 연구·근무한 경력
- 5급 상당 이상의 공무원으로서 관련 분야에서 2년 이상 근무한 경력

여기서 관련 분야와 관련 학위는 아래의 표 내용과 같다.

응시 분야		관련 분야	관련 학위
지역외교	중동, 아프리카, 중남미, 러시아·CIS, 아시아	해당 지역과의 외교·통상·국제협력 분야	지역, 국제관계, 해당 언어·지역관련 학과, 통·번역 등
외교전문	경제외교	국제경제, 국제정치경제, 국제통상, 국제무역, 국제금융, 에너지·자원 및 환경(지속가능발전·녹색성장·기후변화) 등 관련 국제협력 분야	경제, 국제경제, 국제정치경제, 금융, 국제금융, 경영, 국제경영, 국제법(국제통상법 또는 국제환경법 포함), 에너지·자원정책, 자원개발, 환경정책, 환경경제, 환경공학, 환경학, 환경경영, 지속가능발전·녹색성장·기후변화 등
	다자외교	군축, 다자·동북아 안보, 인권, 한반도 평화, UN 및 전문기구, 국제법, 공적개발원조, 대외무상원조, 인도적 지원, 기타 안보·인권·개발 등 관련 국제협력 분야	국제정치, 국제관계, 비교정치, 군축, 평화, 국제분쟁해결, 국제안보, 인간안보, 사이버안보, 인권, 공공정책, 국제법, 개발, 개발경제, 경제* 등 *연구 분야 또는 논문주제가 개발과 관련된 경우

나이와 학력 제한은?

외교관후보자 선발시험 일반외교 분야는 20세 이상(2019년 선발시험의 경우 1999년 12월 31일 이전 출생자)으로 '공무원 응시 결격사유'가 없는 대한민국 국민이면 누구나 응시할 수 있다. 또한 학력이나 경력은 따로 제한이 없다. 다만 외교관의 정년이 60세이므로, 응시 연령이 높으면 높을수록 합격하더라도 외교관으로 일할 수 있는 기간은 짧아진다.

참고로 최근 2년간(2017, 2018년)의 선발시험에서 최종 합격자 중 35세 이상은 2018년 1명(외교전문), 2017년 1명(지역외교)에 그쳤다. 2018년 선발시험 최종 합격자 45명을 연령대별로 보면 25~29세가 53.4%(24명)로 가장 많았고, 20~24세가 31.1%(14명), 30~34세가 13.3%(6명)로 나타났다. 또한 2017년 선발시험 최종 합격자(43명)의 경우엔 25~29세가 58.2%(25명)로 가장 많았고, 20~24세는 30.2%(13명), 30~34세는 9.3%(4명)로 나타났다. 일반외교 분야의 경우 최근 2개년도 모두 35세 이상 합격자는 없었다.

2

제1차 시험 준비는 어떻게?

외교관후보자 선발시험은 제1차 시험(선택형 필기시험), 제2차 시험(논문형 필기시험), 제3차 시험(면접시험)이 단계별로 실시된다. 제1차 시험에서는 외교관후보자 채용 예정 인원의 10배 이내(2018년의 경우 7배가량)를 뽑고, 제2차 시험에선 채용 예정 인원의 1.5배를 뽑는다. 제3차 시험에서는 채용 예정 인원수대로 후보자를 선발한다. 최종 합격한 후보자는 국립외교원에서 1년간 정규과정 교육을 받아야 한다. 먼저 제1차 시험에 대해 살펴보자.

제1차 시험에서 필수과목은 ▲공직적격성평가(PSAT) ▲헌법 ▲영어 ▲한국사이며 선택 또는 지정 과목은 ▲제2외국어 능력(외교전문 분야 제외)이다. 이 가운데 시험장에서 실제로 시험을 보는 과목은 PSAT와 헌법, 2개뿐이다. 영어와 제2외국어는 외국어능력검정시험 성적으로, 한국사는 한국사능력검정시험 성적으로 대체한다. 따라서 먼저 영어와 제2외국어, 한국사 등의 검정시험에서 양호한 점수를 획득해 두고, 1차 시험을 앞두고는 PSAT와 헌법 공부에 집중하는 것이 전략적으로 필요하다.

무엇보다도 중요한 것은 PSAT이다. 영어, 제2외국어, 한국사는 제1차 시험의 당락에 영향을 미치지 않으므로 외부 검정기관에서 취득한 '기준 점수 이상의 성적'을 제출하면 된다. 헌법도 제1차 시험 합격선을 결정할 때 총 점수에 합산하지 않기 때문에 100점 만점(25개 문항) 중 60점 이상을 얻어 '패스(Pass)'만 하면 된다. 결국 제1차 시험의 당락을 결정짓는 것은 PSAT 성적이다.

공직적격성평가(PSAT): 언어논리영역, 자료해석영역, 상황판단영역

공직적격성평가(PSAT)는 공직수행에 필요한 종합적 사고력을 검정하는 선택형 필기시험이다. 평가과목은 언어논리영역, 자료해석영역, 상황판단영역 3개다. 각 과목은 각각 40문항, 100점 만점이며, 한 문제당 배점은 2.5점이다.

언어논리영역에서는 문장의 구성이나 이해, 표현, 논리적 사고 등을 측정해 대인관계 의사소통 등 직무수행에 필수적인 능력을 평가한다. 지문(제시문) 분량이 많은 문제들이 대부분이므로 지문을 읽고 문맥을 빨리 파악하는 것이 중요하다. 아래의 예시 문제는 상대적으로 지문이 가장 적은 것을 고른 것이다.

문14. 다음 글의 내용이 모두 참일 때 반드시 참인 것만을 〈보기〉에서 모
두 고르면?

A부서에서는 올해부터 직원을 선정하여 국외 연수를 보내기로 하였다. 선정 결
과 가영, 나준, 다석이 미국, 중국, 프랑스에 한 명씩 가기로 하였다. A 부서에
근무하는 갑~정은 다음과 같이 예측하였다.

갑: 가영이는 미국에 가고 나준이는 프랑스에 갈 거야.
을: 나준이가 프랑스에 가지 않으면, 가영이는 미국에 가지 않을 거야.
병: 나준이가 프랑스에 가고 다석이가 중국에 가는 그런 경우는 없을 거야.
정: 다석이는 중국에 가지 않고 가영이는 미국에 가지 않을 거야.

하지만 을의 예측과 병의 예측 중 적어도 한 예측은 그르다는 것과 네 예측 중
두 예측은 옳고 나머지 두 예측은 그르다는 것이 밝혀졌다.

〈보기〉

ㄱ. 가영이는 미국에 간다.
ㄴ. 나준이는 프랑스에 가지 않는다.
ㄷ. 다석이는 중국에 가지 않는다.

1. ㄱ
2. ㄴ
3. ㄱ, ㄷ
4. ㄴ, ㄷ
5. ㄱ, ㄴ, ㄷ

자료해석영역에서는 기초 통계, 수 처리, 응용 계산, 수학적 추리, 정보화 등의 능력을 평가한다. 도표나 통계 데이터 등을 제시하고, 해당 표나 데이터를 분석 및 해석, 응용해 푸는 유형의 문제가 많다. 단, 시험장에서 계산기를 사용할 수 없다.

[예시] 2018년 기출문제(라 책형)

문 34. 다음 〈표〉는 2011~2015년 군 장병 1인당 1일 급식비와 조리원 충원인원에 관한 자료이다. 이에 대한 설명으로 옳지 않은 것은?

〈표〉 군 장병 1인당 1일 급식비와 조리원 충원인원

구분＼연도	2011	2012	2013	2014	2015
1인당 1일 급식비(원)	5,820	6,155	6,432	6,848	6,984
조리원 충원인원(명)	1,767	1,924	2,024	2,123	2,195
전년대비 물가상승률(%)	5	5	5	5	5

* 2011~2015년 동안 군 장병 수는 동일함.

1. 2012년 이후 군 장병 1인당 1일 급식비의 전년대비 증가율이 가장 큰 해는 2014년이다.

2. 2012년의 조리원 충원인원이 목표 충원인원의 88%라고 할 때, 2012년의 조리원 목표 충원인원은 2,100명보다 많다.

3. 2012년 이후 조리원 충원인원의 전년대비 증가율은 매년 감소한다.

4. 2011년 대비 2015년의 군 장병 1인당 1일 급식비의 증가율은 2011년 대비 2015년의 물가상승률보다 낮다.

5. 군 장병 1인당 1일 급식비의 5년(2011~2015년) 평균은 2013년 군 장병 1인당 1일 급식비보다 작다.

상황판단영역에서는 연역추리력, 문제해결, 판단, 의사결정 능력을 측정해 기획, 분석, 평가 등의 업무수행에 필수적인 능력을 평가한다. 논리게임, 언어 추리 등 다양한 유형의 문제가 출제되며 지문 분량이 많은 편이다.

[예시] 2018년 기출문제(나 책형)

문 38. 다음 글을 근거로 판단할 때, ㄱ에 들어갈 일시는?

O 서울에 있는 갑 사무관, 런던에 있는 을 사무관, 시애틀에 있는 병 사무관은 같은 프로젝트를 진행하면서 다음과 같이 영상업무회의를 진행하였다.

O 회의 시각은 런던을 기준으로 11월 1일 오전 9시였다.

O 런던은 GMT+0, 서울은 GMT+9, 시애틀은 GMT-7을 표준시로 사용한다.

(즉, 런던이 오전 9시일 때, 서울은 같은 날 오후 6시이며 시애틀은 같은 날 오전 2시이다)

갑: 제가 프로젝트에서 맡은 업무는 오늘 오후 10시면 마칠 수 있습니다. 런던에서 받아서 1차 수정을 부탁드립니다.

을: 네, 저는 갑 사무관님께서 제시간에 끝내 주시면 다음 날 오후 3시면 마칠 수 있습니다. 시애틀에서 받아서 마지막 수정을 부탁드립니다.

병: 알겠습니다. 저는 앞선 두 분이 제시간에 끝내 주신다면 서울을 기준으로 모레 오전 10시면 마칠 수 있습니다. 제가 업무를 마치면 프로젝트가 최종 마무리되겠군요.

갑: 잠깐, 다들 말씀하신 시각의 기준이 다른 것 같은데요? 저는 처음부터 런던을 기준으로 이해하고 말씀드렸는데요?

을: 저는 처음부터 시애틀을 기준으로 이해하고 말씀드렸는데요?

병: 저는 처음부터 서울을 기준으로 이해하고 말씀드렸습니다. 그렇다면 계획대로 진행될 때 서울을 기준으로 (ㄱ)에 프로젝트를 최종 마무리할 수 있겠네요.

갑, 을: 네, 맞습니다.

1. 11월 2일 오후 3시
2. 11월 2일 오후 11시
3. 11월 3일 오전 10시
4. 11월 3일 오후 3시
5. 11월 3일 오후 7시

과락제도 조심해야

외교관후보자 선발시험은 제1차 시험에서 각 과목 만점의 40% 이상, 전 과목 총점의 60% 이상 득점하지 못하면 불합격 처리된다(총점의 경우, 지역외교 및 외교전문 분야 제외). 제1차 시험 점수는 사실상 PSAT 점수와 마찬가지이므로, 일단 언어논리-자료해석-상황판단 3개 과목에서 각각 40점 이상을 받아야 한다. 또한 이 3개 과목의 점수 합계가 180점(60%)을 넘어야 불합격을 면한다.

참고로 2018년 선발시험의 경우, 제1차 시험에서 일반외교 분야의 합격선은 71.66점, 합격자는 254명이었다. 또한 합격자들의 제1차 시험 평균 점수를 살펴보면 95점 이상은 없었고, 90~95점 미만 2명, 85~90점 미만 13명, 80~85점 미만이 41명에 불과했다. PSAT가 얼마나 어려운 과목인지 시험 결과가 보여 주는 셈이다.

PSAT 수험전략 3가지

PSAT에서 합격선 이상의 점수를 얻으려면 자신에게 적합한 공부 전략이 꼭 필요하다. PSAT 전문가들과 합격자들이 말하는 수험 전략을 정리해 보면 크게 3가지로 요약할 수 있다.

첫째, 기출문제를 최대한 많이 풀어 보는 것이다.

PSAT는 많은 사전 지식을 필요로 하는 시험이 아니라 지문을 제시한 뒤 이를 토대로 사고력과 이해력, 추리력과 판단력 등을 종합적으로 검증하는 시험이다. 각 과목당 90분이라는 제한 시간 안에 40문항의 문제를 풀어야 한다. 시험 방식과 문제의 유형에 익숙하지 않으면 좋은 결과를 기대하기 어렵다. 반면, 기출문제를 많이 풀면 문제의 패턴과 출제 의도를 빨리 파악할 수 있어 유리하다. 덤으로 문제를 푸는 감과 요령도 얻을 수 있다. 무엇보다도 기출문제를 풀 때는 '실전처럼' 해야 효과가 크다. 90분으로 시간을 정해 놓고 실제 시험장에서 시험을 치르듯 시간을 안배해 문제를 풀어야 한다.

기출문제를 푼 다음에는 틀린 문제에 대해 반드시 되짚어 봐야 한다. 왜 틀렸는지 철저하게 분석해 문제의 유형과 원리, 적절한 해법을 파악해야 한다. 이런 과정을 거치지 않으면 그다음에도 비슷한 유형의 문제를 틀릴 가능성이 높다. 특히 상당수 응시자들이 가장 어렵게 느끼는 자료해석영역의 경우, 기출문제를 반복해 풀며 계산 능력과 응용력을 함께 끌어올려야 한다.

둘째, 전문학원이나 스터디 그룹을 활용하는 것이다.

PSAT는 3개 영역으로 구성되어 있고 각 영역마다 다양한 문제 유형이 존재한다. 혼자서 모든 유형을 파악하고 각 유형의 원리와 풀이 방법을 소화하기는 쉽지 않다. 특히 상황판단영역은 언어논리 및 자료해석영역을 합쳐 놓은 듯 복합적인 문제가 많아 응시생들이 애를 먹는다. 만약 자신이 잘 모르는 유형의 문제에 대해 원리와 풀이 요령을 짚어 줄 도우미가 있다면 공부 효율을 더 높일 수 있을 것이다. 이를 위해 PSAT 전문학원을 다니거나 스터디 그룹을 만들어 공부하는 것도 좋은 방법이다. 전문학원에서는 각 영역의 문제 유형과 출제 의도, 풀이 방식을 좀 더 체계적으로 익힐 수 있다. 스터디 그룹을 통해서는 자신이 취약한 유형의 문제에 대해 서로 도움을 주고받을 수 있다. 고독하고 힘든 수험준비 기간에 서로에게 격려와 위로가 된다는 점도 장점이다.

셋째, '선택과 집중'을 연습하는 것이다.

제1차 시험은 3교시에 걸쳐 치러진다. 1교시에는 헌법(25분)과 언어논리영역(90분), 2교시에는 자료해석영역(90분), 3교시에는 상황판단영역 과목(90분) 시험을 본다. 그런데 3개 영역의 시험문제지를 처음 받으면 숨이 턱 막힐 정도다. 각 영역의 문제지 분량만 20쪽에 달한다.

각 영역당 90분 동안 40문제를 풀어야 하니 한 문제에 2분 15초 이상 쓸 수 없는 셈이다. 검토하고 옮겨 적는 시간을 감안하면 적어도 한 문제를 2분 안에 풀어야 한다. 무엇보다도 시간 안배가 중요하다. 한두 문제를 푸느라 너무 지체하면, 시간에 쫓겨 정작 쉬운 문제들을 놓치기 쉽다. 특히 PSAT에는 풀이 시간이 오래 걸리는 유형의 문제가 많아 '선택과 집중' 전략이 필요하다. 모든 문제를 다 맞히면 가장 좋겠지만 2018년 제1차 시험 합격선에서 보듯 현실은 녹록하지 않다. 1차 시험 합격자 중 상위 10%도 각 영역당 문제 3~6개씩은 틀렸다.

문제가 안 풀리면 미련을 버리고 과감하게 다음 문제로 넘어가야 한다. 유형이 눈에 익은 문제, 자신 있는 문제부터 풀고 그다음 어려운 문제에 접근하라는 것이다. 시간이 남으면 다시 이 문제에 되돌아올 기회가 있다. 평소 기출문제를 풀 때에도 반드시 잘 안 풀리는 문제를 뛰어넘는 훈련을 해야 한다. 그냥 지나친 문제에는 뚜렷이 표시를 남겨 나중에 혼동하지 않도록 해야 한다. 선택과 집중을 훈련한 사람과 하지 않은 사람의 차이는 시험 결과로 나타난다. 시험장에서 너무 긴장하면 집중력이 오히려 떨어지니 자기 나름대로 평정심을 기르는 훈련을 할 필요도 있다.

헌법 공부는 이렇게

헌법은 제1차 시험에서 1교시에 첫 번째로 치르는 시험과목이다. 헌법 과목은 '60점 패스(Pass)제'가 적용된다. 25분간 25문항(100점 만점)을 풀어 60점 이상을 획득하면 합격(패스)이다. 앞에서 밝혔듯이 제1차 시험 합격선을 결정할 때 헌법 과목 점수는 합산하지 않는다. 따라서 헌법 공부에 투입하는 시간을 최소화하면서 합격권 이상의 안정적인 점수를 올릴 수 있는 '패스' 전략이 필요하다. 단, 헌법에서 '패스'하지 못하면 제1차 시험도 불합격이라는 점을 명심해야 한다. 헌법은 100점을 목표로 할 필요는 없지만 80점 정도를 목표로 공부하는 것이 좋다.

[예시] 2018년 기출문제(나 책형)

문1. 조약과 일반적으로 승인된 국제법규에 대한 설명으로 옳지 않은 것은?
　　(다툼이 있는 경우 판례에 의함)

1. 전 세계적으로 양심적 병역거부권의 보장에 관한 국제관습법이 형성되었다
　고 할 수 없어 양심적 병역거부가 일반적으로 승인된 국제법규로서 우리나

라에 수용될 수 없다.

2. 법률적 효력을 갖는 조약은 헌법재판소의 위헌법률심판의 대상이 될 수 있다.

3. 주권의 제약에 관한 조약은 체결할 수 없다.

4. 조약안은 국무회의의 심의를 거쳐야 한다.

헌법은 본문 130조, 부칙 6조로 구성된 대한민국의 근본법이다. 다른 법령에 비해 조문은 많지 않지만 결코 쉬운 과목이 아니다. 국가의 통치 이념과 원리, 국민의 권리와 의무, 국회와 정부, 헌법재판소 등 국가기관을 운영하는 기본 원칙, 선거 관리, 지방자치, 경제 등을 모두 아우르는 최고의 법이기 때문이다.

헌법은 법을 전공한 사람이 아니면 대학에서 배울 기회가 거의 없으니 혼자 공부하기보다 전문학원에서 수강하기를 권한다. 다만, 제1차 시험을 준비할 때 어느 수준까지 공부해야 할지가 중요하다. 법원행시(행정고등고시)의 헌법, 변시(변호사시험)의 공법 과목 수준은 외교관후보자 시험의 헌법 과목 수준보다 높기 때문이다. 외교관후보자 시험 응시자들은 그 정도까지 깊게 공부할 필요는 없다. 전문 강사에게서 적절한 수준의 헌법 교재와 공부 범위에 대해 정보를 얻는 게 유리하다.

헌법은 조문과 이론을 먼저 잘 익혀야 한다. 이론 자체가 시험에 많이 나오지 않으나 이론을 알지 못하면 판례를 이해할 수 없다. 헌법 시험문제의 70% 이상이 판례에서 나온다. 사례별로 위헌이냐 합헌이냐, 그리고 판시 이유 등을 물어보는 문항이 많다. 최근의 위헌과 합헌 판례들은 암기해 두는 게 좋다.

헌법부속법률도 시험범위에 들어간다. 부속법률은 매우 까다롭다. 정부조직법, 지방자치법, 국회법, 헌법재판소법, 정당법, 정치자금법 등 범위가 워낙 넓어 다 공부하기도 어렵다. 부속법률에 많은 시간을 투자할 필요는 없다. 법률전문직이 아니라 외무공무원 지원자가 치르는 시험이므로 난이도가 비교적 높지 않다. 기출문제 등을 통해 정부조직법, 지방자치법, 국회법 등 시험에 많이 나오는 법과 출제 경향을 파악해 둘 필요가 있다.

헌법 과목은 교재를 잘 선택해야 한다. 여러 교재로 공부하기보다 시험 수준에 맞는 한 권의 교재를 선택하여 완전히 자기 것으로 만들 때까지 반복하여 공부하는 것이 좋다. 아울러 기출문제 풀이를 병행한다면 헌법 과목에 대한 부담을 한결 덜 수 있을 것이다.

 생생 현장 스토리

사이버국가고시센터와 친해지자

외교관을 비롯해 국가공무원을 꿈꾸고 있다면 사이버국가고시센터 (www.gosi.kr)를 잘 활용할 필요가 있다. 인사혁신처가 운영하는 사이버

국가고시센터(이하 고시센터)에는 외교관후보자 선발시험을 비롯해 모든 국가고시에 대한 수험 정보가 취합되어 있다. 외교관후보자 선발시험의 경우 시험공고부터 시험 일정 안내, 제1차 시험 및 제2차 시험 기출문제 등의 정보를 고시센터에서 확인할 수 있다. 외교관후보자 선발시험 일정 은 인사혁신처가 매년 12월 공고하며 이듬해 1월 초에 전자관보 및 고시 센터를 통해 상세하게 안내한다.

응시자는 회원 가입 후 고시센터를 통해 원서를 접수하고 한국사, 영어, 외국어 등의 과목은 외부 능력 검정기관으로부터 받은 성적을 등록해야 한다. 회원이 되면 고시센터의 '마이페이지'에서 원서 접수 내역 확인, 합격/성적 조회, 외국어/영어 성적 사전 등록, 응시표 출력 등을 할 수 있다. 단, 14세 미만은 회원으로 가입할 수 없다.

'외부 검정시험 대체 과목들' 어떻게 준비할까?

영어

영어 과목은 영어능력검정시험 성적으로 대체한다. 단, 해당 영어시험이 외교관후보자 선발시험 예정일로부터 역산해 3년이 되는 해의 1월 1일 이후에 실시된 것이어야 한다. 예를 들어 2019년도 시험에 응시하는 사람은 2016년 1월 1일 이후 실시된 영어 시험 성적을 사이버국가고시센터를 통해 미리 등록하거나, 응시원서를 접수할 때 제출해야 한다.

TOEIC, TOEFL, TEPS, G-TELP는 자체 유효기간이 2년이라 유효기간이 경과하면 인사혁신처가 지원자의 성적을 조회할 수 없으니 유효

기간이 만료되기 전에 사이버국가고시센터를 통해 자신의 점수를 미리 등록해 두어야 한다. 또한 해당 검정시험기관의 정규(정기)시험 성적만 인정되고 수시 및 특별시험 성적은 인정되지 않으니 주의해야 한다. 제1차 시험에서 요구하는 영어의 기준 점수는 시험기관별로 아래와 같다.

◇ 시험기관별 영어 기준 점수

TOEFL			TOEIC	TEPS	G-TELP	FLEX
PBT	CBT	IBT				
590점	243점	97점	870점	800점	88점(level 2)	800점

제2외국어

제2외국어는 선발 분야 및 지역에 따라 선택과목이 달라진다.

일반외교 분야 응시자는 독어, 불어, 러시아어, 중국어, 일어, 스페인어 중 한 과목을 선택하면 된다. 지역외교 분야를 지원하는 사람은 선발 지역에 따라 외국어 선택과목이 지정된다. 중동은 아랍어를, 아프리카는 불어를, 중남미는 스페인어를, 러시아·CIS는 러시아어를, 아시아는 말레이·인도네시아어를 선택해야 한다.

불어, 스페인어, 러시아어는 외국어능력검정시험 성적으로 대체한다. 아랍어와 말레이·인도네시아어도 어학검정시험으로 대체하지만 대체 검증기관이 없어 인사혁신처가 제2차 시험 합격자들을 대상으로 별도의 대체시험을 실시한다. 외교전문 분야를 지원하는 사람은 제2외국어 검정을 면제한다.

◇ 분야별 제2외국어 선택

분야	제2외국어
일반외교 분야	독어, 불어, 러시아어, 중국어, 일어, 스페인어 중 1과목
지역외교 분야	불어(아프리카), 러시아어(러시아 · CIS), 중국어, 일어, 스페인어(중남미), 아랍어(중동), 포르투갈어, 말레이 · 인도네시아어(아시아) 중 1과목
외교전문 분야	외국어선택과목 생략

* 어학검정시험이 없는 외국어 선택과목은 제3차 시험에서 평가 가능하며, 이 경우 제2차 시험 합격자를 선발예정인원의 5배수 이내에서 선발할 수 있다.

* 합격자는 자격요건 충족자 중 PSAT 성적순으로 10배수 이내 결정

〈표〉 선발분야별 외국어 선택과 외국어능력검정시험 기준 점수

외교관후보자 선발시험		독어				불어			러시아어		
		스널트 (SNULT)	플렉스 (FLEX)	독일어 능력 시험 (Test DAF)	괴테어 학검 정시험 (Goethe Zertifi-kat)	스널트 (SNULT)	플렉스 (FLEX)	델프/ 달프 (DELF/ DALF)	스널트 (SNULT)	플렉스 (FLEX)	토르플 (TORFL)
일반외교		60점	750점	수준 3	GZ B2	60점	750점	DELF B2	60점	750점	1단계
지역 외교	경력요건이 있는 경우	–	–	–	–	70점	850점	DALF C1	70점	850점	2단계
	경력요건이 없는 경우	–	–	–	–	80점	950점	DALF C2	80점	950점	3단계

외교관후보자 선발시험		중국어			일어				스페인어		
		스널트 (SNULT)	플렉스 (FLEX)	한어수평 고시 (신HSK)	스널트 (SNULT)	플렉스 (FLEX)	일본어 능력시 험(JPT)	일본어 능력시 험(JLPT)	스널트 (SNULT)	플렉스 (FLEX)	델레 (DELE)
일반외교		60점	750점	5급 210점	60점	750점	740점	N2 150점	60점	750점	B2
지역 외교	경력요건이 있는 경우	–	–	–	–	–	–	–	70점	850점	C1
	경력요건이 없는 경우	–	–	–	–	–	–	–	80점	950점	C2

* 신HSK의 경우 IBT(인터넷 기반 시험)도 동일하게 인정된다.

한국사

한국사 과목은 한국사능력검정시험으로 대체한다. 응시자는 국사편찬위원회가 시행하는 한국사능력검정시험을 치러 2급(60~69점) 이상의 성적표를 응시원서를 접수할 때 제출해야 한다. 단, 최종 시험 시행예정일로부터 역산해 3년이 되는 해의 1월 1일 이후 실시된 시험성적만 인정된다.

한국사 검정시험은 고급(1, 2급) 중급(3, 4급) 초급(5, 6급) 등 3개의 평가등급으로 구분해 연간 4회, 분기에 한 번씩 실시된다. 외교관후보자 선발시험 및 5급 공무원 공채시험 응시자는 이 중 '고급' 등급 시험에서 60점 이상의 점수를 얻어야 한다. 시험은 50문항, 100점 만점으로 구성되며 문항별로 1~3점이 차등 배점된다(각 문항에 배점이 표시됨). 고급 등급의 시험시간은 80분이다. 한국사 검정시험은 사진 및 그림 자료가 함께 제시되는 문항이 많으므로 우리 역사를 공부할 때 관련 사진자료도 함께 눈에 익혀둬야 한다. 또한 초등학생을 포함해 대한민국 국민과 외국인 누구나 응시가 가능하므로, 외교관후보자 선발시험에 도전하기 1~2년 전에 미리 합격(인증)해 둘 필요가 있다. 보다 상세한 사항은 국사편찬위원회 사이트(www.historyexam.go.kr)에서 확인할 수 있다.

[문제 예시]

(* 기출문제는 국사편찬위원회 사이트 ⇒ 한국사능력검정시험 ⇒ 문제관리 ⇒ 시험자료실 순으로 들어가 문제와 정답을 확인할 수 있다.)

2018년 제40회 한국사능력검정시험(8월 11일 시행) 고급 문제지

33. (가), (나) 사이의 시기에 볼 수 있는 모습으로 적절하지 않은 것은? [3점]

제시문

(가) 본 덕원부는 해안의 요충지에 위치해 있고 아울러 개항지입니다. 이곳을 빈틈없이 미리 대비하는 방도는 인재를 선발하여 쓰는 데 있고, 그 핵심은 가르치고 기르는 데 있습니다. 그래서 원산사(元山社)에 학교를 설치하였습니다.

(나) 경인 철도 회사에서 어제 개업 예식을 거행하는데 … 화륜거 구르는 소리는 우레 같아 천지가 진동하고 기관차 굴뚝 연기는 반공에 솟아오르더라. 수레를 각기 방 한 칸씩 되게 만들어 여러 수레를 철구로 연결하여 수미상접하게 이었는데, 수레 속은 상·중·하 3등으로 수장하여 그 안에 배포한 것과 그 밖에 치장한 것은 이루 형언할 수 없더라.

---

① 전신선을 가설하는 인부
② 이화 학당에서 공부하는 학생
③ 제중원에서 치료를 받고 있는 환자
④ 한성 전기 회사 창립을 협의하는 관리
⑤ 대한매일신보의 기사를 읽고 있는 교사

3

제2차 시험 대처법

외교관후보자 선발 제2차 시험은 제1차 시험 합격자와 면제자(전년도 제3차 시험 탈락자 중 원서 접수자)를 대상으로 학제통합논술시험 I, 학제통합논술시험 II, 전공평가시험(경제학·국제법·국제정치학 등 3개 과목)으로 구분하여 시행한다. 제2차 시험에서는 이 3개 시험의 성적을 종합하여 성적순으로 합격자를 선발한다. 단, 지역외교 및 외교전문 분야 응시자는 2019년도부터 제2차 시험을 서류전형으로 대체한다.

제2차 시험에서도 각 과목에서 만점(배점 100점)의 40% 이상 득점하지 못하면 불합격 처리된다. 참고로 2018년의 경우, 제2차 시험 합격자의 평균 점수는 54.00점, 일반외교 분야의 합격선은 52.06점이었다.

일반외교 분야	지역외교 분야	외교전문 분야
학제통합논술시험 국제정치학 · 국제법 · 경제학 3과목을 통합해 출제 학제통합논술Ⅰ, 학제통합논술Ⅱ 각 100점	제2차 시험을 서류전형으로 대체	
전공평가시험 국제법 · 국제정치학 · 경제학 약술형 문제 출제 과목별 각 100점		

 생생 현장 스토리

지역외교, 외교전문 분야 달라지는 제2차 시험

2019년도부터 지역외교 및 외교전문 분야의 제2차 시험은 서류전형으로 대체된다. 서류전형에서는 ▲응시요건 충족 여부 ▲자기소개서–직무수행계획서를 평가해 합격자를 결정한다. 외교관후보자로서 갖추어야 할 역량(사고력, 논리력, 글쓰기 능력 등)을 절대평가 방식으로 평정하며, 서류전형을 담당하는 시험위원 과반수가 미흡하다고 평정한 경우에만 불합격 처리된다. 자기소개서와 직무계획서에 대해서는 '표절 검사'를 실시할 예정이며, 그 결과에 따라 불합격으로 처리될 수 있다는 점을 유의해야 한다. 한편 지역외교 및 외교전문 분야의 경우 2021년부터 경력공채 방식으로 응시요건이 전환될 예정이다.

    오지선다형의 객관식 문제가 출제되는 제1차 시험과 달리, 제2차 시험은 서술형 문제가 출제된다. 따라서 문제에서 요구하는 논점을 정확하게 파악하고 핵심을 얼마나 정연하게 서술하느냐가 관건이다. 먼저 학제통합논술시험에 대해 살펴보자.

학제통합논술시험 대처 방법

학제통합논술시험은 단순히 지식을 측정하는 시험이 아니라 외교관에게 꼭 필요한 종합적 사고 능력을 평가하기 위한 시험이다. 국제정치학, 국제법, 경제학의 범위 안에서 몇 가지 제시문을 내보이고 이를 토대로 상황분석력, 종합적 사고력, 논리력, 문제해결 능력, 의사결정 능력 등을 평가할 수 있는 문제가 출제된다. 제시문에는 인문학, 철학 등 다른 학문과 관련한 정보가 활용되기도 한다.

2018년 제2차 시험의 경우, 학제통합논술시험Ⅰ에서는 유럽연합(EU)의 안보, 경제, 법체제 등과 관련한 제시문 3개(각 제시문은 3개의 지문으로 구성)를 내보이고, 이와 연관된 4개의 문제(각 25점)가 출제됐다. 또한 학제통합논술시험Ⅱ에서는 해외원조와 관련된 제시문 6개를 내보이고 각각 2개의 문항으로 구성된 3개의 문제[각각 35점(15점, 20점), 35점(15점, 20점), 30점(15점, 15점)]를 냈다. 시험시간은 2017년 학제통합논술시험Ⅰ·Ⅱ보다 30분씩 늘어나 각각 2시간이 배정되었다.

학제통합논술시험에는 국제정치학, 경제학, 국제법과 관련된 최근 이슈를 중심으로 문제가 나오는 경향이 있다. 평소 신문기사, 특히 이슈에 대한 분석 기사를 읽고 재정리하여 '이슈 노트'를 만들어 놓고 새로운 흐름과 정치적·법적·경제적 쟁점을 그때그때 추가해 두면 도움이 될 것이다. 답안을 작성할 때엔 먼저 문제의 논점을 파악하고, 이에 맞는 결론을 1차로 정리한 상태에서 글을 전개하는 게 낫다. 또한 모든 문제에 같은 시간을 할애하기보다는 자신이 아는 범위와 문제의 배점을 고려해 시간 분배를 하는 전략도 필요하다.

[문제 예시] 2018년 외교관후보자 선발 제2시험
학제통합논술시험 I

〈제시문 3〉

(1) 2001년 EU 이사회는 UN 안전보장이사회 결의 제1333호를 이행하기 위해 '빈 라덴' 및 '제재위원회가 특정한 대상'에 관계된 개인 및 단체의 자산을 동결하는 EU 이사회 규칙(EU council regulation)을 제정하였다. EU 조약(Treaty of European Union: TEU)에 의해 제정된 EU 이사회규칙은 TEU의 하위법으로서 회원국 내에서 직접 적용되고 회원국의 국내법보다 우선 적용되는 EU 법체제를 구성하는 법원(法源) 중 하나이다.

EU 이사회규칙으로 인해 제재대상자로 지정된 카디(Yassin Abdullah Kadi)의 인권이 침해되었다. 이후 카디는 해당 규칙이 EU 법체제에 반한다는 결정을 청구하는 소송을 유럽1심재판소(CFI)에 제기하였다. CFI는 UN 안전보장이사회 결의의 EU 법체제에 대한 우위성을 근거로 안전보장이사회 결의의 EU에 대한 구속력을 인정하였다. 그러나 상급법원인 유럽공동체사법재판소(CJEU)는 EU와 EU 회원국의 국제의무는 공동체 법질서의 일부인 EU법의 일반원칙에 부합되어야 하기 때문에 비록 UN 안전보장이사회 결의에 기초한다고 할지라도 TEU에 반하는 EU 이사회규칙은 효력이 없다고 판시하였다.

※ CFI와 CJEU는 카디의 인권 침해 사실에 대해서는 이견이 없었다.

(2) EU조약(TEU)

제6조제3항

"유럽인권협약에 의하여 보장되고 회원국들에게 공통되는 헌법 전통으로부터 유래하는 기본권들은 EU법의 일반원칙(general principles of Union's law)을 구성한다."

(3) UN 헌장

제1조제3항

"…인종, 성별, 언어 또는 종교에 따른 차별 없이 모든 사람의 인권 및 기본적 자유에 대한 존중을 촉진하고 장려함에 있어 국제적 협력을 달성한다."

제25조

"UN 회원국은 안전보장이사회의 결정을 헌장에 따라 수락하고 이행할 것을 동의한다."

제103조

"이 헌장하의 UN 회원국의 의무와 다른 어떤 국제협정하의 그들의 의무 사이의 충돌이 있는 경우 이 헌장하의 그들의 의무가 우선한다."

〈문제〉

제3문. 〈제시문 3〉을 참고하여 EU 회원국의 UN 안전보장이사회 결의상 의무와 EU 법체제상 의무가 충돌하는 경우, 어떤 의무가 우선 적용되는지 UN 법체제의 관점과 EU 법체제의 관점에서 각각 기술하시오. 그리고 UN 법체제에 따른 의무를 우선 적용하여 인권침해 등의 문제가 발생하는 경우, 문제해결을 위해 해당 EU 회원국이 취할 수 있는 접근 방법들을 설명하시오. (25점)

[문제 예시] 2018년 외교관후보자 선발 제2시험

학제통합논술시험 II

〈제시문 3〉

천연자원을 보유한 국가가 그렇지 못한 국가에 비해 부유하게 되는 것은 당연하게 보인다. 그러나 자원의 부존량과 소득 간의 관계는 생각보다 훨씬 복잡하다. 천연자원을 풍부하게 보유한 많은 국가의 소득수준을 볼 때, 장기적으로 천연자원의 존재는 경제성장을 저해할 수도 있다. 1960년대 네덜란드 해안의 천연가스 개발이 네덜란드 제조업의 위축으로 이어졌다는 점에서 천연자원의 존재가 자국의 제조업에 해가 될 수 있는 현상을 '네덜란드 병(Dutch disease)'이라고 부르고 있다. 이와 유사하게 해외무상원조는 갚을 필요가 없다는 점에서 천연자원의 수출에서 획득하는 재원의 성격을 갖는다고 할 수 있다.

〈제시문 4〉

비민주적 정부는 새로운 가치의 창출 없이 해외원조금을 사용하는 것이 가능하다.

또한 해외원조는 혁명 후의 정부가 그 이전의 정부보다 더 독재적일 가능성을 높인다.

다음 〈표〉를 보면, 인권 개선은 민주주의 수준을 향상시킨다. 그러나 빈곤의 완화가 민주주의 수준을 향상시킨다는 주장은 통계적으로 유의하지 않다. 또 빈곤의 완화는 인권 상황을 개선하지 않는다. 특히 기존 연구에 따르면 비민주적 사회는 부유할수록 인권 상황이 오히려 악화되는 경향을 보인다. 이와 달리 인권 증진은 빈곤의 후속적 완화를 가져다준다.

〈표〉 민주주의와 인권 그리고 빈곤 (t: 기준 연도)

구분	t−4에서 t까지 민주주의 수준의 변화	t−4에서 t까지 인권의 변화	t−4에서 t까지 1인당 국민소득의 변화
t−5에서 t−1까지 인권의 변화	긍정적(+)	긍정적(+)	긍정적(+)
t−5에서 t−1까지 1인당 국민소득의 변화	긍정적(+)※	부정적(−)	긍정적(+)

※ 통계적으로 유의하지 않음(단, 나머지 부호는 통계적으로 유의함).

〈문제〉

제2문. 해외원조의 부정적 측면에 대한 〈제시문 3〉과 〈제시문 4〉를 참고하여 다음 물음에 답하시오. (총 35점)

1) 천연자원의 존재가 경제성장을 저해할 수 있다는 주장에 대해 예를 들어 설명하고, 이를 바탕으로 '무상원조'가 '천연자원의 수출에서 획득하는 재원'에 비유되는 이유를 경제학적 관점에서 논하시오. (15점)

2) 해외원조, 빈곤, 인권, 민주주의 간의 관계를 설명하고, 해외원조가 수혜국 국민에게 긍정적인 효과를 주기 위한 국제정치적 방안에 대해 논하시오. (20점)

생생 현장 스토리

답안 작성 중 글을 고치려면…

학제통합논술시험 답안을 정정하고자 할 경우에는 응시자 본인이 가져온 수정테이프를 사용하거나 수정할 부분을 두 줄로 긋고 그다음부터 다시 작성할 수 있다. 단 수정액 또는 수정스티커 등은 사용할 수 없다.

 생생 현장 스토리

건강관리도 전략이다

외교관후보자 선발시험은 제1차, 제2차 시험 모두 시험 시간 중에는 원칙적으로 화장실을 이용할 수 없다. 배탈, 설사 등 불가피하게 시험을 볼 수 없는 경우에는 화장실을 이용할 수 있으나 이로 인한 불이익을 감수해야 한다. 당해 교시에 재입실이 불가능하며 다음 교시 시험에만 응할 수 있기 때문이다. 시험 전 이뇨작용을 일으키는 음료(카페인, 탄산음료 등)를 마시는 것을 자제하고 음식물 섭취에도 유의해야 한다. 2018년도 제2차 시험은 4일 동안 실시됐으며 각 과목 시험시간은 2시간이었다. 장시간 동안 별 탈 없이 집중력을 유지하려면 특히 세심한 건강관리가 필요하다.

전공평가시험 대처 방법

전공평가시험은 외교관에게 필요한 기초 지식을 측정하기 위한 것으로 국제정치학, 경제학, 국제법 3개 과목에 대해 약술형으로 출제된다. 국제정치학의 출제 범위에는 외교사 및 군축·안보 분야가, 경제학에는 국제경제학이, 국제법에는 국제경제법이 각각 포함된다. 시험시간은 과목당 2시간, 배점은 각각 100점이다. 앞서 밝혔듯이, 전공평가시험은 일반외교 분야 응시자에 한해 시행된다. 이제 전공평가시험의 각 과목별 공부 방법에 대해 알아보자.

국제정치학

　국제정치학 시험문제는 크게 이론, 이슈, 외교사 등의 3개 파트로 구분할 수 있다. 국제정치학 이론의 경우엔 사례나 현상을 제시하고 해당 이론에 대한 지식을 묻거나 이론의 적용을 요구하는 문제가 출제되는 경향이 있다. "국제사회의 무정부 상태에 대한 케네스 월츠의 견해를 '공격적 현실주의'의 입장에서 논하라"고 요구한 2018년 국제정치학 시험 제1문의 1번 항(아래 예시 참고)이 여기에 해당된다고 볼 수 있다. 국제정치학 이론은 패러다임이 다양하게 얽혀 있기 때문에 현실주의, 자유주의, 구성주의 등 각 패러다임별 이론과 요점을 정리해 놓고 공부하는 게 낫다.

　이슈와 관련된 문제의 경우, 최근의 이슈는 물론 현재의 현상과 연계 혹은 비교되는 과거의 이슈를 테마로 삼는 경향도 있으니 유의해야 한다. 뉴스를 통해 국제 정세와 시사 이슈를 꾸준히 체크할 필요가 있다. 국제정치 전문가들이 국제질서를 바라보는 시각과 논리, 국가 간 역학관계의 변화 등이 담긴 서적을 평소에 읽고 요점을 정리해 두면 도움이 된다. 최근 3년간 시험에서 군축, 핵 안보 관련 문제가 출제되지 않았으니

이 부분에 대한 정리도 필요할 듯하다.

외교부 국립외교원의 외교안보연구소(www.ifans.go.kr)가 매월 두세 차례 발간하는 '주요 국제문제 분석'도 좋은 학습 자료가 될 수 있다. 무엇보다도 팩트와 이론적인 분석이 잘 정리되어 있다. 국문 자료뿐만 아니라 영문 자료도 많아 눈에 익혀 두면 나중에 영어 집단토론 때도 도움이 된다. 국립외교원 사이트(www.knda.go.kr)에서 자료를 찾아볼 수 있다.

이슈와 관련해 공부할 때 유의해야 할 부분은 이슈의 범위를 매번 너무 확장시키지 말라는 것이다. 시험 전까지 주요 이슈를 여러 차례 반복해 보며 요점을 머릿속에 넣어야 하는데, 너무 가짓수를 늘여 놓으면 시간상으로 읽기에 급급할 수밖에 없다. 모든 이슈를 수박 겉핥기식으로 읽는 것보다는 예상 주제별로 범위를 좁혀 이론, 논점 등을 반복해서 공부하는 것이 오히려 낫다.

외교사는 근래에 출제 빈도가 높아지고 있으며 배점 비중도 적지 않은 편이다. 국제 질서에 영향을 끼친 사례, 특히 우리나라, 한반도, 동북아에 직간접으로 영향을 끼친 사례는 일단 암기해 두고, 이들 사례를 바라보는 전문가의 시각을 함께 공부해야 한다. 외교사를 꼼꼼히 공부해 두면 가상의 상황이 아니라 실제 사례를 통해 논거를 전개할 수 있는 이점이 있으니 다른 과목 시험에서도 도움이 될 수 있다.

[예시]

2018년 외교관후보자 선발 제2시험

국제정치학 (3개 문항, 총 100점 배점)

제1문. 국제사회의 무정부 상태하에서 국가 간 협력이 가능한지 여부는 국제정치학의 핵심 논쟁 중 하나이다. 예컨대, 신현실주의자들이 보기에 '죄수의 딜레마'와 '사슴사냥' 게임은 국가 간 협력의 어려움을 상징한다. 이와 관련하여 다음 물음에 답하시오. (총 40점)

1) 국제사회의 무정부 상태에 대한 케네스 월츠(Kenneth Waltz)의 견해를 공격적 현실주의의 입장에서 논하시오. (20점)

2) '죄수의 딜레마'와 '사슴사냥' 게임에 대한 신현실주의의 견해를 설명하고, 이에 대해 케네스 오이(Kenneth Oye) 등이 'Cooperation Under Anarchy'에서 제시한 비판적 관점을 논하시오. (20점)

경제학

경제학은 크게 미시경제학과 거시경제학으로 구분되며, 시험 범위에는 국제경제학도 포함된다. 먼저 '미시경제원론', '거시경제원론', '미시경제학', '국제경제학' 등의 교과서를 통해 주요 개념을 이해하고 기본 이론을 숙지해야 한다. 미시경제학 ⇒ 거시경제학 ⇒ 국제경제학 순으로 공부하는 것이 전반적인 이해에 도움이 된다. 그 후에 예상문제집, 기출문제, 주요 대학 모의고사 문제 등을 풀며 개념과 이론을 사례에 적절히 응용하는 공부를 해야 한다.

그다음으로 논리적이고 체계적으로 답안을 작성하는 연습이 필요하다. 우수 답안 사례들과 자신의 답안을 비교해 보고, 부족한 부분을 보완해야 한다. 경제학은 범위가 넓은 데다 '경제수학', '통계학' 등의 수리 능력도 필요해 점수 편차가 큰 과목이다. 수학적 기초가 부족하다면 고등학교 수학 공부를 다시 해야 한다.

경제학 시험을 준비하려면 무엇보다도 교재 선택이 가장 중요하다. 특히 경제학 비전공자는 입문서를 먼저 선택해 기본 개념과 이론을 충분히 이해하고 숙지한 다음에 더 깊이 있는 책으로 공부할 필요가 있다. 또한 전문학원 수강을 통해 출제의 흐름, 유형, 답안 작성 요령 등을 파악하고 모의시험 경험을 쌓는 것도 중요하다.

[예시]
2018년 외교관후보자 선발 제2시험
경제학 (3개 문항, 총 100점 배점)

제1문. 우리나라 기업인 H사와 외국 기업인 F사는 우리나라 스마트폰시장에서 이윤극대화를 목표로 경쟁을 하고 있다. 우리나라 스마트폰시장은 $p=a-b(qH+qF)$의 시장수요함수를 갖는다. qH는 H사 생산량, qF는 F사 생산량을 나타낸다. 두 기업의 한계비용은 c로 동일하며, 우리나라 시장에 수출하는 F사는 우리나라의 보호무역정책으로 인하여 스마트폰 한 대당 t의 수출비용을 지불해야 한다. 다음 물음에 답하시오. (단, $a>c$, $t>0$) (총 35점)

---

1) H사는 F사 생산량을 예측하여 F사보다 먼저 생산량을 결정하였고, 이에 따라 F사는 생산량 결정 시 H사 생산량 정보를 파악하고 있었다. 이때 임의의 t에 대하여 각 기업의 생산량을 구하시오. (15점)

2) H사와 F사가 동시에 생산량을 결정한다고 하자. 이때 각 기업의 생산량을 구하시오. (10점)

3) 1)과 2)의 결과를 비교하여 양국 간 어떤 경우에 더 많은 교역이 발생하는지 설명하시오 (10점)

국제법

국제법은 법학 비전공 응시자들이 가장 어렵게 생각하는 과목이다. 법적 개념이 낯선 데다 익혀야 할 조문도 많기 때문이다. 특히 국제법은 계속 변화하고 있어 최근 입법 및 판례에 대해서도 추가적으로 공부를 해야 한다.

국제법은 'Introduction to International law', 'International trade law', '국제법총론', '국제법 원서강독' 등 기본이 되는 교과서나 교재를 정해 먼저 주요 개념과 맥락을 공부해야 한다. 국제법에서 가장 중요한 부분은 크게 조약과 판례 두 가지로 볼 수 있다. 조약의 경우, 다자 조약을 테마별로 구분해 조약의 배경, 내용, 변화상, 적용 사례 등을 정리해 놓고 공부하는 게 좋다. 판례도 마찬가지다. 판례가 나온 배경, 쟁점, 영향 등을 정리하여 공부하고, 최근의 분쟁 사례에 어떻게 적용할 수 있는지도 파악해 봐야 한다.

조약법에 관한 빈협약(VCLT), 유엔해양법협약(UNCLOS) 등 국제법의 기본이 되거나 비중이 높은 조약의 주요 조문을 숙지하는 것도 중요하다. 단순히 조문을 읽기보다는 조문이 탄생하게 된 배경과 판례, 한계 등을 함께 살펴보며 이해도를 높일 필요가 있다.

국제경제법은 최근 3년간 출제되지 않았지만, 그 근간인 GATT와 여러 부속 협약들의 조문도 원리와 사례를 중심으로 파악해 두는 게 좋다. 국제경제법이 여전히 출제 범위에 포함돼 있고 시험의 선별력을 갖추기 위해 예상치 못한 분야에서 출제되는 경향도 있기 때문이다. 가령 최근의 무역분쟁을 GATT의 부속 협약 조문과 연계해 분석해 보는 것도 흥미로운 공부 방식이 될 것이다.

[예시]

2018년도 외교관후보자 선발 제2시험

국제법 (3개 문항, 총 100점 배점)

제2문. A국과 B국은 2007년 A국의 X지역 개발에 관한 Y조약을 체결하였다. Y조약에 따르면, A국은 B국에 X지역의 희귀광물인 희토류를 매년 5만 톤씩 공급하기로 하였고, B국은 A국에 매년 전력 1백만kw를 제공할 뿐만 아니라 X지역 선주민인 알바스족의 거주와 생존에 필수적인 식량 50만 톤과 응급의료용품을 인도적 차원에서 매년 제공하기로 하였다. Y조약은 발효 이후 정상적으로 이행되었다. 그러나 2010년 C국이 A국의 우발적인 국경 총격을 구실로 A국의 희토류 매장지를 공중 폭격하여 채굴이 불가능할 정도로 파괴하였다. 이후 2011년에 이르러 A국이 B국에 희토류를 공급하지 않았고, B국은 이에 대응하여 A국에 전력 외에도 식량 및 응급의료용품을 제공하지 않았다. 2001년 『국제

위법행위에 대한 국가책임 초안』에 의거하여 다음 물음에 답하시오. (총 40점)

1) A국은 희토류 미공급에 대한 국가책임을 지는지를 검토하시오. (20점)

2) A국의 희토류 미공급에 대응하여 B국의 전력, 식량, 응급의료용품의 제공 거부가 허용되는지를 검토하시오. (20점)

허를 찌르는 문제에 대비하라

시험이란 우열을 가려 합격자와 탈락자를 구분해 내는 수단이다. 누구나 중요하다고 여겨 공부를 많이 하는 주제만 출제해서는 변별력을 갖추기 어렵다. 따라서 출제위원들은 의외의 주제를 선택해 허를 찌르는 문제를 내는 경향이 있다. 오래전 경험이지만, 내가 1979년 외시 시험을 보았을 때 국제법 시험에 출제된 '조약의 유보를 논함'이라는 문제도 그런 유형의 문제였다. 당시 대부분의 수험생들이 주목하여 공부하지 않았던 주제였지만, 나는 시험 당일 아침에 그 부분을 정독하고 나와 상대적으로 높은 점수를 받을 수 있었다.

평소 소홀히 공부해 온 분야가 있다면 자기만의 대처 방안을 마련해 보자. 자신이 출제자의 입장이 되어 일주일에 한 문제 정도를 직접 그 분야에서 출제해 보고 답안을 정리해 두는 것도 좋을 듯하다. 시험을 앞두고 그간 정리해 놓은 내용을 한번 살펴보는 것만으로도 큰 도움이 될 수 있다.

4

제3차 면접시험 이렇게 대비해라

　　　　　　외교관후보자 선발을 위한 제3차 시험은 면접시험으로, 제2차 필기시험(지역외교 및 외교전문 분야는 서류전형) 합격자를 대상으로 치른다. 최종 합격 여부를 좌우하는 가장 중요한 관문이니 철저히 대비해야 한다. 선입관을 배제하기 위해 면접위원에게 응시자의 필기시험 성적을 사전에 제공하지 않으므로 모든 응시자가 동일한 상황에서 면접을 치른다고 보면 된다. 일반적으로 제3차 시험은 제2차 시험을 치른 지 두 달쯤 뒤에 실시한다. 필기시험 성적에 일희일비하지 말고 남은 기간 최선을 다해 준비하자.

면접시험 속으로

　제3차 시험은 ▲'집단심화토의 면접(약 140분)'과 ▲'개인발표 및 개별면접(총 140분)'으로 진행한다. 면접위원 6명이 응시자의 ▲공무원으로서의 정신자세 ▲전문지식과 그 응용 능력 ▲의사 표현의 정확성과 논리성 ▲예의·품행 및 성실성 ▲창의력·의지력 및 발전 가능성 등 5개 항목(평정요소)에 대해 각각 상-중-하로 평가(평정)해 합격 여부를 가린다.

면접위원의 과반수(4명 이상)가 평정요소 5개 항목 모두를 "상"으로 평정한 경우에는 '우수' 등급을 받게 된다. '우수' 등급을 받은 응시자는 '합격'이다. 단, '우수' 등급자가 선발예정인원보다 많을 경우에는 제2차 시험성적 순서에 따라 합격자를 선발한다.

반면, 면접위원의 과반수가 평정요소 5개 항목 중 2개 항목 이상을 "하"로 평정하거나, 위원의 과반수가 어느 하나의 동일한 평정요소를 "하"로 평정한 경우에는 '미흡' 등급을 받게 된다. '미흡' 등급을 받은 응시자는 제2차 시험성적에 상관없이 '불합격'으로 처리된다.

'우수'와 '미흡' 등급 이외의 응시자는 '보통' 등급을 받게 된다. 이 경우 '우수' 등급자를 포함해 선발예정인원 이내에서 제2차 시험성적 순에 따라 합격자를 선발한다. 이러한 합격자 결정 기준은 법(공무원임용시험령 제5조 제③항, 제23조의3 제③, ⑤항)으로 정한 것이다. 아무리 제2차 필기시험 성적이 높아도 면접에서 낮은 평가를 받게 되면 불합격의 고배를 마실 수밖에 없다. 반면에 필기시험 성적이 상대적으로 낮더라도 면접에서 높은 평가를 받으면 합격의 기쁨을 맛볼 수도 있다. 결국 면접시험 결과가 합격의 향배를 결정하는 것이다.

지역외교 분야 및 외교전문 분야 응시자는 제3차 시험에서 일반외교 분야 응시자와 동일하게 '집단심화토의 면접'과 '개인발표 및 개별면접'을 치르게 된다. 또한 여기에 더해 응시자가 지원한 지역 또는 분야의 전문지식을 평가받게 된다. '전문지식 평가' 때에는 국제정치학, 국제법 및 경제학을 포함해 지원 지역 또는 지원 분야 관련 지식을 평가받으며 전문지식만을 별도 날짜를 정해 평가받을 수도 있다.

달라진 면접, 변화의 의미를 파악하라

제3차 면접시험은 2017년부터 면접 일정과 시간 배분, 발표 방법이 매해 조금씩 바뀌고 있다. 사소한 부분으로 여길 수도 있지만 모든 변화에는 이유가 있는 법이니 바뀌게 된 배경을 한 번쯤 생각해 볼 필요가 있다.

2016년까지는 이틀에 걸쳐 면접시험을 치렀지만 2017년부터는 하루에 집단심화토의 면접과 개인발표 및 개별면접을 함께 실시한다. 응시자에게는 체력과 함께 집중력이 더욱 필요해진 셈이다. 또한 집단심화토의 면접에서 면접위원 질의응답은 2017년까지 영어와 한국어로 진행됐지만 2018년에는 영어로만 치르는 것으로 바뀌었다. 이는 면접시험에서 어학 능력에 대한 검증이 더욱 강화된 것으로 볼 수 있다. 영어 인터뷰 연습에 좀 더 공을 들여야 하는 이유다.

개인발표 및 개별면접에서도 변화가 있었다. 2018년에는 직무역량면접과 공직가치면접에서 과제 검토 및 작성(개인발표문 / 개별면접 과제) 시간은 이전보다 10분 줄어든 30분으로, 개인발표 및 개별면접 시간은 10분 늘어난 40분으로 각각 조정됐다. 응시자에게는 과제를 읽고 쓸 시간이 줄어들고, 면접위원에게는 응시자를 관찰할 시간이 더 늘어난 것이다. 빠른 시간 안에 주어진 과제의 의도를 파악해 핵심을 논리적으로 풀어내는 연습, 면접위원이 던질 수 있는 의외의 질문에 대처하는 훈련이 필요하다고 볼 수 있다.

면접에서 대체 무엇을 평가하나

면접시험을 잘 치르려면 무엇보다도 '왜, 무엇을 평가하는지'를 응시자가 잘 파악하고 있어야 한다. 면접에 대한 이해도가 부족하면 적절한 준비와 대처도 어렵기 때문이다. 외교관후보자 선발시험에서 면접시험은 응시자가 장차 외교관으로서 역량을 잘 발휘할 수 있을지 살펴보는 자리다. 이를 위해서 실제 외교업무와 유사한 주제들을 '집단심화토의', '개인발표' 과제로 제시해 응시생의 역량을 평가한다. 앞부분에서 소개한 5개의 평정요소가 바로 역량 평가를 위한 항목들이다. 피겨 스케이팅에서 '기술' 항목과 '예술' 항목으로 나눠 선수의 연기를 평가하듯, 응시자의 역량을 5개 항목에 걸쳐 평가하는 것이다. 여기서는 먼저 각 항목의 평정요소에 대해 좀 더 구체적으로 알아보기로 하자.

* 괄호( ) 안에는 각 평정요소와 매치되는 외교역량 평가요소를 담았다. 또한 이와 함께 어떤 방식의 면접에서 해당 평정요소가 주로 평가되는지도 제시했다.

▷ 공무원으로서의 정신자세(국익과 공익에 대한 봉사와 헌신 / 윤리, 준법의식): '개별면접'을 통해 평가

응시자가 외교관으로서 국익을 위한 봉사와 희생을 긍정적이고 당연하게 여기고 있는지, 그리고 국민의 봉사자로서 공익에 입각해 법률과

규칙에 따라 공정하고 공평하게 의사를 결정하고 행동할 역량을 가지고 있는지 평가한다.

▷ 전문지식과 그 활용 능력(위기상황관리 및 문제해결): '개인발표'에서 주로 평가, '집단심화토의'에서 일부 평가

응시자가 위기상황 관리 능력 및 문제해결 능력을 갖추고 있는지 평가한다. 세부적으로는 업무와 관련해 필요한 정보가 무엇인지 파악하고 이렇게 수집된 정보를 활용해 위기상황 발생 가능성을 사전에 인지하여 예방하는 역량을 가지고 있는지 평가한다.

▷ 의사발표의 정확성과 논리성(외교교섭 / 협의·조정 능력): '집단심화토의'에서 주로 평가

외교 교섭 및 협의·조정 능력을 갖추고 있는지 평가한다. 구체적으로는 타당성 있는 논리적 근거에 기반해 구체적인 의견과 방안을 제시함으로써 최선의 교섭 결과를 창출하는 능력이 있는지, 그리고 다양한 이해관계가 관련된 사안에 대해 당사자 간 이견을 조율하고 협력을 이끌어 냄으로써 공정하고 균형 있는 해결책을 제시하는 능력을 갖추고 있는지 평가한다.

▷ 예의, 품행 및 성실성(다문화 이해 / 관계 구축 및 활용): '집단심화토의'에서 주로 평가, '개별면접'에서 일부 평가

국제사회의 일원으로서 다양한 가치관, 문화, 제도 등에 대한 이해력

과 포용력을 지님으로써 상대방과의 관계를 원활히 하는 능력을 갖추고 있는지, 그리고 이를 바탕으로 본인이 선정한 목표를 끝까지 수행함으로써 결과를 창출할 능력을 갖추고 있는지 평가한다.

▷ 창의력 · 의지력 및 발전 가능성(전략적 사고 / 비전(목표) 제시 / 리더십): '개인발표'에서 주로 평가

전략적 사고와 비전(목표) 제시 능력, 리더십을 갖추고 있는지 평가한다. 세부적으로는 업무수행에 앞서 전략과 목표를 고려하여 우선순위를 명확히 하고 구체적 · 현실적인 계획을 수립해 보다 효과적 · 효율적으로 업무를 수행할 능력을 갖추고 있는지 평가한다. 또한 장기적 · 통합적 관점에서 목표를 설정하고 그 대안과 우선순위를 명확히 구성하며, 적극적으로 솔선수범할 능력을 갖추고 있는지 평가한다.

면접 유형별 주요 평정요소 항목

제3차 시험에서는 집단심화토의 면접, 개인발표 및 개별면접 등 두 가지 유형의 면접이 실시되며, 각 유형에 따라 주안점을 두고 평가하는 평정요소 항목도 다르다.

집단심화토의 면접에서는 '의사표현의 정확성과 논리성'과 '예의, 품행 및 성실성'을 주로 평가하며, 보조적으로 전문지식과 그 활용 능력을 평가한다. 또한 개인발표에서는 '전문지식과 그 활용 능력', '창의력 · 의지력 및 발전 가능성'을 주로 평가한다. 아울러 개별면접에서는 '공무원으로서의 정신자세'를 주로 평가하고, '보조적으로 예의, 품행 및 성실

성'을 평가하게 된다.

그렇다면 과연 어떻게 해야 면접시험에서 좋은 결과를 얻을 수 있을까 '집단심화토의 면접'과 '개인발표 및 개별면접'으로 나누어 그 방법을 찾아보자.

집단심화토의 면접

집단심화토의 면접은 ▲토의과제 검토-작성(40분) ▲집단심화토의(100분) 순으로 총 140분간에 걸쳐 실시된다. 또한 집단심화토의에서는 ▲각 조(4~6명)별로 1명씩 모두발언(영어, 3분 이내) ▲집단토의(한국어, 40분) ▲면접위원 질의응답(영어 40분)이 차례로 진행된다.

집단심화토의 면접은 4~6명의 응시자가 한 조를 이루어 주어진 과제에 대해 토의하는 모습을 면접위원이 살펴보고 토의 후에 질의응답을 통해서 개별적으로 평가하는 면접방식이다. 토의에 앞서 과제가 제시되며 응시자들은 이 과제를 검토해 자신의 의견을 정리하고 조 구성원들과 협의해 공통의 해결안 혹은 결론을 제시해야 한다.

심화토의 때 제시되는 과제는 어떤 문제를 해결하는 방안일 수도 있고 어떤 문제에 대한 찬반 토론일 수도 있다. 예를 들어 한·일 간에 갈등이 빚어지고 있는 일본군 위안부 문제의 해법이나 한·중 간 논란이 되고 있는 사드 배치에 대한 찬반 토의가 과제로 제시될 수도 있을 것이다. 면접위원은 주어진 과제에 대해 응시자가 자신의 의견을 논리적으로 전개하는지, 토의 참여자로서 어떤 자세를 보이는지, 문제를 해결해 나가는 능력이 있는지 등을 평가한다.

과연 응시자가 집단심화토의 면접을 성공적으로 치를 수 있는 방법은 무엇일까? 그 팁을 '6계명'으로 정리해 봤다.

집단심화토의 면접을 위한 '6계명'

① 핵심을 짚어 간략하게 말하라.

의견을 말할 때는 먼저 핵심을 간략하게 언급한 다음 구체적인 설명을 덧붙이는 방법이 좋다. 무엇보다 유의해야 할 것은 논점에서 벗어나지 말아야 한다는 점이다. 또한 발언은 장황하거나 길게 이어 가지 않도록 주의해야 한다. 핵심이 흐려질 뿐만 아니라 비논리적인 사람으로 평가받을 수 있기 때문이다. 설사 과제 해결을 위해 좋은 의견을 말한다 해도 혼자서 너무 시간을 지체하면 감점 요인이다. 면접위원의 눈에는 자기중심적으로 비치기 쉽다.

② 경청하고 배려하라.

집단토의에서는 자신의 발언 내용만 평가대상이 되는 것이 아니다. 다른 토의자의 의견을 듣는 자세, 남에 대한 배려와 존중, 함께 이루어 내려는 협력의식 등도 평가 요소가 된다. 다른 토의자의 의견을 경청하고 상대의 의견을 존중하는 태도는 평가위원에게도 호감을 줄 수 있다. 배려와 겸손함은 공동체 속에서 팀워크를 이루는 데 도움이 될 뿐만 아니라 자기와 다른 문화적 배경을 가진 사람들과 더불어 일을 하는 외교관에게 꼭 필요한 덕목이기 때문이다. 그렇다고 자신의 의견을 표시하지 않으면 점수를 받을 수 없다.

③ 합리적 대안을 제시하라.

집단 토의의 목적은 말로써 상대방을 제압하는 데 있지 않다. 토의란 주어진 과제에 대해 가장 적절한 해답을 찾아 가는 과정이다. 당연히 논리적이고 합리적인 대안을 제시하는 응시자에게 눈길이 갈 수밖에 없다. 특히 그 대안이 새롭고 참신한 것이라면 더 높은 평가를 받을 수 있다. 만약 의견을 자주 내며 토의를 주도한다고 해서 좋은 평가를 받을 것이라 생각한다면 그것은 '착각'이다. 관건은 의견의 횟수가 아니라 의견의 질이다.

④ 모두 발언과 질의·응답은 영어로, 토론은 우리말로 한다.

집단 심화토의 면접은 먼저 40분 동안 주어진 과제를 검토하여 내용을 작성하는 시간이 주어진다. 이후 면접실에 가서 1시간 40분 동안 집단 토의를 하게 된다. 먼저 응시자는 1인당 3분 이내로 영어로 모두 발언을 한다. 이후 팀을 나누어 40분간 우리말로 토의를 하게 되는데, 각 팀은 같은 주제에 대해 서로 다른 입장에서 해석한 제시문을 받는다. 토의 때 주의할 점은 자기의 주장이나 의견만 개진해서는 안 되고 상대방의 의견을 경청하면서 타협점을 모색해 나가야 한다는 것이다. 토의가 끝나면 면접위원과 질의·응답을 하게 되는데, 영어로 답해야 한다.

⑤ 외교 현안을 공부하라.

집단 토의에서는 시사성 있는 외교 현안이나 국제적 이슈에 대한 과제가 주제로 제시될 가능성이 크다. 물론 기본 자료가 함께 제공되지만 내용이 제한적일 수밖에 없다. 토의 과제가 평소 인지하고 있는 사안이냐 아니냐에 따라 응시자의 토의 및 발표 내용은 큰 차이가 날 수밖에 없다. 따라서 우리나라의 외교 현안이나 국제 이슈에 대해 지속적으로 관심을 갖고 관련 지식과 정보를 파악해 둘 필요가 있다. 특히 현안에 대해 논조가 서로 다른 신문들의 사설을 비교해 검토해 보는 것도 자신의 의견을 논리적으로 정리하는 데 도움이 된다.

⑥ 토의와 발표를 연습하라.

집단 토의는 혼자서 준비하는 데 한계가 있을 수밖에 없다. 소규모 스터디그룹을 구성해 꾸준히 토론 연습을 하며 현장감을 익혀야 한다. 토의는 한국어로 하지만 모두 발언과 질의·응답은 영어로 해야 한다는 점도 유의해야 한다. 영자 신문의 사설과 해외 방송 매체의 뉴스를 틈나는 대로 봐 두기를 권한다. 국내외 TV 토론 프로그램을 보며 자신의 역할을 정해 이미지 트레이닝을 하는 것도 한 가지 방법이다.

개인발표 및 개별면접

'직무역량 면접'과 '공직가치 · 인성 면접'

개인발표 및 개별면접은 '직무역량 면접'과 '공직가치 · 인성 면접', 두 가지로 구분해 개인별로 실시된다. 이중에서 직무역량 면접은 외교관후보자로서 업무 수행에 필요한 능력과 적격성을 평가하기 위한 것이다. 5개의 평정요소 중에서 '전문지식과 그 활용 능력' 그리고 '창의력 · 의지력 및 발전 가능성'을 주로 평가한다.

직무역량 면접은 ▲과제 검토-작성(30분) ▲개인발표 및 개별면접(40분) 순으로 진행된다. 응시자는 먼저 주어진 과제를 분석해 '개인발표문'과 '개별면접 과제'를 작성하게 된다. 이후 '개인발표문'을 발표한 뒤 면접위원들의 질의에 응답하고 '개별면접 과제'로 작성한 내용을 토대로 전문지식 등을 평가받게 된다.

'공직가치 · 인성 면접'은 외교관후보자로서 지녀야 할 공직 가치관 및 도덕성과 품성을 평가하기 위한 것이다. 주로 '공무원으로서의 정신 자세'를, 보조적으로는 '예의, 품행 및 성실성'을 평가받게 된다. '공직가치 · 인성 면접'은 ▲과제검토-작성(30분) ▲개별면접(40분) 순으로 진행된다. 이때에도 응시자는 제시된 과제를 분석해 '개별면접 과제'를 작성한 뒤 그 내용을 토대로 개별면접을 하게 된다.

가장 훌륭한 면접의 기술

집단심화토의 면접 때와는 달리, 개별면접에서 응시자는 아마도 차가운 벌판에 홀로 서 있는 듯한 느낌을 받게 될 것이다. 아래 내용은 응시자들이 면접시험에서 흔들림 없이 역량을 발휘할 수 있도록 '면접에서 좋은 평가를 받는 방법', 즉 '면접의 기술'을 간추려 정리한 것이다. 그러나 결코 잊지 말라. 면접은 역량을 평가받는 자리이기도 하지만 면접위원과 응시자가 소통하는 자리이기도 하다는 것을. 그리고 간절함과 진솔함이야말로 가장 훌륭한 '면접의 기술'이라는 것을.

솔직함이 해답이다

공직가치 · 인성 면접에서 면접위원들은 응시자들이 쓴 과제 내용을 토대로 품성을 파악한다. 다양한 질문을 던져 응시자가 쓴 과제 내용이 사실인지도 확인한다. 그 대표적인 방법이 상황(Situation) - 임무(Task) - 행동(Action) - 결과(Result)를 단계적으로 묻는 'STAR 기법'이다.

면접위원들은 '그래서 어떻게 됐습니까?', '그 상황에 무엇을 느꼈습니까?', '그래서 어떻게 해결했습니까?', '그로 인해 어떤 영향을 받았습니까?'와 같은 질문을 순차적으로 던진다. 부드럽게 대화를 이끌어 가면서도 집요하게 파고드는 면접위원들의 질문에 응답하다 보면 자기도 모르게 '실수'가 나오기도 한다. 이때 과제물에 쓴 내용과 다른 이야기를 하면 거짓을 기술한 것으로 여겨지기 쉽다. 인성 평가에서 치명적인 결함을 노출시키는 것과 마찬가지다. 외교관에게 요구되는 중요한 품성 중하나가 바로 정직성이기 때문이다.

그렇다면 어떻게 해야 할까? 먼저 개별면접 과제를 사실에 입각해 솔직하게 작성하고, 면접위원의 질문에도 진솔하게 대답하는 것이 가장 중요하다. 그래야 어떤 질문을 받더라도 거짓말을 하게 되는 잘못을 범하지 않을 것이다. 인성 평가에서 '미흡' 판정을 받는 사람은 실패를 경험한 사람이 아니라 실패를 말로 덮으려는 사람이다.

유효 포인트를 올려라

면접에서 좋은 평가를 받으려면 '유효 발언'을 해야 한다. 축구경기에서 슛을 아무리 많이 날려도 골문에 들어가지 않으면 아무 소용없는 것과 같은 이치이다. 면접에서 아무리 말을 많이 해도 평가요소를 충족시키는 대답을 하지 못하면 좋은 평정을 받을 수 없다.

면접위원은 다섯 가지 평정요소를 염두에 두고 면접을 한다. 집단심화토의 면접에서는 ▲의사표현의 정확성과 논리성 ▲예의·품행 및 성실성에 대해 주로 평가한다. 직무역량 면접에서는 ▲전문지식과 그 활용능력 ▲창의력·의지력 및 발전 가능성에 대해 평가를 한다. 공직가치·인성 면접에서는 ▲'공무원으로서의 정신자세'에 대해 평가한다. 이러한 평가요소들을 염두에 두고 자신의 신념과 경험 속에서 우러나는 적절한 답변을 찾아야 한다. 면접위원은 기대한 답변이 나오지 않으면 좋은 점수를 주지 않는다.

진정성으로 무장하라

개별면접에서 평가를 잘 받으려면 무엇보다도 면접위원의 마음을 움직여야 한다. 특히 공직가치 · 인성 면접에서는 더욱 그렇다. '진정성'이 없으면 면접위원은 마음을 열지 않는다. 자신이 왜 외교관이 되려 하는지, 앞으로 외교관으로서 무엇을 이루려 하는지, 뜨거운 포부와 비전을 가슴에 새기고 면접장에 가야 한다. 면접에서 평가는 다분히 주관적이라는 사실을 잊지 말자. 외교관의 꿈을 이루고 싶은 간절한 마음을 말 한마디, 눈빛과 표정으로 느끼게 하라.

질문의 의도를 읽어라

면접위원이 질문하는 의도를 잘 파악해 답하는 것도 매우 중요하다. 면접은 입으로 치르는 주관식 시험이다. 출제자의 의도를 잘 파악하고 '답을 써야' 한다. 어떤 질문이든지 의미 없는 질문은 없다. 일반적인 질문처럼 여겨지더라도 그 안에 의도가 숨겨져 있다고 생각해야 한다.

사실 긴장한 상황에서 질문의 의도를 파악하는 것은 쉬운 일이 아니다. 내가 유네스코한국위원회에서 신입직원 공채 지원자들을 면접하던 때의 일이다. 객관적으로 자질이 매우 우수한 한 지원자에게 "앞으로 아프리카와 관련한 일을 한다면 무엇에 관심을 두고 일하겠느냐?"라고 물었다. 그는 "아프리카인들의 인권에 관심이 많다."라고 답했다. 유네스코한국위원회가 가난하고 소외된 아프리카 사람들이 교육을 받을 수 있도록 지원하는 일을 하고 있는데, 그가 말하는 인권은 다른 측면이 강한 것 같았다. 몇차례 더 유사한 질문을 해 보았지만 그는 계속 인권 이야기를 거듭 강조했다. 그는 내 질문의 의도를 파악하지 못했고 결국 채용되지 못했다. '질문에 답하기도 급한데 어떻게 의도까지 파악하느냐?'고 물을 수도 있을 것이다. 그러나 의도를 파악해야 합당한 답을 내놓을 수 있다. 상대의 의도를 읽을 수 있는 가장 현명한 방법은 '역지사지'다. 만약 면접에서 비슷한 질문이 반복된다면 그 의도를 한 번쯤 곱씹어 봐야 한다.

결론부터 먼저 답하라

면접위원의 질문을 받으면, 먼저 결론부터 짧게 답한 다음에 답변의 근거나 보충 설명을 하기 바란다. 일반적으로 잘 알려진 '면접의 기술'인데도 막상 면접을 해 보면 상당수 응시자들이 제대로 답하지 못하는 모습을 보이곤 한다. 가령 "최근 세계경제 상황이 어떻다고 생각합니까?"라는 질문을 받았다고 하자. 이에 대해 유럽 국가들은 어떻고 아시아는 어떻고 하는 식으로 장황하게 설명한다면, 아마도 면접위원들은 답답해할 것이다. 이런 경우엔 "세계경제 상황이 매우 어렵다고 생각합니다."라고 결론을 먼저 말한 다음 수치나 통계로 부연설명을 하는 것이 적절한 답변 방법이다. 면접위원들은 자신을 기다리게 하는 응시자에게 결코 우호적이지 않다.

자신 있게 말하라

면접에서 질의에 답하거나 의견을 밝힐 때에는 스스로를 믿고 자신에 찬 목소리로 말해야 한다. 겸손한 태도를 보이는 것은 좋지만 정도가 너무 지나치면 자신감이 없거나 소극적인 사람으로 비치기 쉽다. 외교관은 대화로 설득하고 문제를 풀어내는 직업인데 소극적인 태도로는 상대방에게 신뢰감을 주기 어렵다. 그런 점에서 수동적인 태도는 커다란 감점 요인이다. 설령 자신이 모르는 부분에 대해 질문을 받더라도 어눌하거나 기어들어 가는 목소리로 답하는 것은 금물이다. 오히려 "잘 모르겠습니다. 다음에는 꼭 답을 찾겠습니다."라고 분명하게 대답하는 것이 낫다.

말하기 능력은 훈련을 통해 얼마든지 향상시킬 수 있다. 방송 뉴스의 기사를 매일 소리 내어 읽는 것도 좋은 방법이다. 자신이 읽는 소리를 녹음해 들어 보면서 읽기 훈련을 계속하면 큰 효과를 볼 수 있다. 잘못된 말 습관을 하나씩 고쳐 나가면 말에 대한 자신감도 자연스레 붙게 될 것이다.

긍정 에너지를 품어라

좋은 자질과 역량을 갖고 있음에도 면접에서 고배를 마시는 사람들이 종종 있다. 그간의 경험으로 봤을 때, 그런 이들의 공통점 중 하나는 바로 인상이 어둡거나 평소 찡그린 표정의 소유자라는 것이다. 외교관은 다양한 문화와 인종적 배경을 가진 수많은 계층을 상대해야 하는 사람이다. 때로는 자신과 대한민국에 호의적이지 않거나 심지어 적대적인 마음을 가진 사람과도 머리를 맞대야 한다. 어떤 상황에서도 온화한 표정과 평정심을 흐트러뜨리지 않는 것은 외교관에게 훌륭한 화법 못지않게 중요한 능력이다.

사람에 대한 첫인상은 불과 1분도 안 되는 짧은 시간에 결정된다고 한다. 면접장에 들어와 "안녕하십니까. ○○○입니다."라고 인사하고 면접위원과 몇 마디 나누는 사이에 그 응시자에 대한 첫인상이 각인되는 셈이다. 면접위원이 어떤 첫인상을 주는 응시자에게 호감을 느끼게 될지는 뻔하다. 바로 밝고 온화하고 자연스러운 인상을 주는 응시자일 것이다. 물론 첫인상이 다소 안 좋더라도 응시자의 다른 장점으로 인식을 바꿀 수도 있다. 하지만 그런 장점을 지닌 응시자가 첫인상까지 좋다면 더할 나위 없을 것이다.

다행스럽게도 사람의 표정은 마음가짐에 따라 조금씩 바뀌게 된다. 긍정적인 마음은 표정을 밝게 만들고, 밝은 표정은 다른 이에게 호감을 준다. 비단 면접을 위해서만이 아니라 일상의 삶을 위해서도 자신의 마음을 긍정적으로 바꿔 나갈 필요가 있다. 아마도 긍정 에너지가 면접의 결과도, 응시자의 미래도 어느새 밝게 바꾸어 놓을 것이다.

격식에 너무 얽매이지 말라

면접 때 응시생들이 많이 신경 쓰는 부분 중 하나는 바로 스타일이다. 옷은 무엇을 입을 것이며, 머리 모양은 어떻게 해야 할지, 구두와 양말은 옷과 색깔을 맞춰야 하는지 고민 아닌 고민에 빠진다. 옷차림과 헤어스타일은 사람의 인상을 좌우하는 요소 중 하나라는 점에서 면접을 준비할 때 중요한 점검 포인트가 된다. 하지만 응시생의 복장과 헤어스타일에 대한 모범답안은 없다. 지나치게 화려하거나 너무 튀는 옷차림은 피해야 하지만, 한편으로 너무 천편일률적인 복장도 유니폼처럼 느껴져 결코 반갑지 않다.

외교관후보자 선발시험 면접 공고 때 빠지지 않는 문구가 있다. "면접 복장은 격식을 차린 옷차림보다는 본인의 역량을 편하게 발휘할 수 있는 '평상복 옷차림'을 권장"한다는 내용이다. 그런데 막상 면접장에 가

보면 응시자들의 복장과 헤어스타일이 약속이라도 한 듯 똑같다. 남성 지원자들은 검은색 양복에 감색 넥타이, 여성 지원자는 감색 또는 검은색 스커트에 흰색 블라우스와 쪽머리 차림이다. 아마도 학원이나 주변에서 최대한 튀지 않는 복장을 조언해 주는 모양이다. 모두 똑같은 모습이라 면접위원들이 처음엔 당황하기도 한다. 물론 이해가 된다. 누군가는 탈락하는 경쟁의 자리이다 보니 옷차림에서도 '중간만 가자'는 전략을 택한 셈이다. 남들과 똑같이 해서 최소한 불이익은 피하려는 심정에 '딴지'를 걸 생각은 없다. 다만, 외교관을 지망하는 젊은이들이 너무 천편일률적인 듯해 쓴웃음을 짓게 된다.

'평상복 옷차림'을 권하는 면접 공고를 믿지 못해서인지, 아니면 뿌리박힌 사회적 통념 때문인지 모르겠지만 외교관후보자 선발 면접장에서 '검은 정장'의 시대는 앞으로도 오래갈 듯하다. 개인적인 의견이지만, 실용적이고 단정한 옷차림이라면 굳이 정장 차림을 고집할 필요가 없을 것 같다. 획일화된 응시생들 속에서 '평상복 차림이 오히려 차별화된 인상을 주지 않을까'하는 생각도 든다. 격식은 중요한 요소지만 격식의 틀 안에 자신을 가두는 것은 경계해야 할 일이다.

생생 현장 스토리

시간을 아껴 집중하라

외교관후보자 선발시험은 오래 준비한다고 절대 유리한 게 아니다. 가장 합격률이 높은 시기는 시험 준비를 시작한 지 1~2년 차다. 3년이 넘으면 합격률이 오히려 떨어진다. 자칫하면 시험 준비가 '직업'이 되기 쉽다. 외교관이 되기로 마음먹었으면 모든 것을 접어 두고 공부에 전념하기를 권한다. 관건은 공부 기간이 아니라 집중력이다.

내 경험을 나누면 어떨까 한다. 내 경우엔 몇 년 계속 외무고시에서 떨어졌었다. 근소한 점수 차이로 떨어질 때가 더 문제였다. 다음엔 합격할 것 같은데 역시 고배를 마시곤 했다. 도전을 포기하고 민간기업에 취업했다. 그러나 만족할 수가 없었다. 일 년 동안 기업체에서 일하다 결국 연말에 사표를 내고 이듬해 제2차 시험에 대비해 준비를 시작했다. 시험이 꼭 두 달 남은 시기였다. 1월과 2월 영하 20도까지 내려가는 혹한의 계절, 새벽에 일어나 남산시립도서관에 가서 12시간씩 공부했다. 내 인생에서 그때만큼 집중해서 공부한 적이 없었다. 이번에 낙방하면 달리 길이 없다는 '절박함' 때문이었다. 그 절박함 덕분에 나는 외무고시에 합격했고 외교관이 되었다. 돌이켜보니 전에 이렇게 집중해서 공부했더라면 합격 시기를 몇 년은 더 앞당겼을지도 모르겠다는 생각이 들었다. 외교관후보자가 되고자 하는 후배들에게 '시간을 아껴라' 그리고 무엇보다도 '집중해서 공부하라'고 조언하고 싶다. 젊을 때라서 앞으로도 시간은 많은 듯 여겨지겠지만, 시간의 무게는 점점 더 무거워지는 법이다.

5

'마지막 관문' 국립외교원

　　외교관후보자 선발시험에서 제3차 시험(면접전형)을 통과하면, 이제 외교관으로 임용되기 위한 최종 관문만이 남게 된다. 바로 국립외교원에 입교해 약 1년간의 정규과정을 밟는 일이다.

　　몇 해 전만 해도 국립외교원 정규과정은 외교관후보자들에게 피 말리는 경쟁의 장이었다. 채용 예정인원보다 많은 수의 후보자를 선발시험으로 뽑은 뒤, 국립외교원 정규과정의 종합교육성적에 따라 상대평가 방식으로 일정 인원을 반드시 탈락시켜야 했기 때문이다. 하지만 2017년 12월 30일 외무공무원법의 일부 개정에 따라 이러한 '강제탈락'은 사라졌다. 채용 예정인원대로 후보자를 최종 선발하는 데다 정규과정의 성적평가도 절대평가 방식으로 바뀌었기 때문이다. 이제는 정규과정의 종합교육성적에서 5점 만점 중 3.25점 이상을 취득하면 수료 후 5등급 외무공무원으로 임용되게 된다.

하지만 이전보다 정규과정의 교육 강도가 떨어지거나 평가의 잣대가 낮아진 것은 아니기 때문에 국립외교원 입교 이후에 더욱 철저한 자기 관리가 필요하다. 상대평가 방식이 다른 후보자(교육생)와의 경쟁이라면, 절대평가 방식은 다름 아닌 자신과의 싸움이다. 일정 수준 이상의 성적을 계속 유지하려면 고시생 생활을 1년간 더 한다는 각오로 공부해야 한다. 외교관후보자 정규과정의 수준은 미국 아이비리그 대학원 수준과 큰 차이가 없는 것으로 평가된다. 해외에서 이 정도 수준의 교육을 받으려면 학비로만 20만 달러 정도가 들 것이라고 한다. 최고의 강사진이 최고의 시설에서 교육을 한다. 최고의 외교관이 되기 위해 밑바탕을 다지는 소중한 기회라고 생각하고 '감사하며 공부를 즐기는' 자세가 필요할 듯하다.

47주간의 정규과정

정규과정의 목표는 ▲대한민국 외교를 이끌어 갈 우수한 인재 양성 ▲법적 사고를 갖춘 전략적 협상가 양성 ▲공감하고 소통하는 외교관 양성 등 크게 3가지이다. 이러한 목표를 이루기 위해 정규과정 교육은 ▲공직소명의식 ▲전문지식 ▲외교역량 ▲외국어 등 4대 구성 요소를 중심으로 펼쳐진다.

정규과정 교육생은 학기 과정 32주(3학기제, 학기별 10~12주)와 학기 외 과정 15주 등 총 47주간에 걸쳐 수준 높은 역량 교육을 받게 된다. 학기 외 과정에서는 ▲국내현장학습(1주) ▲영어집중과정(5주) ▲재외공관 현장실습(1주) ▲국가공무원인재개발원 합동교육(3주) ▲본부업무실습(1주) 등을 거치게 된다.

▶정규과정 타임 테이블

국립외교원 입교(1주) ⇒ 1학기(12주) ⇒ 국내 현장학습(1주) ⇒ 영어집중과정(5주) ⇒ 재외공관 현장실습(1주) ⇒ 국가공무원인재개발원 합동교육(3주) ⇒ 2학기(10주) ⇒ 본부 업무실습(1주) ⇒ 자율학습(1주) ⇒ 3학기(10주) ⇒ 수료

 생생 현장 스토리

외교관후보자, 월급 얼마나 받을까?

5급 이상의 외무공무원은 연봉제로 보수가 지급된다. 다만 국립외교원 정규과정 교육생에게는 교육을 받는 기간 동안 외무공무원 5등급 1호봉(241만 1,800원)에 해당하는 봉급의 80%에 상당하는 금액이 보수로 지급된다. 또한 교육에 필요한 실비도 추가로 지급된다.

 생생 현장 스토리

학업 위한 '입교 유예' 가능할까?

학업을 마치지 않은 상태에서 외교관후보자 선발시험에 최종 합격했다면, 학업을 계속 이어 갈 수 있을까? 과거에는 학업을 사유로 국립외교원 정규과정 입교 유예가 불가능했다. 그러나 2018년 법 개정에 따라 학업을 위한 경우에는 임용을 유예할 수 있다.

국립외교원 정규과정 알아보기 Q&A

Q: 학기 수업과 평가는 어떤 식으로 이뤄지나요?

A: 정규과정 학기 수업은 주중 오전 9시부터 오후 6시까지 진행된다. 대학교나 대학원 수업과 비슷하지만 강도가 높은 편이다. 교육은 실제 사례를 중심으로 케이스 스터디, 토론, 발표, 시뮬레이션 등 다양한 기법을 활용해 이뤄진다. 전직 대사가 출강해 문서작성법을 가르칠 정도로 교수 및 강사진도 수준 높다. 매 학기별 중간고사와 기말고사, 두 차례 시험을 본다. 세 학기 동안 모두 6차례 시험을 치러야 한다. 영어집중과정에서는 매주 모듈이 끝날 때마다 시험을 보기도 한다. 흔히 외교관을 '끊임없이 공부해야 하는 직업'이라고 하는데, 이는 정규과정 교육생들에게도 해당된다.

Q: 영어집중과정은 어떻게 진행되나요?

A: 요즘 외교관후보자들은 다들 영어를 매우 잘한다. 국립외교원에서는 단순히 영어를 잘하도록 가르치는 것이 아니라 외교관으로서 꼭 필요한 영어를 가르친다. 다양한 상황에서 외교관들이 쓰는 특별한 용어를 교육한다. 가령 협상할 때, 상대를 설득할 때, 어떤 용어를 쓰는지를 가르치는 식이다. 외국에서 살다 와서 생활영어를 현지인처럼 하는 사람이 점수가 잘 나오는 체제는 아니다. 실제로 외교영어를 배워서 써먹을 수 있는 능력을 평가하는 것이다. 총 5주간 집중적으로 교육시킨다. 전화영어부터 협상, 토론, 연설, 국제회의 시뮬레이션, 브리핑에 이르기까지는

외교관들이 부딪히는 다양한 상황에 맞는 영어를 가르친다. 네 명의 영어 전담 강사가 2년간 심혈을 기울여 개발한 영어 프로그램들을 활용한다. 외교영어와 연설문 작성 등에 대해서는 옥스퍼드 대학 등에서 해외 유명 강사들을 초빙하기도 한다. 이들과 국립외교원 강사들이 공동으로 과정을 진행한다.

Q: 교육 시설이나 환경은 어떤 편인가요?

A: 첨단시설을 갖춘 다양한 강의실이 마련되어 있다. 일례로 1강의실에서는 화상으로 미국 대사관 직원들과 회의를 할 수도 있다. 학생들 자리에 인터넷 시설과 마이크 설비가 되어 있는데 마이크를 사용하면 녹화카메라가 자동으로 비춰 준다. 국제회의 시뮬레이션 룸도 있다. 특히 3층 도서관 시설이 아주 좋다. 외교 분야의 다양한 서적이 있어서 많은 교육생들이 도서관을 이용한다. 여가를 활용하고 스트레스를 풀 수 있는 여러 시설도 마련돼 있다. 테니스장, 농구장, 축구장, 탁구장, 헬스장 등이 있는데 교육생들은 단시간에 스트레스를 풀고 운동효과도 볼 수 있는 탁구장과 헬스장을 애용하는 편이다.

6

젊은 외교관들이 밝히는 선발시험
– 꿈을 이룬 새내기 외교관 4인의 돌직구 좌담

외교관을 지망하는 청소년들이 가장 만나고 싶은 사람은 누굴까? 아마도 후보자 선발시험에 합격해 현재 외교관으로 활동 중인 '선배'들이 아닐까 싶다. '왜 외교관이 되려 했는지', '시험공부는 어떻게 했는지', '외국어 학습 노하우는 무엇인지' 묻고 싶은 것도, 듣고 싶은 것도 많을 듯하다.

외교관 지망생의 그런 호기심을 풀어 주기 위해 새내기 외교관 4명을 만나 생생한 경험담을 들어 보았다. 이들 4명은 외교관후보자 선발시험이 도입된 뒤 처음으로 험난한 관문을 통과해 외교부에 입성한 주인공이기도 하다. 과연 그들의 수험생, 후보자 시절은 어떠했을까? 그리고 이들이 외교 꿈나무들에게 들려주고픈 이야기는 무엇일까? 궁금증을 잔뜩 안고 외교부 인근 한국식당에서 얼굴을 마주했다.

* 좌담이 진행된 시기는 2016년 4월 어느 날, 새내기 4인방이 초보 외교관으로 정신없는 나날을 보내고 있을 때였다. 바쁘디바쁜 가운데서도 후배들을 위해 기꺼이 시간을 내준 그들에게 지면을 빌려 고마운 마음을 전한다. 이 글에서는 실명을 밝히지 않고 익명으로 처리했음을 밝혀 둔다.

왜 외교관이 되었나

민) 중·고등학생과 대학생을 대상으로 글로벌 리더를 주제로 특강을 많이 하는데 학생들이 외교관과 국제기구 진출에 아주 관심이 많아요. 세계로 향한 꿈을 이루려는 이들에게 외교관 시험에 합격한 선배들의 생생한 경험담이야말로 가장 듣고 싶은 이야기겠죠. 첫 번째 질문은, 왜 외교관이 되고 싶었나 하는 거예요. 어렸을 때부터 꿈이었나요? 어떤 점이 매력이라고 생각했나요?

남1) 어렸을 때 학교에서 '장래 희망'을 조사할 때 외교관을 적곤 했지만, 그렇게 집중해서 노력하지는 않았어요. 어린 시절 아버지 직업 때문에 영국에서 몇 년간 생활한 경험이 있었고 영어에 대한 흥미와 소질도 있다 보니 막연하게 '외교관이 되면 어떨까' 생각했었죠. 아버지가 공무원이신 점도 영향이 있었고요.

무엇을 직업으로 할지 이런저런 고민을 하다가 본격적으로 외교관에 도전하기로 결심한 건 군에서 제대할 때쯤이었어요. '사회에 좋은 일을 할 수 있는 게 뭐가 있을까'라는 고민을 군대에서 진지하게 했거든요. 특히 우리나라 근현대사 책을 읽을 때 상당히 마음이 울컥하는 게 있었어요. '외교가 참 중요하구나!'라는 생각을 하게 됐고 내가 사랑하는 국가에 도움이 되고 기여할 수 있는 일을 찾다 보니 외교관이 되겠다는 결심을 하게 되었죠.

사람은 누구나 한평생 사는 시간이 주어지는데 외교관은 직간접적으로 경험의 양을 극대화시킬 수 있는 직업이 아닐까 하는 생각을 하고 있습니다. 일을 하면서 다양한 배경과 생각을 가진 사람을 많이 만날 수 있을 테고, 단순히 외국으로 여행가는 게 아니라 직접 살면서 부딪히면서 배울 수 있는 점이 많은 것 같습니다.

민) 나도 그렇게 생각해요. 누구는 나더러 역마살이 끼었다고도 하지만 외교관은 성격이 적극적이고 도전정신을 가진 사람에게는 잘 맞는 직업이라는 생각이 들어요.

"분단 역사 마주하고 꿈 싹터"

여1) 아주 어렸을 때는 외교관이라는 직업에 관심이 없었어요. 고등학교에 들어가서 '외교관이 되면 어떨까' 하는 그림을 머릿속에 그리기 시작했어요. 외국어고등학교에서 독일어를 전공했는데 외고에서는 독일어뿐만 아니라 독일의 역사와 문화에 대해서도 공부하거든요. 그때 분단 문제에 관심이 생기더라고요. 독일의 분단 역사를 한국의 역사와 함께 공부하다 보니 '우리나라 분단 문제에 있어 외교가 어떠한 역할을 해야 하나' 또 '어떻게 하면 우리나라가 모든 사람이 꿈꾸는 나라로 발전할 수 있을까' 하는 고민을 진지하게 하게 되었어요. 그런 생각을 하다 보니 자연스럽게 외교관이 되어야겠다는 마음을 먹게 되었고요.

그리고 외교관이 된 후 1년간 일하면서 외교관이라는 직업이 이것저것 많이 공부할 수 있는 직업이라는 걸 확실히 느꼈어요. 여러 다양한 분야의 정보를 접하고 또 연구해야 하는 직업이라는 걸 다시금 깨닫게 되었지요. 자료를 단순히 읽고 넘기는 게 아니라 어떻게 하는 것이 우리나라에 맞는 건지 항상 고민하는 직업이다 보니 그런 과정에 대해서도 흥미를 느끼게 되었죠. 또 다양한 사람들을 만날 수 있다는 매력도 크고요.

민) 통일 문제에 관심이 많았군요. 우리나라의 미래를 생각하면 앞으로 통일외교가 매우 중요하다고 봐요. 고등학교 때 그런 고민을 시작한 특별한 계기가 있었나요?

여1) 당시 판문점에 갔는데 깊은 인상을 받았습니다. 판문점 안에 들어가서 그 길로는 다시 돌아 나오지 못하잖아요. 분기선이라서. 그때 우리나라가 남북으로 분단되어 있다는 걸 실감했어요. 당시 고등학생이던 저에겐 큰 충격이었어요. 분단 현실을 극복하고 싶다는 생각이 강하게 들더라고요. 이후 대학교 재학 때도 탈북청소년들 대상 멘토링 프로그램에 참여하면서 분단으로 인한 고통이 얼마나 큰지 체감할 수 있었고 통일 문제에 관심을 갖게 되었습니다. 1년간 베를린에 교환학생으로 가서 독일의 과거 분단 현장을 보고 배운 것도 영향이 있었고요.

민) 외교관이 은퇴할 때까지 쉼 없이 공부해야 하는 것도 직업으로서 매력적인 점이에요. 외교관처럼 여러 분야를 다양하고 깊이 있게 공부해야 하는 직업이 많지 않을 겁니다.

남2) 제가 외교관이 되고 싶어 했던 이유는 정말 단순해요. 멋있어 보였습니다. 사실 대학졸업 때까지만 해도 외교관에 대해 관심이 없었어요. 졸업 후 전방부대에서 지휘관의 참모로 복무를 하게 됐어요. 제가 모신 지휘관이 국가를 위해 힘든 일을 마다하지 않고 열심히 하는 모습을 보면서 '사람이 정말 멋있구나'라는 생각을 새삼 하게 됐어요. 국가를 위해 대가를 바라지 않고 노력하는 모습이 저에게 정말 크게 다가왔어요. 그래서 '나도 저렇게 되고 싶다'는 생각을 했고, 국가를 위해 일하는 공무원에 매력을 느끼게 되었죠. 공무원 중에서도 다른 행정부처 직원은 국가 안의 주어진 환경에서 일을 하지만 외교관의 일은 확장 기회가 클 거란 생각이 들었고요. 다른 나라와의 교섭을 통해 우리가 가진 파이 자체를 더 크게 할 가능성이 있을 것 같아 재미있겠다는 생각을 했어요. 그래서 전역 후 바로 외교관후보자 시험을 준비했지요.

여2) 저도 앞에 말씀하신 분들처럼 외교관이라는 직업을 처음부터 생각하고 준비했던 것은 아니었습니다. 대학 시절에 여러 분에게서 외교관이 좋은 직업이라는 말씀을 참 많이 들었어요. 첫 번째는 계속 공부할 수 있는 점, 두 번째는 많은 사람들을 만나 배울 수 있다는 점에서요. 누구를 만나더라도 그 나라에 대해 공부해야 하고 또 만나는 사람들을 통해 많이 배울 수 있는 점이 매력적이라고 생각했어요. 외국인을 만나고 다른 문화를 접할 기회는 외교관이 아니어도 많지만 외교적 비전과 방향, 그리고 특유의 사명감은 외교관

만이 가질 수 있는 거잖아요. 그런 점이 좋아서 이 직업을
선택했습니다.

외교관 시험의 '추억'

민) 외교관이라는 목표를 세우고 시험을 준비하는 데 어떤 어려
움이 있었나요?

여2) 외교관이라는 직업에 처음 관심을 가지게 된 게 대학 때이
다 보니 시험을 좀 급하게 준비한 편이었습니다. 그런데 주
위에 외교관 시험을 준비하는 사람들을 보면 어학이나 국
제 정세에 관심도 높고 지식도 많이 있는 듯하더라고요. 또
외교관 경력이 있는 교수님들도 나름의 식견과 비전이 확
실하신 것 같았고요. 그걸 보면서 '내가 감히 도전해도 되
나? 내가 할 수 있을까?'라는 부담감과 걱정이 있었지만 정
말 하고 싶었던 일이기에 일단 도전했습니다.
외교관이 되기 위해 시험에 합격하는 것도 어려운 일이었
지만 사실 저에겐 외교관이라는 직업 자체에 대한 중압감
이 큰 것 같습니다. 국가공무원은 결정 하나하나가 국민들
에게 직접적으로 영향을 주게 되고, 특히 외교관은 그 영향
이 다른 나라와의 관계에까지 미치게 되잖아요. 정말 책임
감과 사명감이 많이 요구되는 직업인 것 같습니다.

민) 여러 경험을 쌓다 보면 자기도 모르는 사이에 역량이 길러져
요. 어려움이나 도전을 극복하는 힘이 생기는 거죠. 저도 전
혀 예기치 못한 도전을 받을 때가 많았는데 그런 일을 겪고
나면 어떤 상황이든지 극복할 수 있는 강한 의지, 지혜, 용기
같은 것이 우러나오는 것 같아요. 워낙 책임의식을 많이 가져
야 하는 직업이라 중압감을 느낄 수 있는데 어느 정도 지나면
여유도 생기고 역량도 쌓일 겁니다. 시험을 준비할 때 힘들었
지요?

남1) 저는 학창 시절 외국에서 몇 년을 보내고 국내 학교에 학년
을 낮춰 들어왔어요. 또 재수를 하여 대학에 들어갔으니 남
들보다 2년이 늦어졌죠. 당시는 그렇게 늦은 게 아니라고
생각했는데 군대에서 2년을 보내고 복학하니 또래 친구들
이 취업했거나 준비 중에 있더라고요. 그때부터 조급한 마
음이 들기 시작했어요. 기약 없는 시험을 준비하다 잘못하
면 남들에 비해 너무 뒤처지게 되지 않을까 걱정이 밀려오
더라고요. 지금 돌이켜 보면 그렇게 불안해하지 않아도 됐
었는데 말이죠. 사람이 불확실한 상황에 놓이게 되면 예민
해지게 마련인 것 같아요.

　또 실제 시험 준비를 할 때는 열심히 몰입해서 공부하다
도 기계가 아닌 사람이다 보니 어느 순간 에너지가 소진될
때가 있었던 것 같아요. 의지를 불살라 초인처럼 밤을 새워

공부하다가도 갑자기 불안감이 엄습해 올 때가 있었어요. 그렇게 감정이 오르내리는 사이클이 준비 기간 내내 반복됐던 거 같아요. 그런 불안감과 소외감 등 자신의 마음을 잘 관리하는 게 정말 중요한 것 같습니다.

여1) 저의 경우 공부할 때 정말 제일 힘든 건 단절, 즉 고립감이었던 것 같아요. 가족, 친구들과도 잘 못 만나니까 사회로부터 떨어져 외딴 섬에 있다는 느낌을 많이 받았죠. 외로움에서 오는 스트레스가 있었던 것 같습니다.

남2) 저는 좀 개인적인 얘기이기는 합니다만, 제가 하고 싶은 것을 다 하면서 시험 준비를 하기 힘들 것 같더라고요. 그래서 고민 끝에 좋아하는 사람과 이별을 선택하게 됐죠(웃음). 그때는 정말 많이 힘들었는데, 자신에게 소중한 것을 포기하고 나니 수험 준비 기간 내내 독한 마음이 생기더라고요. 뭐, 다 그렇게 해야 성공하는 것은 아니지만 제 경우에는 공부를 무섭게 하게 된 계기가 됐던 것 같아요.

외교관, 무엇을 어떻게 준비해야 하나

민) 포털 사이트를 보면 외교관 지망생들이 가장 궁금해하는 사항이 '외교관이 되기 위해 무엇을 어떻게 준비해야 하느냐'는 건데요. 평소 무엇을 준비하는 게 도움이 될까요? 또 시험 준비는 어떻게 하셨나요?

여2) 당연한 얘기로 들리겠지만 무엇보다 중요한 게 기초체력을 쌓는 일이에요. 공부하려면 체력이 뒷받침돼야 하거든요. 계속 앉아서 공부를 해야 하고 또 정신적인 중압감도 크기 때문에 버텨 낼 수 있는 체력이 필요해요. 여러 가지 다양한 세상을 경험하고 체력을 기르는 건 시험 준비에 앞서 해 두면 좋을 것 같아요.

그리고 본격적으로 시험 준비에 들어섰을 때 제게 도움이 됐던 것은 '신문 읽기'입니다. 특히 다양한 종류의 외국 신문을 보는 겁니다. 처음에는 어렵지만 읽다 보면 어느 순간 익숙해지면서 세상이 어떻게 돌아가는지 알게 되죠. 같은 주제에 대해 나라마다, 매체마다 시각과 어조가 다른 것을 확인하는 게 매우 흥미로웠어요. 그러면서 국제 정세에 대한 나름대로의 지식과 시각이 형성되는 것 같아요. 시험에 큰 도움이 됐습니다.

또한 시험을 봐야겠다는 마음을 먹고 나서는 학원 수업을 집중적으로 들었습니다. 국제법 같은 분야가 저에겐 생소했거든요. 학교에서 관련된 수업을 열심히 듣는 것이 가장 좋다고 생각하지만 여의치 않을 때는 학원 수강을 하는 것도 괜찮다고 봅니다.

여1) 어떤 공부든 맥락을 이해하는 게 매우 중요하잖아요. 어떤 배경과 맥락에서 어떤 이론과 결과가 나오는지 알아야 그 내용을 소화할 수 있게 되는데, 저는 특히 역사적 사건의 맥락을 파악하는 데 어려움을 느꼈습니다. 과거에 어떤 사건이 있었고, 왜 생겼고, 또 지금 어떤 영향을 주는지 이해하는 것이 외교관 시험을 준비하는 데 매우 필요한 거 같아요. 대학의 역사 강의가 도움이 많이 되었지만 '어렸을 때부터 차근차근 역사 관련 서적을 봤으면 더 도움이 됐을 텐데' 하는 생각이 들더라고요.

선발시험, 그 험난한 관문을 통과하려면

민) 외교관이 되려면 '외교관후보자 선발시험'이라는 험난한 관문을 통과해야 하는데요. 엄청난 경쟁률을 뚫어야 함은 물론, 3차례에 걸친 복잡한 전형을 통과해야 하는 아주 어려운 과정으로 알고 있습니다. 자신이 준비했던 외교관후보생 합격 전략을 좀 상세히 듣고 싶어요. 시험을 준비하는 사람들에게는 더없이 중요한 조언일 것입니다. 특히 전략과 노하우가 필요한 2차 시험과 3차 시험에 대해 집중적으로 말씀해주세요. 2차 시험인 학제통합논술시험을 어떤 방향으로 준비하고 작성했는지, 그리고 마지막 단계인 3차 면접(영어토론 면접*,

개인발표, 개별면접)을 어떻게 준비하고 실제 면접에서 어떻게 대응했는지 궁금합니다.

* 좌담이 진행된 후에, 외교관후보자 선발시험 제3차 시험, 면접 전형에서 영어토론 면접은 '집단심화토의 면접'으로 다소 내용이 바뀌었다.

여1) 저는 1차 시험이 가장 힘들었어요. 2차 시험은 오랜 기간 공을 들이면 들이는 만큼 결과가 나오는데 1차는 공들인 것에 비례하지 않는 듯해 좌절감이 생기더라고요. 또 시험 당일 자신의 컨디션과 집중력에 따라 시험 점수의 편차가 커지더군요. 1차 시험은 공부해야 하는 내용도 내용이지만 자신을 조절하고 통제하는 능력이 필요한 것 같습니다. 주어진 짧은 시간 안에 내가 풀 수 있는 문제에 집중하고 그렇지 않으면 과감히 포기할 수 있는 판단력이 필요하죠.

제가 외교관후보자 선발 제도가 도입된 후 처음 시험을 치러서 2차 시험에 대한 참고자료나 예상문제집이 없었어요. 나름대로 전략을 수립하여 준비해야 했죠. 학제통합논술시험에 있어서는 제가 잘 알고 있는 과목과 생소한 과목으로 분리한 후, 아는 것을 중심에 두고 어떻게 연결할지를 생각해 보았습니다. 경제학 이론 서적을 보면서 국제정치학 관점에서 어떻게 볼 수 있을까, 국제법으로 풀면 어떻게 될까를 고민하고, 또 다른 과목 서적을 보면서 여러 시각을 적용해 보면서요. 이러한 시뮬레이션을 많이 했습니다. 출제 문제들이 당시 이슈와 같이 상식적인 수준에서 충분히 예측 가능한 것들이었어요.

3차 영어토론과 면접 준비는 신문에서 예상문제를 뽑았어요. 특히 영어토론은 이슈와 관련한 용어를 살펴 가면서 키워드 중심으로 시험을 준비하는 동료들과 같이 공부했어요. 또 주어진 주제에 대한 개인발표 준비로는 프레젠테이션 연습을 개별적으로 했고요.

남1) 1차 시험을 볼 때는 시험 상황과 비슷한 환경에서 공부하는 것이 매우 중요한 것 같아요. 주어진 시간 안에 실전과 같은 문제 분량을 다 풀어 보는 연습이 필요해요. 실전에서 자신의 생각과 다르게 전개되면 당황할 수 있거든요. 사실 실전에서는 실력과 함께 상황 판단력도 크게 요구돼요. 또 시험 볼 때에 시간이 흐르면서 점차 집중력이 떨어지는 점도 감안해야 하고요. 학제통합논술시험은 목차를 정리하고 떠오르는 생각을 그때그때 포스트잇을 붙여 가며 공부했어요.

면접은 2차 합격한 친구들과 그룹을 짜서 모의연습을 했습니다. 특히 영어토론에서 쓰는 영어는 일상생활의 영어와는 다르게 형식을 갖춰야 하기 때문에 참고할 수 있는 자료를 유튜브에서 찾아 준비했어요. 유명한 사람들의 국제회의 스피치 장면을 보면서 형식에 맞는 용어와 문장을 익히고 따라 하는 연습을 했지요. 10~20개 영상을 반복해 보면서 익혔습니다.

"진도 맞추기보다는 이해에 초점 둬"

남2) 2차 학제통합논술시험은 저희 기수가 처음 보는 거라 참고 자료가 없었습니다. 그래서 시험을 잘 보려면 자신이 모든 과목을 체계적으로 이해하는 방법밖에 없겠다는 생각이 들었어요. 대개 시험공부를 선생님이나 스터디 학생들과 함께 하며 진도를 정해 따라가는 경향이 있잖아요. 그런데 저는 그 진도에 얽매이지 않고 시간이 많이 걸리더라도 '내가 확실히 이해를 하고 다음 단계로 넘어가자'는 마음을 먹고 공부를 했습니다. 모르는 것은 이해할 때까지 꼼꼼하게 다 파악하고 넘어가다 보니 주위 친구들에 비해 절반 정도 속도가 뒤처질 때도 있었어요. 그런데 결과적으로 보면 그런 방법이 많은 도움이 되었고 또 그 이후로 자신감이 많이 붙었습니다. 저는 특별히 시뮬레이션을 할 시간은 없었는데 다만 각 과목을 체계적으로 이해하는 과정을 거쳤기 때문에 유형이 바뀌더라도 뭘 묻는지 알 수 있겠다는 자신감은 있었습니다.

하지만 3차 면접의 경우엔 상황이 달랐습니다. 저는 교환학생 경력도, 외국을 가 본 경험도 없어서 영어로 토론한다니까 스트레스와 두려움이 앞서더라고요. 우선 인터넷으로 합격자 수기를 찾아봤죠. 저와 비슷한 분이 올린 성공 사례를 발견하고는 정말 기뻤습니다. 어떻게 했나 보니 영어토론에서 쓰는 용어를 혼자 공부하기 힘드니까 한 주제로 영어토론을 하는 학원 수업을 들었더라고요. 그 학원을 수소문해 찾아가 보니 저와 같은 2차 합격자들이 많았습니다. 공부도 공부지만 심리적인 위안을 얻었다고나 할까요. 그것과 별도로 2차 합격생들과 하는 스터디를 계속했습니다.

민) 공감이 가네요. 나는 전에 수학을 잘 못했는데, 이해가 안 될 때 대충 넘어가지 말고 집요하게 해서 철저히 파악했으면 자신감이 붙었을 텐데 그게 부족했던 거 같아요(웃음).

여2) 제 경우는 2차 시험인 학제통합논술을 따로 준비하지는 않았습니다. 왜냐하면 경제학, 국제정치학, 국제법 등 기본 과목만 잘 알고 있으면 따로 공부할 필요가 없지 않을까 생각했죠. 그렇지만 신문을 보면서 특정 이슈에 대해 여러 각도로 사고해 보는 훈련은 했어요. 해당 이슈에 대해 국가 간 협력을 어떻게 할까, 경제에는 어떠한 영향을 미칠까 등 여러 방향으로 생각해 보는 거죠. 평소 신문을 보고 이슈 공부를 많이 하면 두려워하지 않고 잘 풀 수 있을 거라 생각해요. 이미 기본 과목을 공부하면서 이슈를 다뤘을 텐데 거기에 신문에서 나온 내용을 함께 연결시켜 보는 거죠.

　3차 면접의 경우 굉장히 두려움을 가졌어요. 저도 연수도 유학도 간 적 없는 토종이거든요. 그렇지만 학교 수업이 영어로 진행되기도 하고, 영어 공부를 위한 자료와 기회가 이미 한국에도 넘쳐나기 때문에 여러 방법으로 영어를 익히게 되었죠. 사실 언어는 자기가 뭘 말하고 싶은지 아는 게 제일 중요하다고 생각해요. 그걸 외국어로 표현하기 위해 공부한다고 생각하면 좋을 거 같아요. 특히 영어토론시험 준비를 위해서는 유튜브에 올라온 학자들의 영어찬반토론 동영상을 많이 찾아 보았습니다. 토론만 전문적으로 올리는 사이트들도 있거든요. 또 2차 합격생들과 두려움을 나눠 가며(?) 함께 공부를 했던 것도 작은 위안이 된 것 같아요.

영어와 제2외국어를 공부하는 노하우

민) 외교는 외국어로 정확하고 격식 있고 능숙하게 현안을 처리해야 하는 일이기 때문에 영어와 제2외국어 역량이 상당히 중요한데요. 영어와 제2외국어를 공부하는 별도의 노하우가 있었나요? 구체적인 팁을 주실 수 있을까요?

여1) 저는 영어권 국가에서 살아 본 적이 없고 대학생이 돼서야 교환학생으로 독일에서 잠깐 지냈습니다. 제 생각엔 어렸을 때부터 자연스럽게 외국어를 접하는 게 중요한 거 같아요. 저는 영어를 전공하신 어머니께 영어를 배웠는데 어머니는 초등학교 때부터 영어 애니메이션을 보여 주셨어요. 계속해서 영어에 노출되다 보니 상당히 도움이 됐지요. 좀 커서는 영어 뉴스를 들었고요.

사실 돌이켜 보면 고등학교 시절 대학입시 준비할 때가 가장 영어를 잘했던 거 같아요. 대학에 와서는 다른 공부를 많이 해야 하니 영어만 집중적으로 하기는 어려웠고 끌어올린 실력을 유지하는 데 주안점을 두었습니다. 제 경우에는 학교 수업을 많이 활용했는데요. 특히 학교 영어 회화수업을 많이 들었어요. 또 한국에 온 교환학생과 매칭해 주는 학교 프로그램을 활용해 일상생활에서 영어를 계속 쓰려고 노력했습니다.

제가 선택한 제2외국어가 독일어인데 대학에 와서 여러 해외연수 프로그램을 통해 실력이 많이 늘었습니다. 특히 교환학생으로 독일 베를린에 갔을 때 현지에서 독일어 강좌를 듣고 과목을 마칠 때마다 소논문을 작성하기도 하면서 쓰기 실력이 많이 늘었습니다. 또 자격증 시험을 위해서 열심히 공부하기도 했고요. 요즘엔 핸드폰 어플리케이션으로 현지 방송을 접하고 있지요. 영어의 경우에는 고등학교 때

토플을 준비하면서 자연스레 쓰기 공부를 했죠. 영어로 에세이를 쓰고는 외국에 계신 친척에게 평가를 부탁하기도 하고 인터넷에서 체크해 주는 사이트를 이용하기도 했습니다.

"최대한 많이, 자주 반복하는 게 유일한 길"

남1) 어릴 때부터 학원에 다니며 영어를 배웠어요. 초등학교 3, 4학년 때부터 꾸준히 다녔습니다. 또 집에서 아버지께서 영어방송(AFN)을 계속 틀어 놓으신 것도 도움이 됐고요. 저도 미국 드라마, 특히 〈Friends〉를 즐겨 봤습니다. 또 학창 시절 외국생활을 하는 동안 한국인 친구가 없는 곳에 있다 보니 같은 기간 동안 체류하던 다른 한국 친구들보다 제가 훨씬 영어를 잘하게 된 거 같아요.

제2외국어인 스페인어는 제 대학 전공이기도 한데, 자격증 시험 준비도 했고 항상 팟캐스트를 들으며 계속 중얼중얼 따라 하기도 하고 일기도 씁니다. 외국어는 최대한 많이, 자주 반복해서 노출하는 게 유일한 길이 아닌가 해요. 한국에서는 그게 좀 더 어렵긴 하지만 그래도 하고자 한다면 방법은 많이 있는 거 같아요. 인포메이션보다 어텐션이 중요하다는 말이 있는데 결국 어떤 방법이 본인에게 좋은지를 찾아서 꾸준히 하는 게 최선일 겁니다.

민) 일기 쓰기도 도움이 많이 되죠. 외국어 공부는 많이 쓰고 읽는 것만큼 좋은 게 없는 거 같아요. 저는 애거사 크리스티 추리소설을 많이 읽었어요. 활용도가 높은 깔끔하고 다양한 표현들이 많이 나오는데 줄을 치며 읽다 보면 책이 다 새까매질 정도였죠.

남2) 저도 사실 어머니 덕을 많이 봤습니다(웃음). 어머니께서 영어학원 다니는 비용은 얼마든지 지원하시겠다고 하셔서 대학 다니며 영어학원을 꾸준히 다닐 수 있었습니다. 통번역대학원 입학준비 수업을 주로 들었는데, 열심히 시험 준비를 하는 사람들을 보면서 자극을 받았지요. 또 읽기, 쓰기, 듣기, 말하기를 동시에 배울 수 있는 점이 장점이었던 거 같아요.

제가 시험을 준비하던 때가 27세에서 28세로 넘어가던 시점이었는데요. 당시에도 영어와 제2외국어에 있어서 이 시험을 준비하는 다른 학생들보다 많이 뒤떨어지지는 않겠다는 생각을 했습니다. 학창 시절 외국에서 산 경험은 없었지만 대학교 재학 때 교양수업도 듣고 학원도 지속적으로 다니면서 영어공부를 계속해 왔거든요.

제일 중요한 건 꾸준히 능동적으로 공부하는 것이라고 생각해요. 자신이 능동적으로 안 하면 산만해지고 핑계가 생겨서 안 돼요. 요즘은 원어민과 1:1 대화가 비용도 저렴하고 많이들 이용하는 방법이거든요. 매일 정해진 시간에 30분 동안 전화영어를 꾸준히 합니다.

'영어 쓰기'는 우선 내가 어떻게 하면 잘 쓸지를 고민해야 하고 교정해 줄 수 있는 사람에게 도움을 받는 게 필요합니다. 대학 때는 영어과 석사과정에 있는 친구에게 1주일에 글 하나씩 첨삭해 달라고 부탁하기도 했고요. 외교부에 들어와서도 주말이면 통번역학원에 가서 수업을 듣습니다. 수준도 높고 집중적으로 물어볼 수도 있어서 저에겐 도움이 많이 됩니다.

제2외국어는 대학교 때 취미로 시작했는데 자격증 시험을 보면서 실력이 향상됐던 거 같아요. 마침 관련 부서에 들어와서 면담 때마다 배석하며 스페인어 사용 기회를 늘려 가고 있지요. 언어는 무엇보다 능동적인 것이 중요해요. 그런 환경을 만들어야죠.

국립외교원 외교관 후보자 과정

민) 외교관후보자 선발시험에 합격해도 또 다른 큰 관문이 남아 있지요. 국립외교원에서 1년간 외교관후보자 정규과정을 마쳐야 진짜 외교관이 되는 건데요, 그 과정도 만만치 않다고 들었습니다.

* 국립외교원 외교관후보자 정규과정의 평가제도는 2017년 12월 외

무공무원법 일부 개정에 따라 교육생 중 일부를 반드시 탈락시켜야 하는 상대평가 방식에서 절대평가 방식으로 바뀌었다.

여1) 많은 동기들이 고시를 1년 더 준비하는 기분이라고 하더라고요. 직장인으로 치면 업무시간 내내 수업을 듣는 셈인데, 그러고도 밤 11~12시까지 남아서 각자 공부해야 했거든요. 주말도 물론이고요. 정규시험 준비뿐 아니라 각 수업의 과제로 1주일에 수천 페이지가 넘는 자료를 읽어야 했어요. 수업을 따라가는 것 자체가 힘든 일이기 때문에 혼자 그것을 감당해야 했다면 엄청 버거웠을 거예요. 다행이 이 과정을 함께하는 사람들이 있어서 버틸 수 있었어요.

남2) 1년 동안 교육받으면서 스트레스를 많이 받는 동기들이 있더라고요. 저는 일단 1년은 긴 시간이니까 스트레스에 지치면 안 되겠다고 생각했습니다. 어떻게 하면 안 지칠까 생각하다 보니 외교관후보자 시험처럼 엄청난 경쟁이 있는 것도 아니고, 잘 따라가기만 하면 될 것 같더라고요. 그래서 1년 동안 여기서 1등, 2등을 하자가 아니라 '이 정도면 꼴찌는 아닐 거야'라는 마음으로 편하게 했습니다.

남1) 저는 빽빽한 스케줄에 끌려가다 보니 1년이 지나간 것 같았어요. 무슨 전략을 세울 겨를도 없었죠. 수천 페이지에 달하는 과제도 제대로 마무리하기가 힘들었고요. 간신히 그 기간을 보낸 것 같습니다.

앞으로의 포부,
그리고 외교관을 꿈꾸는 이들에게 하고 싶은 말

민) 끝으로, 외교관으로서 앞으로의 포부 한마디를 부탁드리겠습니다. 외교관을 꿈꾸는 사람들에게 하고 싶은 말도 덧붙여 주시면 좋겠습니다.

여1) 주변에서 이런 조언 많이 해주셨는데요. 직업을 꿈으로 갖지 말란 거였습니다. 그 직업을 가진 어떤 사람이 되고 싶은지를 목표로 삼으라는 거지요. 1차적으로 외교관이 되는 목표는 이뤘지만, 되고 나니 '내가 정말 무엇을 하고 싶은가, 어떤 외교관이 되고 싶은가'를 고민하게 되더라고요. 사실 그 고민은 지금도 진행 중입니다. 지금까지의 생각은 우리 외교부 특성상 여러 분야에서 다양한 일을 경험하고 또 짧은 기간에 많은 양의 업무를 소화해야 되는데, 이렇게 변화하는 환경 속에서도 지치지 않고 그때그때 적응하면서 항상 공부하는 외교관이 되면 좋겠다고 생각하고 있습니다.

남1) 우리나라가 언젠가는 통일이 될 텐데 그 통일을 이루는 데 가까운 현장에서 도움이 되고 싶다는 바람이 있습니다. 아직 우리 국민들은 우리나라는 작은 나라라는 인식을 가지고 있는 것 같습니다. 제가 앞으로 30여 년 외교관으로 일하면서 국민들이 그런 의식을 더 이상 가지지 않을 정도로 잘 사는 나라가 됐으면 좋겠고, 그런 나라가 되는 데 제가 일조할 수 있기를 바랍니다.

여2) 외교관으로 들어오면 바로 5급 공무원으로서 정부조직의 허리 역할을 해야 하잖아요. 그러한 부담감은 있지만 역량을 차근차근 잘 갖춰서 기대에 잘 부합하는, 일 잘하는 사람이 되고 싶습니다. 초등학교, 중학교 시절부터 꿈을 갖고 그것을 이루기 위해 준비하고 노력하는 것은 매우 중요하다고 생각해요. 그 과정에서 배우는 것이 분명히 있으니까요. 외교관의 꿈을 이루기 위해 여러 태도와 역량을 갖춘다면 설령 나중에 외교관이 되지 않더라도 어떤 직업이든 다 잘 해낼 수 있을 거라 생각합니다.

남2) 외교관이 되고 나니 생각했던 것보다는 전례 등 행정 부분을 많이 신경 써야 하는 한계도 있는 것을 느낍니다. 그럴수록 제가 외교관이 되어야겠다고 결심한 그때의 초심을 잃지 않으려고 합니다. 단순히 일 잘하는 외교관을 넘어서 우리나라의 파이를 넓히는 데 기여하는, 도전정신과 포부를 가진 외교관이 되는 것이 제 가슴속의 목표입니다.

'대한민국의 대표 여성 외교관'
백지아 주제네바 대사

"후배들이여, 도전하라! 꿈은 크게, 가슴은 뜨겁게"

외교가에서 '대한민국의 대표 여성 외교관'으로 꼽히는 백지아 주제네바 대사. 그는 여성 외교관으로서 새 역사를 써 내려가고 있는 주인공이다. 국제안보대사를 역임한 데 이어 외교부 사상 최초로 기획조정실장에 발탁됐고, 2018년엔 차관급인 주제네바 대사로 임명돼 다자외교를 주도하고 있다. 이보다 앞서 2010년에는 여성으로선 역대 세 번째로 본부 국장(국제기구국장)에 올라 화제가 되기도 했다. 외무고시(18회)에 합격한 것도 여성으로선 사상 두 번째였다.

이처럼 최초 혹은 그에 버금가는 발자국을 남기고 있기 때문일까. 백 대사는 흔히 '새길을 여는 사람'으로 통한다. 실제로 그 자신도 한 언론 인터뷰에서 이런 말을 남기기도 했다.

"여성 후배들을 위해 발자국을 깊고 또렷하게 남겨야 한다는 생각으로 일해 왔어요. 제가 남긴 발자국을 후배들이 따라오면 길이 만들어지니까요."

백 대사는 1985년 여성이 '홍일점'으로 비유되던 시대에 외무부(현 외교부)에 들어와 30여 년간 요직을 두루 거치며 두각을 나타냈다. 나도 외교부 재직 시절 백 대사와 세 차례 함께 근무한 적이 있는데, 그는 한마디로 "볼 때마다 나를 놀라게 한 후배"였다.

백 대사와 처음 함께 일한 것은 90년대 중후반 내가 외교부 통상기구과장을 맡고 있던 시절이었다. 당시 그는 중견 외교관으로 발돋움하고 있었는데, 헌신적이고 열정적인 모습이 인상 깊었다. 몇 해 뒤 내가 에스캅(ESCAP: 아시아태평양경제사회위원회) 자문관으로 근무하던 시절, 주태국 대사관에서 서기관으로 일하던 백 대사를 다시 곁에서 지켜볼 수 있었다. 대한민국을 대표하는 외교관으로서 누구 앞에서도 당당하고 누구보다 당찬 모습에 주위의 많은 외교관들이 감탄하던 기억이 아직도 생생하다.

그로부터 10여 년 후 내가 제2차관으로 재직하던 시기에, 당시 국제기구국장을 맡고 있던 백 대사와 다시 호흡을 맞추게 되었다. 그 시절의 백대사는 무슨 일이든 믿고 맡길 수 있는 '신뢰의 대명사'였다. 워낙 똑부러지게 일을 잘해, 좀 애매하고 어려운 일들이 있으면 그에게 맡기곤 했는데 한마디 불평도 없이 훌륭한 결과물을 만들어 내곤 했다.

그런데 빼어난 업무 능력보다 정작 나를 더욱 매료시킨 것은 바로 그의 밝고 바른 마음가짐이었다. 백 대사는 남들이 고개를 갸우뚱할 때, 먼저 가능성을 향해 도전하는 적극적이고 긍정적인 사람이었다. 또한 자존감을 지키면서도 상대를 배려할 줄 아는 지혜로운 사람이기도 했다. 백

지아 대사, 그는 늘 마음에 조국을 품고 사는 이른바 '뼛속까지 외교관'
이다. 다른 한편으론 가족을 가슴에 품고 사는 따뜻한 아내이자 어머니
이기도 하다. 여성에겐 척박한 근무 환경 속에서 일과 가정을 병행하며
그가 보여 준 지혜로운 행보는 수많은 후배 여성들에게 또 하나의 귀감
이 될 듯하다. 국내 여성 외교관들과 외교관 지망생들 사이에서 선망의
롤모델로 떠오르고 있는 백지아 대사를 그가 외교부 기획조정실장으로
있을 때 외교부 사무실에서 만났다.

"외교관은 새로운 도전을 즐기는 사람"

민) 대학 4학년 때 외무고시에 합격한 것으로 알고 있어요. 어린
시절부터 외교관을 꿈꾸며 준비한 건가요?

백) 어렸을 때부터 '외교관이 되겠다'는 구체적인 꿈을 가졌던 건
아니었어요. 다만, 선친께서 영어 교사이셔서 영어에 친근하
게 접할 수 있는 가정환경에서 자랐죠. 어렸을 때부터 집에서
영어 회화나 노래를 늘 들었어요. 예전에는 지금처럼 영어 교
육환경이 좋지는 않았잖아요. 그런데 영어를 자주 접하다 보
니 남들보다 영어와 외국어에 더 흥미를 느꼈던 것 같아요.
자연스럽게 우리나라 밖의 세상에 대해서도 관심을 가지게
되었고요.

저희 집 가훈은 '일신우일신'이었는데 선친께서는 늘 새로운 일에 도전하기 좋아하시고 정체되지 않는 삶을 사시려 노력하신 분이셨어요. 저도 아버님의 영향을 많이 받았던 것 같아요. 새로운 것, 새로운 도전, 새로운 경험 같은 걸 즐기고 좋아하니까요. 외교관이 여기에 딱 맞는 직업이 아닌가 싶어요.

민) 이제 외교관의 길을 걸어온 지 30년이 넘었는데요, 어떻습니까? 외교관이 되길 잘했다고 생각하나요? 외교관으로서 가장 보람 있던 순간은 언제였나요?

백) 외교관으로 첫발을 내디딘 때부터 지금 이 순간까지 제가 외교관이라는 것이 정말 자랑스럽고 보람을 느끼고 있습니다. 국제회의와 협상의 무대에서 '국익'을 위해 최선을 다하는 일부터, 평상시 우리나라의 이미지를 높이기 위해 스스로 절제하고 품격을 지키는 일까지 대한민국의 대표가 되어 생각하고 행동하고 일하는 것은 정말 매력 있고 보람 있는 일인 것 같습니다.

외교관으로 뛰어온 지난 30여 년을 돌아보면, 순간순간 소중하지 않은 시간이 없었던 것 같아요. 그중에서 제 기억에 깊이 새겨져 있는 일 몇 가지만 말씀드릴까 해요. 외교부 인권사회과장을 맡고 있던 시기에 고 이종욱 박사님이 WHO(세계보건기구) 사무총장직에 진출하셨는데 당시 담당과장으로서 저도 선거 지원 활동에 참여했습니다. 한국인 최초로 국제기구 수장이 탄생하는 모습을 지켜보면서 가슴이 벅차올랐었죠. 주제네바 대표부 참사관 시절에는 민주주의 인권국가로서 우뚝 솟은 자랑스러운 한국의 위상을 체감하며 밤낮없이 인권외교를 펼쳤던 일이 소중한 기억으로 남아 있어요. 또 반기문 사무총장께서 유엔을 이끈 시기에 외교부에서 유엔을 담당한 국제기구국장직을 수행하면서 더욱 보람을 느꼈고요.

특히 다자외교 무대에서 대한민국을 대표하는 일은 보람과 성취감이 남다른 것 같아요. 우리 정부대표단의 수석대표로 2012년 국제수로기구(IHO) 총회에 참석했을 땐 '동해'가 이미 국제적으로 널리 인정되는 이름임을 세계만방에 알리며 가슴이 뜨거워지는 경험을 했어요. 우리나라가 유엔 안전보장이사회 이사국을 수임한 기간(2013~2014) 동안 주유엔 차석대사로서 안전보장이사회에서 대한민국을 대표해 활동했을 때엔 무엇보다 뿌듯함이 컸고요.

민) 반대로 힘들었을 때도 많았을 것 같은데, 외교관으로 일하면서 어려웠던 점은 무엇이었나요?

백) 외교관이라는 직업의 어려운 점은 끊임없이 배우고 끈질기게 공부해야 한다는 점, 24시간 깨어 있어야 한다는 점이 아닐까 싶어요. 세계 곳곳에서, 또 여러 분야에서 쏟아지는 국제적

이슈와 추세를 외교관은 누구보다 앞서 파악해야 하는 책무가 있거든요. 또 이러한 모든 정보와 지식을 우리 국익의 관점에서 관찰하며 분석하고 평가해 내야 하지요. 외교관은 이러한 습관과 능력을 배양하기 위해 치열하게 자신을 단련하고 노력해야 하는 직업이라고 생각해요.

"외교관에게 최고 덕목은 '좋은 인성'"

민) 기획조정실장으로서 외교부 인사운영에도 관여하고 있는데, '외교관이 갖추어야 할 필수적인 덕목과 역량'이 무엇이라고 생각하나요?

백) 제가 가장 강조하고 싶은 점은 '인성'입니다. 외교 협상은 상대방에게 우리의 입장을 이해시키고 상대방의 입장을 이해하면서 양측 간 절충점과 합의점을 찾는 매우 정교한 과정이거든요. 상대를 감동시키는 진실성, 호감을 주는 인상, 긴 교섭 과정을 견딜 수 있는 인내심과 배포 등 여러 인성적 요소를 갖추어야 합니다.

아울러 외교관으로서 중요한 역량은 '소통 능력'이지요. 전략적이고 논리적인 사고방식, 나의 입장을 상대에게 효과적으로 전달할 수 있는 표현력, 충분한 외국어 능력 등이 외교 무대에서 성공적으로 소통을 이뤄 내기 위한 필수 요소라고 생각해요.

민) 외교관에게 외국어, 특히 영어는 기본 중의 기본이라고 할 수 있을 텐데, 외교관을 꿈꾸는 젊은이들이 영어 공부를 할 때 어떠한 점에 중점을 두는 게 좋을까요? 정확성, 신뢰성, 격식 등을 요구하는 외교 업무용 영어를 미리 익혀 둘 필요가 있을까요?

백) 제가 어렸을 때와 비교하면 요즘은 영어를 배우기에 정말 좋은 환경인 것 같아요. 다양한 교재에 효과적인 학습 매체도 많으니까요. 그런데 제가 꼭 말씀드리고 싶은 것은 단순히 언어로서 영어를 공부하는 데 머물러서는 안 된다는 점이에요. 외교관에게 꼭 필요한 지식과 교양을 연계해서 영어 실력을 쌓아 가야 해요. 외교관을 꿈꾸는 젊은이들이라면 지구촌이 당면한 이슈와 이에 대한 국제적인 논쟁에 대해 늘 관심을 가지고 들여다보는 연습을 하는 게 필요해요. 영어 방송을 시청하고 영문 잡지나 국제적인 학술지를 꾸준히 읽는 버릇을 들이는 게 좋겠지요. 외교가에서 쓰는 특별한 영어 어휘나 표현 방식 등은 외교관이 된 다음에 배워도 충분할 것 같아요.

"긍정 마인드가 바로 고비 이겨 내는 원동력"

민) 최근 몇 년간 외교관후보자시험 합격생 중 여성 비율이 60%
를 넘고 있는데요, 이러한 흐름이 이어진다면 미래의 한국 외
교는 여성이 이끌어 간다고 해도 과언이 아닐 것 같아요. 외
교관으로서 여성이 지니는 강점, 그리고 여성이기에 힘든 점
은 무엇이라고 생각하나요? 이런 부분에 대해 외교관을 꿈꾸
는 여성들도 많이 궁금해할 것 같은데, 이들 미래의 후배들에
게도 조언을 한 말씀 해 주시지요.

백) 사실 우리 외교부 실무직원들만 놓고 볼 때 여성 직원 비율
이 이미 2/3에 달합니다. 외교관 활동을 하는 데 여성과 남성
의 특별한 차이를 느낄 수 없는 시대가 왔다고 볼 수 있죠. 여
성들이 일반적으로 가진 표현력, 친화력, 조직력, 치밀함 등의
장점들이 여성 외교관들에게도 강점이 될 수 있을 것으로 봅
니다.
반면, 다른 전문직 여성들과 마찬가지로 여성 외교관들도 출
산과 육아 및 가사, 그리고 본연의 업무 사이에서 큰 어려움
을 겪고 있는 게 현실이에요. 특히 2년이나 3년에 한 번 꼴로
국내와 해외에서 번갈아 근무해야 하는 여성 외교관들에게
일과 가정의 양립은 정말 큰 과제입니다. 제도적 지원도 받고
자신의 지혜도 충분히 발휘해야겠지만 무엇보다도 스스로 강

해지도록 단련할 필요가 있어요.

제가 미래의 여성 외교관 후배들에게 드리고 싶은 조언은 "치열한 삶을 건강하게 잘 살아 낼 수 있도록 평소에 긍정적인 마인드, 인내심, 끈기, 강인한 체력을 키워 나가라"는 거예요. 그런 단련이 훗날 고비 때 그 무엇보다도 가장 든든한 힘이 될 테니까요.

"일과 가정 함께 지키려면 지혜와 집중 필요"

민) 여성으로서 일과 가정을 병행하는 것은 정말 커다란 난제 중 하나인 것 같습니다. 실장님은 일과 가정의 양립 문제를 어떻게 풀어 나갔나요?

백) 제 경우는 친정과 시댁 가족들의 손을 모두 빌렸습니다. 남편도 많이 도왔고요. 제가 아이를 키울 때는 지금처럼 육아휴직 제도가 없었고 일하는 엄마들을 위한 다양한 지원책이 없었기 때문에 전적으로 가족들의 도움으로 문제를 해결해야 했거든요. 어느 가정이나 마찬가지겠지만 여성이 자신의 경력을 쌓아 가면서 가정을 돌보기 위해선 가족들의 협조와 이해가 무엇보다 중요합니다. 가능한 범위에서 남편과 자녀들이 가사를 분담하면 엄마들이 힘을 얻고 가족 간 화목함도 더해지겠지요?(웃음)

아이를 키우던 당시 제 나름의 노하우라고 한다면 '집-사무실-아이의 학교' 간 동선을 최소화하는 것이었어요. 저는 국내에 있을 때나 해외에 있을 때나 집과 사무실, 아이의 학교를 잇는 삼각형의 크기를 가능한 한 작게 하려고 노력했어요. 아이가 초등학교 저학년일 때 가끔씩 점심시간에 학부모 급식당번을 했는데 사무실 가까이 학교가 있었던 게 큰 도움이 되었어요. 일과 가정의 양립을 위한 작은 지혜라고나 할까요. 무엇보다도 시간을 잘 쪼개어 효율적으로 사용하는 것이 매우 중요하다고 생각해요. 일할 때는 일에 집중하고 가족과 함께할 때는 가족에게 집중하면서 자신이 가진 시간을 최대한 효율적으로 사용할 수 있으면 일과 가정 두 마리 토끼를 다 잡을 수 있지 않을까 싶네요.

민) 외교 현장에서 수많은 외교관과 국제기구 리더들을 만났을 텐데, 그중에서 롤모델로 삼았던 분이 계셨나요?

백) 제가 30여 년간 외교관 생활을 하면서 만났던 각국의 모든 여성 외교관들이 저에게는 일종의 멘토였다고 생각합니다. 제가 외교관 생활을 시작했을 때는 여성 선배들이 별로 없었어요. 대신 업무상 만나는 다른 나라 여성 외교관들의 행동양식이라든가 그들이 일과 가정을 양립해 나가는 모습과 경험담이 저에게 많은 도움이 되었죠. 중견 외교관 시절에는 다른 나라의 여성 대사들이나 국제기구의 여성 수장들에게서 리더로서 배울 점과 지향할 점을 찾았고요. 주유엔 대표부 차석대사 시절 유엔사무국의 여성 고위직 인사, 여성 대사들과 교류하면서 여성 외교관으로서 서로 진한 공감과 연대감을 느끼기도 했죠.

"국제기구 일하려면 확고한 신념 지녀야"

민) 최고의 다자외교의 장인 유엔의 차석대사와 외교부 국제기구국장을 지냈는데, 국제기구 직원에게 꼭 필요한 덕목과 역량은 무엇이라고 생각하나요? 국제기구 진출을 위한 전략 등 국제기구 지망생들을 위한 조언도 부탁드려요.

백) 국제기구는 국제사회 공동의 문제에 대응하고 국제사회 전체의 이익을 위해 국제협력을 도모하는 것을 목적으로 합니다. 국제기구 직원은 자신의 국가만이 아니라 전 세계와 인류를 위하는 일에 큰 보람을 느낄 수 있는 직업인 것이죠.

따라서 국제기구에서 근무하려면 무엇보다도 자신의 일에 대한 확고한 의지와 신념을 지녀야 한다고 생각해요. 가족과 떨어져 지내야 하는 상황, 오지 근무 등 어려운 여건을 견뎌내기 위해서는 국제사회에 이바지하고자 하는 강한 열정과 봉사정신으로 무장돼 있어야 하거든요.

대개 국제기구 직원은 업무량도 많고 출장도 잦은 편이라 강행군을 소화해 낼 만한 몸과 마음의 건강도 중요해요. 그리고 다양한 국적과 문화를 가진 사람들과 함께 일하는 만큼, 서로 이해하고 존중하며 협력할 수 있는 '열린 사고'가 반드시 필요하고요.

또한 국제기구에서 일하려면 기본적으로 관련 분야의 전문 지식 및 경력, 어학 능력을 갖춰야 해요. 유엔 사무국의 전문직 직원 대부분이 석사 이상 학위를 소지한 점을 고려할 때 국제기구에서 일하고자 한다면 일정 수준 이상의 학위와 전문 지식이 필요하다고 봐요. 또 해당 직무와 관련된 경험이나 경력이 국제기구 채용에 유리하게 작용하므로, 미리 관련 분야의 업무 또는 인턴십 봉사활동 등 경험을 쌓는 것이 큰 도움이 되죠. 어학 능력은 국제기구 진출을 위한 가장 기본적인 요건이라고 할 수 있는데, 유엔 기구에서는 영어에 더하여 여타 유엔공용어를 구사할 수 있으면 채용 때 유리하게 작용할 수 있어요.

민) 국제기구에서 여성 직원들의 활약이 큰데요, 구체적으로 유엔의 경우엔 어떤가요?

백) 2015년 6월 기준으로 유엔 사무국의 P급(전문직원) 이상 직원 중 여성은 약 4,900명으로, 40%가량에 달해요. 실무급인 P2급의 경우, 여성 직원의 수가 오히려 남성 직원을 앞지르고 있죠. 이렇게 여성의 유엔 진출이 점차 활발해지고 있지만, 사무차장 및 사무차장보 등 최고위급에서는 여전히 남성이 3/4 이상을 차지하는 게 현실이에요. 다만, 현재 입후보한 차기 유엔 사무총장 후보 9명 중 4명이 여성인 점은 매우 고무적이지요. 이들 중에는 현 UNDP(유엔개발계획) 총재인 헬렌 클락(뉴질랜드)과 UNESCO(유네스코) 사무총장 이리나 보코바도 포함돼 있어, 국제기구 내에서 여성 리더들의 활약이 점차 증대되고 있음을 보여 주고 있습니다.

민) 끝으로 외교관이 되고 싶어 하는 젊은 후배들에게 꼭 해 주시고 싶은 조언이 있다면?

백) "꿈을 크게 가지고 열정적으로 도전하라"고 얘기해 주고 싶어요. 지구촌에서 나라와 나라, 나라와 국제기구, 사람과 사람의 교류와 협력이 더욱더 활발해짐에 따라 외교의 지평도 무한대로 넓어지고 있어요. 외교관으로서 할 수 있는 일도 그만큼 다양해지고 있다는 의미죠. 각자 관심을 가지고 있는 분야에서 매 순간 헛되이 보내지 않고 꾸준히 성장해 나가면 '지구촌의 리더로 부상하고 있는 자랑스러운 대한민국'의 외교관으로 활약할 수 있는 기회가 반드시 올 겁니다. 여러분들을 응원합니다. 화이팅!

국제기구 공무원
실전 로드맵

1장

국제기구에서
일하고 싶다면?

닮은 듯 다른 국제공무원과 외교관

최근 한반도에서 가장 뜨거운 현안은 북한 핵 문제이다. 북한은 유엔 등 국제 외교무대에서 비핵화의 원칙에 변함이 없다고 밝히고 있지만 구체적인 '비핵화 시간표'는 좀처럼 제시하지 않고 있다. IAEA(국제원자력기구)는 이러한 북한의 비핵화 문제와 관련해 가장 많이 언급되는 국제기구 중 하나다. 북한이 실질적으로 핵 프로그램의 포기 수순을 밟게 된다면 북한 핵시설을 사찰하고 검증하게 되는 기구가 바로 IAEA이기 때문이다. 그런데 IAEA는 유엔 다음으로 가장 많은 한국인이 진출해 있는 국제기구이기도 하다(생생 현장 스토리 참조). 만약 IAEA의 한국인 직원이 북한 핵 문제로 한국의 외교관과 만난다면 두 사람의 견해는 과연 일치할까?

두 사람이 모두 한국인이라 해도, 견해가 서로 100% 일치할 가능성은 아마 거의 없을 것이다. 한국 외교관이 대한민국의 국익을 대변한다면, 한국인 직원은 국적을 떠나 IAEA의 입장에 충실할 수밖에 없을 것이기 때문이다. 이처럼 외교관과 국제기구 직원의 임무와 역할은 닮은 듯 다르다. 가장 큰 차이점은 외교관이 국익을 위해 일하는 공직자라면, 국제기구 직원은 국제사회 공동의 가치를 위해 일하는 직원이라는 점이다. 국제기구 직원을 '국제공무원(International civil servants)'이라 부르는 이유도 여기에 있다.

 생생 현장 스토리

국제기구에 진출한 한국인들

국제기구에는 과연 얼마나 많은 한국인들이 진출해 있을까? 외교부 자료에 따르면 2017년 12월 기준으로 총 58개 국제기구에 768명(전문직, P급 이상)이 진출해 있는 것으로 나타난다. 또한 이들 중에 D급(국장급) 이상의 고위직은 26명인 것으로 집계됐다. 1992년 당시 한국인이 17개 국제기구에 총 139명이 근무했던 것과 비교하면, 사반세기 만에 국제기구 한국인 직원 수가 5배 이상 늘어난 셈이다.

유엔 고위급조정위원회(CEB)의 연례 인적자원(HR) 통계보고서(2017년 기준)에 따르면 가장 많은 수의 한국인이 진출해 있는 국제기구는 유엔(사무국)으로 모두 136명이 근무 중인 것으로 집계됐다. 그다음으로 한국인이 많이 진출해 있는 국제기구는 IAEA(36명), UNHCR(32명), WHO(21명), UNICEF(20명), FAO(19명), UNDP(18명), UNESCO(17명) 순으로 나타났다.

국제공무원과 외교관, 무엇이 다를까

앞에서 설명했듯이 외교관은 한 나라를 위해 일하는 '국가공무원'이고 국제기구 직원은 국제기구를 위해 일하는 '국제공무원'이라고 할 수 있다. 외교관의 특권과 면제가 '비엔나협약'에 의해 보장받는다면, 국제기구 직원의 특권과 면제는 유엔헌장에 의해 보장받는다. 국제기구 직원은 직무를 수행하는 데에 소속 기관 외의 다른 당국으로부터 어떤 지시도 구하거나 받지 않으며(유엔헌장 100조) 그 직무를 수행하는 데 필요한 국제공무원으로서의 특권 및 면제를 향유한다(유엔헌장 105조). 이는 국제공무원으로서 임무를 수행하는 데 있어 독립성과 중립성을 보장하기 위한 것이다.

또한 외교관이 공무를 볼 때 외교관여권을 사용한다면, 국제기구 직원은 자국여권과 함께 유엔여권을 사용할 수 있다. 유엔여권을 사용하면 일부 예외적인 경우를 제외하면 대부분의 지역에서 자유로운 여행이 가능하다. 유엔 및 산하 국제기구 직원의 일반적인 정년은 유엔합동직원연금기금(UNJSPF)에 가입한 시기에 따라 차이가 있는데, 2014년 1월 1일 이후 UNJSPF에 가입한 직원의 정년은 만 65세이다. 1990년 1월 1일 이후부터 2013년 12월 31일 이전에 UNJSPF에 가입한 직원의 경우엔 정년이 만 62세이다. 참고로 우리나라 외교관의 정년은 60세(직위에 따라 64세까지 초과근무 가능)이다.

1

왜 국제공무원인가?

　　유엔전문기구인 유네스코의 한국위원회 사무총장으로 일하는 동안 초등학생부터 중·고등학생, 대학생, 청년에 이르기까지 수많은 청소년(유엔에서 청소년의 연령층은 10~24세이다)에게서 국제기구에 대한 꿈과 열망을 볼 수 있었다. 우리 미래 세대의 눈이 국내에 머물지 않고 세계를 향하고 있다는 점에서 나는 대한민국의 희망을 보는 듯했다. 반기문 전 유엔 사무총장, 김용 전 세계은행 총재, 고 이종욱 세계보건기구 사무총장 등 국제무대에서 이름을 빛낸 한국인들을 보면서 국제기구에서 일하는 데 대한 자신감을 가졌을지도 모른다. 지금도 다양한 국제기구에서 많은 한국인들이 뛰어난 역량을 발휘하고 있다.

　　그간 많은 학생들이 나에게 물었다. 연봉이 얼마냐는 직설적인 질문부터 전공은 뭘 택해야 하는지, 학위는 어디까지 받아야 하는지 등 국제공무원에 도전하는 데 필요한 자격 요건은 묻는 질문은 다양했다. P1, P2

등 초급 전문직 공채에 도전하는 것이 좋은지, 경력을 쌓아서 나중에 경력직 공채로 들어가는 것이 더 유리한지, 실질적인 방법을 묻는 학생도 있었다. 그런데 학생들이 수많은 질문을 통해 드러낸 관심사는 대부분 유엔 등 국제기구에 진출하는 방법에 대한 것이었지, 국제기구에서 일하면 어떤 의미와 가치가 있는지, 어떤 보람이 있는지를 물어보는 사람은 거의 없었다. 그럴 때마다 내가 던졌던 반문은 "왜 국제기구 진출을 꿈꾸느냐"는 것이었다.

국제공무원이라고 하면, 혹시 TV 드라마나 영화 속 캐릭터로 접하던 멋진 모습을 떠올리는 청소년들이 있을지 모르겠다. 하지만 대부분의 경우, 국제기구 직원으로서 산다는 것은 생각만큼 화려하지도 또 여유롭지도 않다.

국제기구 직원의 '삶의 질'은 대체로 높은 편이지만 일상은 고될 때가 많다. 우선 업무에 대한 압박이 심해 스트레스 지수가 높다. 출장이 잦고 업무량도 많아 수시로 산더미 같은 일에 파묻혀 살아야 한다. 또한 겉보기와는 다른 국제기구 조직의 민낯과 마주해야 할 때도 생긴다. 극도의 관료주의와 비효율 등 수많은 내부 문제들과 부닥칠 수 있다. 게다가 국제기구 직원들은 뉴욕이나 파리, 제네바 등 살기 좋은 선진국에서만 근무하지 않는다. 국제기구의 손길이 더욱 필요한 곳은 개발도상국의 오지와 낙후된 지역들이다. 때로는 아프리카의 험지, 풍토병이 번지거나 정변이 일어난 지역에도 가야 한다. 유엔난민기구(UNHCR)처럼 냉온탕을 오가는 순환보직을 철저하게 지키는 기구도 있다. 환경이 열악하고 치안이 불안한 지역에서 근무하게 되면 오랫동안 가족과의 생이별을 감수해야 한다.

땀과 헌신의 이유

그럼에도 불구하고 지금 이 순간에도 수많은 국제기구 직원들이 보이지 않는 곳에서 땀 흘려 일하고 있다. 과연 무엇이 이들을 이토록 자신의 일에 헌신하게 만드는 것일까?

나는 평화와 인권 등과 같은 인류의 보편적 가치에 대한 뚜렷한 소신, 더 나은 세상을 만들겠다는 사명감과 열정, 그리고 자신의 재능과 능력을 지구촌 이웃과 함께 나누겠다는 봉사정신이 바로 국제기구 직원들의 삶을 지탱해 주는 원천이라고 생각한다.

이러한 가치관과 마음가짐 없이 국제기구에 도전한다면 모래 위에 성을 지으려는 것과 다를 바 없다. 국제기구는 이익을 목적으로 하는 회사나 영리단체가 아니라 인류 공동의 가치를 실현시키려는 조직이기 때문이다.

유엔인구기금(UNFPA) 모잠비크 사무소에서 근무 중인 홍운영 차석대표는 어느 초청 간담회에서 이런 말을 남겼다. "이제는 돈과 명예 때문이 아니라, 가치와 규범을 믿고 함께할 '동지'가 (유엔에) 들어와야 할 시점입니다. 국제기구에 대한 환상을 버리고 '이러다 병에 걸려 죽겠다' 싶을 만큼 최선을 다할 각오가 되어 있는 사람들이 유엔에 들어와야 합니다."

무엇보다도 가치관과 마음가짐이 중요하다고 강조한 홍 차석대표의 이야기는 국제기구 진출을 꿈꾸는 이라면 다시 한번 새겨들어야 할 소중한 조언이 아닐 수 없다.

"왜 국제기구를 꿈꾸는가?"

국제기구 진출을 바라는 젊은이라면 한 번쯤 자신에게 질문을 던져 보기 바란다. 만약 국제기구 직원이 되어야 하는 이유, 국제공무원으로서 펼치고 싶은 꿈이 가슴 벅차게 떠오른다면 최선을 다해 도전을 시작하라고 권하고 싶다. 하지만 막연하게 국제기구 직원이 되는 것 자체를 목적으로 삼고 있다면, 좀 더 신중히 선택을 하는 게 나을 듯하다. 국제기구는 동화 속 세상이 아니다. 유엔과 국제기구에 환상을 가져서는 안 된다. 내가 정말 하고 싶은 일인지, 내 적성에 맞는 일인지 진지하게 자신에게 묻고 확신을 가진 후 결심해야 한다.

'노동'을 할 것인가, '활동'을 할 것인가

철학자 한나 아렌트는 인간의 행동을 노동, 작업, 활동의 세 단계로 나눠 설명한다. 노동이란 싫더라도 먹고살기 위해 하는 행동이다. 다음으로 작업은 자신의 재능으로 일을 수행하는 행동이다. 작업실이라는 표현을 떠올리면 이해하기 쉽다. 끝으로 활동이란 공동체 속에서 어떤 대의나 가치를 위해 하는 행동이다. 봉사 같은 게 대표적인 '활동'이라 할 수 있다. 봉사노동, 봉사작업이라고 하지 않는 것도 이런 이치 때문이다. 노동하는 사람에게는 '쉬는 게' 꿈이고, 작업하는 사람에게는 '노는 게' 꿈이 된다고 한다. 그러나 활동하는 사람에게는 활동 그 자체가 꿈이다.

국제기구 직원이 되려는 사람은 적어도 '지구가 당면한 과제들을 풀어 보기 위해', 아니면 '더 나은 세상을 만들기 위해'라는 대의나 가치관, 열정을 품고 있어야 한다. 그래야 국제공무원이 되더라도 '노동'이 아닌 '활동'을 할 수 있기 때문이다. 아무리 겉보기에 좋은 직업이라 해도 그 일을 하며 자신이 행복하지 않다면, 보람을 느끼지 못한다면 대체 무슨 소용이 있을까.

2

국제공무원의 세계

국제기구 직원이란?

지금 지구촌에는 어느 한두 나라의 힘이나 노력만으로는 해결하기 어려운 난제들이 수두룩하다. 아프리카와 아시아 등지의 낙후된 지역에서는 수많은 사람들이 빈곤의 악순환으로 고통받고 있다. 전 세계에서 글을 읽지 못하는 사람은 7억 명이 넘는다. 지금 이 순간에도 지구촌 곳곳에서 테러와 각종 분쟁이 세계 평화를 위협하고 있다. 폭력과 억압으로부터 탈출하는 난민들이 쏟아져 나와 지구촌의 큰 과제가 되고 있다. 세계 도처에서 인권이 탄압받고 유린되는 상황이 벌어지고 있다. 지구온난화를 비롯한 기후변화는 인류와 생태계의 지속 가능한 생존을 위태롭게 하고 있다. 메르스나 에볼라와 같은 무서운 질병이 창궐해 순식간에 지구촌 전체를 위협하기도 한다. 이제 정치·경제든, 환경·보건이든 어느 한 국가에서 발생한 문제는 그 나라만의 문제로 그치지 않는다. 중국 내륙의 사막화가 한국을 비롯한 동아시아에 황사를 일으키는 것처럼, 한 나라의 문제는 다른 여러 나라, 더 나아가 전 세계에 영향을 미친다.

지구촌이 당면한 이러한 과제를 해결하기 위해 국가들이 모인 곳이 바로 국제기구이다. 개별국가들은 국제기구를 중심으로 힘을 모아 세계적인 문제에 대응한다. 국제기구 중 가장 규모가 큰 기구는 193개국이 가입한 유엔이다. 유엔의 최대 목적은 세계를 더 평화롭고, 더 살기 좋은 곳으로 만드는 데 있다. 평화를 깨는 일, 인권을 유린한 결과가 얼마나 인류를 불행하게 했는지는 이미 역사가 증명한다.

국제기구의 '주인'은 다름 아닌 회원국들이다. 국제기구 사무국은 회원국들이 하는 일을 돕고 뒷바라지하는 역할을 한다. 다양한 국가집단들 사이에서 의견차를 해소하고 이해관계를 조정하는 것도 사무국이 할 일이다. 사무국에는 사무총장을 비롯하여 세계 각국에서 다양한 사람들이 와서 일을 한다. 국제기구 정규 직원, 즉 국제공무원이 된다는 것은 사무국의 직원으로 일하는 것을 뜻한다.

분담금과 직원 채용의 상관관계

국제기구는 직원을 채용할 때 몇 가지 원칙과 고려 사항이 있다. 가령 '지리적 분배(지역 배분) 원칙'이 있다. 가능한 한 여러 국가로부터 공평하게 직원을 채용하는 게 바람직하다는 것이다. 그러나 직원을 채용할 때 가장 큰 영향력을 끼치는 것은 다름 아닌 '분담률'이다. 분담률이란 매년 회원국이 내는 분담금이 국제기구의 정규예산에서 차지하는 비율을 말한다. 분담률이 높을수록, 즉 분담금을 더 많이 낼수록 해당 회원국의 입김이 강해지기 마련이다.

한국이 유엔에 내는 분담금은 193개 회원국 중 13번째로 많다. 유엔 관련 다른 국제기구들에 내는 분담금 순위도 13위다. 그만큼 한국의 입지가 넓어져 현재 많은 한국인이 유엔과 국제기구에 진출해 있다. 국제 공무원으로 일하고 있는 한국인은 2017년 12월 기준으로 58개 기구에서 768명(전문직, P급 이상)에 이른다.

유엔은 분담금 대비 인력진출 비율을 산정하여 '과다진출국', '적정진출국', '과소진출국'으로 분류하여 직원을 채용할 때 고려한다. 한국은 현재 '적정진출국'으로 분류되어 있다. 2018년 유엔 총회에 보고된 2019~2021년 국가별 정규예산 분담률에 따르면 우리나라의 분담률은 2.267%로 다소 증가해 전체 회원국 중 10위를 기록할 전망이다. 따라서 앞으로도 우리 젊은이들이 유엔 본부나 산하 국제기구에 진출할 여지는 크다. 국제기구들도 한국인 직원들의 뛰어난 역량과 성실함을 높이 평가하고 있어 기회의 문은 늘 열려 있다고 할 수 있다. 외교부는 한국인의 국제기구 진출을 돕기 위해 국제기구인사센터(unrecruit.mofa.go.kr)를 설치해 다양한 채용 정보를 제공하고 있다.

2019년부터 달라지는 유엔 분담률

유엔 회원국의 분담률은 각 회원국의 국민소득과 외채 등 경제지표를 근거로 3년마다 산정되며, 유엔 분담금위원회의 권고에 따라 유엔 총회에서 결정된다. 2018년 유엔 총회에서는 2019~2021년 회원국 분담률이 안건으로 다뤄졌는데, 향후 3년간 미국의 유엔 분담률이 22%로 가장 높고, 그다음으로는 중국(12.005%), 일본(8.564%) 순이었다. 우리나라는 3년 전보다 분담률이 다소 높아져 2.267%로 책정됐으며, 이는 전체 회원국 중 10번째 규모다.

참고로 북한의 분담률은 3년 전보다 조금 증가한 0.006% 수준(127위권)으로 나타났다. 미국의 소리(VOA)에 따르면 유엔 사무국을 비롯하여 국제기구에 근무하는 북한 국적 직원은 2015년 기준으로 26명인 것으로 전해진다.

국제공무원의 애국심, 어떻게 봐야 할까

국제기구는 직원에게 남다른 도덕성과 전문성, 그리고 충성심을 요구한다. 직원은 임무를 수행할 때, 오직 자신이 근무하는 국제기구에 대해서만 충성할 의무를 가지며, 다른 특정 국가를 위해 일하거나 지시를 받거나 따라서는 안 된다. 국제기구 직원의 독립성이 훼손된다면, 국제기구의 활동은 물론 존립 자체가 위협을 받게 되기 때문이다. 국제기구 직원들이 저마다 자신의 출신 국가의 이익을 위해 일한다고 가정해 보자. 과연 그 국제기구의 공정성과 신뢰성을 인정받을 수 있을까?

그럼에도 불구하고 국제기구 직원은 태생적으로 출신 국가를 대표하는 성격을 지닌다. 국가별 분담률과 직원 진출 현황에 따라 채용되는 직원 수가 제한된다는 점에서도 그렇다. 직원으로 근무하는 동안 '어느 나라 출신 누구'라는 수식어가 늘 따라붙는다. 한국 국적의 직원이라면, 그의 일거수일투족은 한국인으로서 주목받고 한국인에 대한 평가로 이어진다.

그렇다면 국제기구 직원이 자기 나라를 위해 애국심을 발휘하는 것을 어떻게 봐야 할까? 국제기구 직원으로서 의무와 도리에 어긋나는 것일까? 나는 국제기구 직원도 애국심을 충분히 발휘할 수 있다고 본다. 다만, 국제공무원이 애국심을 지키고 발휘하는 방법은 일반 사람과 달라야 한다고 생각한다. 국제공무원으로서 정의롭고 훌륭하게 임무를 수행하여 국제기구 안에서 모범이 되는 것, 그것이 바로 국제공무원이 애국하는 지혜로운 방법이 아닐까 생각한다. 그로 인해 출신국 국민에 대한 긍정적인 인식이 싹트고, 출신 국가의 위상 또한 높아질 것이기 때문이다.

얼마 전 별세한 코피 아난 전 유엔 사무총장은 말단 직원(P1)으로 세계보건기구(WHO)에 들어와 35년 만에 유엔 총수의 자리에 오른 입지전적인 인물이다. 가나 출신인 그는 임기 중에 아프리카에 대한 국제사회의 지원과 협력을 이끌어내기 위해 애썼지만, 결코 '아프리카의 편'은 아니었다. 아프리카에서 열린 한 국제회의에서 코피 아난은 상당수 아프리카 국가들의 독재정치와 인권 문제를 신랄하게 비판해 화제가 되기도 했다. 따지고 보면 그는 '정의의 편'에 서려고 노력했을 뿐이었다. 그리고 이것이 결국 그를 국제사회에서, 아프리카에서, 조국인 가나에서 더욱 존경받는 인물로 만들었다.

국제기구 직원의 직군 · 직급과 채용 방식

유엔과 유엔 관련(유엔 체제) 국제기구들은 직원의 채용과 처우 등에 있어서 '유엔공통인사제도(UN Common System)'를 운영한다. 유엔 본부와 유엔 관련 국제기구들이 서로 다른 인사제도를 운영한다면 차별 시비 등 큰 문제가 발생할 수 있기 때문이다. 그런 까닭에 유엔과 대부분의 국제기구들은 인사, 급여, 휴가, 수당 등 인사와 처우의 내용이 거의 비슷하다. 다만, 국제통화기금(IMF), 세계은행(World Bank) 등 일부 국제기구들은 특수성과 전문성을 내세워 독자적인 인사제도를 운용하고 있다.

국제기구 진출을 바란다면 먼저 국제기구 직원의 직군(직렬)과 직급에 대해 알아 둘 필요가 있다. 유엔 직원은 직무의 종류(직군)에 따라 전문직(Professional Staff), 일반직(GS, General service), 국가전문직(NO, National Professional Officer), 현장직(FS, Field service)으로 구분된다.

전문직에는 P1부터 P5까지 다섯 개의 직급이 있다. P1~P2는 초급 실무직이고, P3 이상은 경력직이다. P4는 과장보, P5는 과장(Section Chief)에 해당된다. P5에 오르려면 최소 10년 정도의 경력이 필요하다. D급(Director)은 국장급으로, D1은 국장보, D2는 국장이다. 유엔에서 국장급 이상의 직위로는 사무차장보(Assistant Secretary-General), 사무차장(Under Secretary-General), 사무부총장(Deputy Secretary-General)에 이어 최고위직인 사무총장(Secretary General)이 있다.

전문직(P급)과 그 이상의 고위직(Professional and higher categories)은 국제적으로 공모하여 직원을 채용한다. 일반적으로 전문직(P급)은 석사 이상의 학력이어야 하지만, 학사 학위 소지자도 관련 분야에서 소정의 전문경력이 있으면 지원할 수 있다. 직무 내용과 직급에 따라 자격 요건이 다르니 채용공고에 나와 있는 직무기술서의 내용을 먼저 확인해야 한다. 국장급 이상의 고위직은 일반적인 선발과정을 거치치 않고 사무총장이 직접 채용할 수 있다. 일반적 기준이 아니라 정치적 고려에 의해 결정되는 경우도 적지 않다.

일반직(GS)은 일반 행정 사무원을 비롯하여 비서, 운전기사, 건물관리사 등으로 일반 행정, 기술, 보안 등 다양한 지원 업무를 한다. 고등학교 졸업 이상의 학력이 필요하며 관련 분야 경력을 가져야 한다. 대부분 국제기구가 소재하고 있는 국가의 국민을 채용한다.

국가전문직(NO)은 지역 및 국가의 언어, 사회, 문화, 시스템에 능한 사람들로 인권, 정무, 법무, 의료, 아동보호, 인도적 지원, 통역 등의 업무를 담당한다. 국가전문직도 일반직처럼 주로 현지에서 채용한다. 현장직(FS)은 유엔 평화유지군, 유엔 자원봉사단처럼 필드(field)에서 근무하는 사람들로 국제적으로 공모하여 채용한다. 고등학교 졸업 이상의 학력을 가지면 지원할 수 있으며 특정 전문분야의 기술 자격증이 필요하기도 하다.

국제기구 직원의 연봉 수준은? 급여와 혜택

국제기구 근무를 꿈꾸는 이들이 알고 싶어 하는 사항 중 하나는 국제기구 직원들의 연봉일 것이다. 국제기구 직원들의 연봉은 비교적 높은 편이다. 유엔과 같은 국제기구에 들어갈 실력이면 기업이나 어느 조직에 들어가든 그 이상의 대우를 받을 수도 있을 것이기에 그에 버금가는 대우를 해 주는 것이다. 경제적인 염려를 하지 말고 직무에 충실히 임하라는 의미도 있을 것이다.

유엔 직원의 급여는 유엔헌장에 규정되어 있다. 최고 수준의 인재를 채용하려면 최고의 대우를 해 주어야 한다는 것이 유엔의 방침(노블메이어 원칙. 생생 현장 스토리 참조)이다. 이에 따라 유엔 등 국제기구 직원의 급여는 회원국 중에서 가장 높은 급여를 받는 나라의 공무원 보수를 기준으로 책정한다. 미국 연방공무원의 급여 수준이 여기에 해당된다.

재직 초기의 급여는 개인의 학력과 전문인으로서 자격을 바탕으로 결정된다. 직종에 따라 차이가 있지만 대체로 본봉에 추가하여 지역조정수당과 기타 각종 수당을 받는다. 수당으로는 가족수당 외에도 주택, 자녀학비, 본국휴가, 외국어 수당 등이 있다. 본봉에 지역조정수당 등 각종 수당을 합하면 대략 본봉의 두 배 정도를 받는다고 보면 된다. 퇴직 후 받는 연금도 국제공무원 복지의 커다란 매력 중 하나이다.

① 본봉 Base salary: 본봉은 채용공고에 명시된 직위의 직급과 부양가 족 및 근무지 생계비에 따라 결정하며 모든 유엔 체제에서 동일하다. 유 엔 사무총장의 연봉은 수당을 제외하고 20만 달러(약 2억 2,700만 원)가 넘는다. 연간 순 연봉으로 초급 전문직(P1~P3)은 $37,000~$80,000, 중급 경력전문 직(P4~P5)은 $67,000~$106,000, 고급 전문직(D1~D2)은 $95,000~$123,000 를 받는다. 여기에 지역조정수당과 각종 수당이 더해진다. 본봉은 직급 에 따라 다르고 동일 직급이라도 호봉(step)에 따라 차이가 난다. 유엔의 급여와 각종 수당은 소득세가 면제된다.

② 지역조정수당 Post adjustment: 지역조정수당은 근무지 생활비 와 미국 달러 환율에 따라 본봉의 일정 비율로 책정된다. 동일한 기본 급을 받는 모든 직원들에게 근무지 생계비와 환율 변동에 따른 차이 를 보상하여 줌으로써 동일한 구매력을 가질 수 있도록 하기 위해서 다. 예를 들어, 연간 본봉이 6만 4,000달러이고 지역조정수당이 65.7% 라면 연간 지역조정수당은 $64,000x0.657=$42,048이고 총 연봉은 $64,000+$42,048=$106,048이다.

또한 유엔 직원은 다음과 같은 수당 및 혜택을 받는다.

③ 주택보조금: 주택보조금은 직급에 따라 상한선을 정하고 초과금액에 대해서 80%까지 보조해 준다. 주택보조금은 직급과 가족 수에 따라 차이가 있다.

④ 가족수당: 만 18세 이하의 부양자녀와 만 18세 이상 21세 이하의 자녀 중 풀타임 등록 학생에 대해 지급한다.

⑤ 특수지수당: 아프리카 등 근무여건이 열악한 지역에서 근무하는 직원이 받는다.

⑥ 이사비용과 부임수당: 새로운 근무지로 부임하는 직원은 초기 정착에 필요한 비용으로 30일간의 부임수당을 받는다. 가족은 직원의 절반을 받는다. 부임 및 귀임에 따른 항공료와 이사비용도 받는다. 이사비용은 본인은 1,000kg 비용을, 가족 1인은 500kg 비용을, 가족 2인째부터는 300kg의 선편화물비용을 받는다.

⑦ 교육수당: 국제기구 직원들이 받는 가장 큰 혜택 중 하나가 교육수당이다. 모국 이외의 지역에서 근무할 때 받는다. 교육수당으로는 자녀 교육에 실제 소요되는 수업료와 기숙사비 등의 75%까지, 25세 이하로서 최초 학위취득 때까지 받는다. 최소한 대학졸업 때까지는 수당을 받는 셈이다. 다만, 학비 수준을 감안해 국별로 상한선이 정해져 있다.

⑧ 연금: 은퇴 후 연금도 국제공무원들이 누리는 큰 혜택이다. 6개월 이상 채용된 직원이 유엔직원연금에 가입하여 5년 이상 근무하면 은퇴 후 연금을 받는다. 정년퇴직하면 기본연봉 수준의 연금을 평생 받는다. 연금지급액은 과거 5년간 급여액 중 높은 쪽 36개월의 평균치를 월 급여 기준액으로 삼아 산정한다. 개인별 연금액은 근무연수, 월 급여 기준액, 지역조정수당, 가족수당 등에 따라 달라진다. 20년간 일한 후 P4로 퇴직한 사람은 매월 약 500만 원 정도를 받고, 25년간 일하고 P5로 퇴직한 사람은 매월 700만 원 정도 받는다.

⑨ 외국어 수당: 외국어 장려 정책의 일환으로 모국어를 제외하고 구사가 가능한 제2외국어에 대해 수당을 주거나 승진 등 인사 때 인센티브를 준다.

⑩ 건강보험: 유엔이 후원하는 의료보험에 가입할 자격이 주어진다. 월 보험료는 본인과 국제기구가 공동으로 부담한다.

⑪ 연가 · 병가: 근무일(Working Day) 기준으로 연간 30일의 유급 연차휴가(Annual leave)를 받는다. 휴무인 토요일과 일요일을 앞뒤에 붙이면 연간 최대 54일을 휴가로 쓸 수 있는 셈이다. 미사용 연가일수는 다음 해로 이월하여 사용할 수 있다. 다만, 업무에 지장이 없도록 이월할 수 있는 연가일수는 60일로 제한한다.

국제기구 직원들은 2년에 한 번 전 가족을 동반하여 본국에 가서 휴가를 보낼 수 있는 본국휴가(Home leave)를 받는다. 근무여건이 열악하거나 위험한 지역에서 근무하는 직원은 1년에 한 번 본국휴가를 갈 수 있다. 물론 유급휴가이고 여비도 국제기구가 부담한다.

병가 일수는 근무연수에 따라 다르다. 1년 이상 3년 미만 근무한 사람은 연간 3개월의 유급병가를 받을 수 있다. 그 이후 한 번 더 3개월 병가를 받을 수 있으나 월급은 절반만 나온다. 3년 이상 근무한 직원은 9개월의 유급병가를 받을 수 있다. 월급을 절반만 받으면서 한 번 더 9개월간 유급병가를 받을 수 있다. 육아휴가는 최대 4개월간이고 유급이다. 대학원이나 연구기관에 가서 공부하는 경우에는 특별휴가를 받을 수 있다. 원칙적으로 무급휴가이지만 전액 또는 일부 유급으로 하는 경우도 있다.

 생생 현장 스토리

노블메이어 원칙(Noblemaire Principle)

유엔 직원의 보수는 기본적으로 노블메이어 원칙에 따라 책정된다. 노블메이어는 제1차 세계대전 이후 국제 평화와 안전 유지를 위해 1920년 설립된 국제연맹(국제연합의 전신) 위원회 의장의 이름이다. 이 원칙은 국제기구에서 일하는 직원은 출신국의 급여 수준 차이와 상관없이 모두 동등한 보수를 받아야 하며, 따라서 회원국 중 가장 높은 공무원 급여를 받는 나라에서도 직원을 채용할 수 있도록 충분한 보수를 제공해야 한다는 것이다. 국제연맹을 대신하는 국제평화기구로 1945년 유엔이 설립된 이후 이 원칙 또한 계승돼 적용되고 있다.

3

국제기구로 가는
세 갈래 길

유엔 사무국에는 3만 3,000여 개의 자리가 있고, 그 중 뉴욕 본부에만 8,000여 개가 있다. 유엔 등 국제기구는 공개채용 방식으로 인력을 충원한다. 전 세계 인재들이 몰려드는 수백, 수천 대 일의 경쟁이므로 국제기구에 진출하기 위해서는 나름의 전략이 필요하다. 국제기구에 들어가는 방법은 크게 △초급 전문직 △경력 정규직 △임시직에 도전하는 세 갈래 길이 있다. 자신의 현재 상황과 적성, 미래설계 등을 토대로 과연 어떤 길을 뚫어야 하는지 신중하게 판단하고 그 길에 맞춰 준비해 나가는 것이 현명한 전략이 될 것이다.

첫 번째 길은 초급 전문직(P1~P2)의 문을 두드리는 것이다.

유엔을 비롯한 국제기구들은 전문직 직원의 퇴직, 전출, 보직 신설 등으로 빈자리가 생기거나 새로운 보직에 내부 적임자가 없을 경우 '수시로 그리고 국제적으로' 직원을 공모한다. 이러한 수시 공석 채용 정보는 해당 국제기구의 홈페이지에 게시된다. 또한 기구 회원국의 정부 및 관련 기관에도 직원모집 공고가 배포된다. 우리나라에서는 외교부 국제기구인사센터 사이트(unrecruit.mofa.go.kr)에서 확인할 수 있다.

유엔을 비롯한 국제기구들의 초급 전문직은 대체로 학사 이상의 학력에 일정 기간의 경력을 갖추면 도전할 수 있다. 그러나 현실적으로는 전문직 직원들의 대다수가 석사나 박사 학위를 지닌 전문인력이라는 점을 감안해야 한다.

공석 채용공모를 통해 초급 전문직에 들어가는 길은 무척 험난하다. 세계 각지에서 쟁쟁한 인재들이 도전하는 만큼, 합격이라는 바늘구멍을 통과하려면 자신만의 뚜렷한 장점을 지녀야 한다.

두 번째 길은 좀 더 멀리 내다보고 경력 정규직에 도전하는 것이다.

석사 이상의 학위를 받고 전문 분야에서 수년간 전문성과 경력을 쌓은 다음, 국제기구 공채를 통해 P3~P4 이상의 경력직에 들어가는 길이다. P3과 P4에 도전하려면 각각 최소 5년과 7년 이상의 관련 분야 경력이 필요하다.

나는 개인적으로 이 방안을 권하고 싶다. 우선 직업적으로 좀 더 안정된 상태에서 도전할 수 있다는 장점이 있다. 학위를 취득한 후 기업이나 기관에서 경력을 쌓은 다음 자신의 전문성을 살릴 수 있는 국제기구를 찾아 들어간다면 삶과 일의 연속성 면에서도 바람직하다. 또 하나 이점은 기회의 문이 조금 더 넓다는 사실이다. 국제기구 공모 정보들을 살펴보면 알겠지만, 경력직을 대상으로 하는 채용공고가 아주 많다. 국제기구 입장에서는 '젊은 피'의 수급도 중요하지만, 전문성과 경험이 축적된 인력을 더 선호한다. 이 방식의 또 다른 장점은 전문 경력을 수년간 쌓은 이 무렵이 자녀도 어느 정도 성장한 후라서 가정적으로도 안정적인 시기라는 점이다.

실제로 국제기구에서 고위직으로 근무하는 한국인 중 경력직 공채로 진출한 사람이 상당수다. 경력직으로 사무국에 진출하면 그만큼 권한 있는 자리에 앉게 될 뿐만 아니라(물론 개인의 역량과 성취 나름이겠지만) 국장급 이상의 고위직으로 올라갈 가능성도 상대적으로 크다. 파리 유네스코 본부에서 교육국장으로 일하고 있는 최수향 박사가 대표적인 사례다. 최 국장은 경력직 공채 방식으로 유네스코에 진출한 뒤 국장에까지 올라 자신의 꿈을 실현하고 있다.

물론 경력직으로 국제기구에 들어가는 것도 결코 쉽지 않다. 경쟁이 치열하기 때문에 더 높은 수준의 전문성과 경력 관리가 필요하다. 하지만 자신이 일하고 싶은 분야에서 경륜을 쌓으며 착실히 준비한다면 실현 불가능한 일은 아니다.

젊어서 국제기구에 진출하지 않더라도 기회의 문은 계속 열려 있다. 너무 조급하게 생각하지 말고 좀 더 긴 안목을 가지고 자신이 걷고자 하는 길을 걷다 보면 국제기구로 가는 새로운 길을 발견할 것이다. 만약 자신이 꿈을 펼치고 싶은 국제기구가 있다면, 공석 공고를 통해 해당 기구에서 경력직에 필요로 하는 전문성과 요건을 파악해 두고 여기에 맞추어 경력을 개발하거나 관리하는 것도 한 가지 방법이다.

세 번째 길은 '임시직'을 거쳐 정규 전문직에 다가가는 것이다.

이 방안은 첫째 방안에 대한 보완적인 방법이다. 경력과 전문성이 약한 상태에서 경쟁이 치열한 초급 정규직으로 들어가는 것은 사실상 하늘의 별 따기이다. 이러한 어려움을 극복하기 위해 경쟁이 덜한 '임시직' 형태로 일단 국제기구에 진입한 뒤, 이 경력으로 정규직의 문을 두드리는 일종의 우회 방법이다. 국제기구 임시직은 정규직으로 다가가는 징검다리가 될 수 있을 뿐만 아니라, 이러한 경험을 통해 국제기구의 실제 모습을 알 수 있고, 자신에게 맞는 길인지 확인할 수 있다는 점에서 긍정적인 역할을 한다. 대표적인 임시직으로는 JPO, UNV, 인턴십 등이 있다. 뒤에 상세하게 설명하기로 하겠다.

2장

국제공무원,
뭘 어떻게 준비해야 하나?

1

국제공무원이 되기 위한
필요조건

국제기구의 일자리는 다양하지만, 각 국제기구가 요구하는 인재의 덕목과 역량은 거의 비슷하다. 그렇다면 국제공무원이 되는 데 가장 필요한 요건은 무엇일까? 내 경험으로 볼 때 다음의 네 가지를 들고 싶다.

첫째, 전문성과 이를 뒷받침하는 경력

둘째, 탁월한 영어 능력, 특히 작문 능력

셋째, 다양한 사람들과의 소통 능력, 열린 마음과 자세

넷째, 확고한 소명의식, 강한 의지와 열정

참고로 유엔의 경우엔 직원에게 필요한 덕목(핵심 가치)으로 고결한 자세(공정과 정직), 전문가 의식, 다양성 존중 등 크게 세 가지를 꼽고 있다. 또한 직원의 핵심 역량으로는 팀워크, 창의성, 소통 능력, 지속적인 학습, 책임감 등을 제시하고 있다.

전문성과 경력

국제기구는 세계 최고의 인재들이 모인 곳이다. 다양한 경력과 최고의 실력을 가진 프로들의 무대라고 해도 과언이 아니다. 그런 만큼 국제기구는 전문성(Professionalism)을 중요시한다. 국제기구 지원자는 자신의 전문성을 학위와 해당 분야 경력으로 증명해야 한다. 초급 전문직인 P1은 학사 학위와 적어도 1년 이상의 경력을, P2는 학사 혹은 석사 이상의 학위와 최소한 2~4년의 경력을 가져야 지원할 수 있다. 국제기구 직원 채용 때 전문지식과 경력을 갖추지 못하면 최종 인터뷰 대상(short-list)에 포함되기 어렵다. 해당 직무와 관련된 전문지식과 경력이 사실상 당락을 좌우하는 것이다.

왜 국제기구 직원에게 전문지식과 경력이 중요할까? 국제기구는 학교에서 배운 이론을 실습하는 곳이 아니다. 전 세계 수많은 인재들과 경쟁하려면 자기만의 특별한 전문성을 지녀야 한다. 국제기구가 직원을 채용할 때 전문성을 중시하는 이유 중 하나는 직원으로 채용되는 즉시 현업에서 일을 해야 하기 때문이다. 국제기구 사무국은 철저히 일 중심으로 돌아가는 조직이다. 신입직원을 위해 사전에 직무교육을 하지도 않는다. 따로 일하는 방법을 알려 주는 사람도 없다. 자기 일은 자기가 알아서 해야 하는 것이 국제기구 사무국의 구조다. 전문성이 부족하면 업무에 적응하기가 매우 힘들다.

국제기구 사무국 직원의 주된 업무 가운데 하나는 회원국들을 지원하는 일이다. 총회나 위원회는 물론이고 크고 작은 모든 회의에 사무국 직원이 배석하여 회의 진행을 돕는다. 회원국 대표들은 논의 과정에서 사무총장이나 사무국 직원들에게 권위 있는 유권해석이나 설명을 요청할 때가 많다. 사무국 직원들이 전문적인 지식과 경험을 갖추고 있지 않으면 역할을 제대로 수행하기 어렵다.

그렇다면 어떻게 실무 경력을 쌓아 나갈 수 있을까? 현재 대학 재학생이라면 국제기구 진출에 도움이 되는 인턴이나 아르바이트부터 생각할 수 있을 것이다. 하지만 좀 더 길게 볼 필요도 있다. 대학을 졸업하자마자 국제기구 진출에 매달리기보다 민간 기업이든 공공기관이든 자기가 원하는 분야에서 실무 경력을 꾸준히 쌓은 다음, 자신에게 맞는 국제기구를 찾아 지원하는 것이 나을 수도 있다. 자신이 하고 싶고, 또 잘할 수 있는 분야에서 수준 높은 전문가가 된다면, 국제기구로 진출할 수 있는 길도 더욱 넓어질 것이기 때문이다.

그래도 인문사회계열이 낫다?

대부분의 학생들이 국제기구에 진출하기 위하여 인문사회계열 위주로 전공을 선택하는 경향이 있다. 하지만 그런 생각을 하는 사람이 많다는 것은 결국 더 많은 사람과 경쟁해야 한다는 말과도 같다. 인문사회계열 전공자뿐만 아니라 이공계 전공자들에게도 유엔에서 일할 기회는 적지 않다. 국제기구에 따라서는 이공계 전공자를 필요로 하는 분야도 상당수다. IT나 컴퓨터 등 직종도 다양하다. 실제로 유엔시스템의 채용 사이트(http://careers.un.org/)를 보면, 이공계 경력자를 구하는 모집 요강이 생각보다 많음을 알 수 있다.

국제기구 진출에서 중요한 것은 '무엇을 전공했느냐'가 아니라, 자신

의 분야에서 '얼마나 전문성을 갖고 있느냐'다. 차별화된 전문성을 지니
면 언제고 길은 열린다.

탁월한 영어 능력

국제기구에서 전문성과 함께 가장 중요한 역량은 언어 능력이다. 뛰어
난 언어 능력을 갖추지 못하면 국제기구에 진출하기도 어렵거니와 설사
취업에 성공한다고 해도 일을 제대로 할 수 없다. 모든 일이 한국어가 아
닌 유엔 공용어로 이뤄지기 때문이다.

유엔 공용어 중 가장 널리 쓰이는 것은 영어와 프랑스어다. 가장 기본
이 되는 언어는 영어다. 국제기구에서 일하려면 일단 영어를 구사하는
데 불편함이 없어야 한다. 영어로 문서를 작성하고 발표하고 토론하는
능력은 국제기구 직원에게 가장 기본적이고 중요한 역량이다. 요즘 젊은
이들의 영어회화 실력은 비교적 높은 수준으로 보인다. 그런데 국제기구
실무에서 회화 능력보다 더 중요한 것이 글쓰기 능력이다. 사무국 업무
는 모든 일이 문서로 시작해 문서로 끝난다고 해도 과언이 아니다.

앞서 설명했듯이 국제기구에는 수습기간이 별도로 없다. 첫 출근을 하
자마자 업무를 시작한다. 이메일과 공문서 작성은 물론이고, 수많은 보
고서, 발표문, 스피치 문안을 영어로 써야 한다. 회의 자료를 비롯하여
회원국에 보내는 각종 문서, 총회 보고서, 리서치 자료 등을 국제적인 수
준에서 작성할 수 있어야 한다.

모국어 수준으로 영어로 말하고 쓸 수 있다면 더할 나위 없이 좋겠지
만, 그렇지 않더라도 미리 너무 움츠릴 필요는 없다. 유엔을 비롯하여 국

제기구는 인종과 언어가 다른, 다양한 문화적 배경을 가진 사람들이 모여 일하는 곳이다. 영어가 모국어인 직원은 사실 그리 많지 않다. 국제기구에서는 영국 영어, 미국 영어만 쓰는 것이 아니라 호주 영어, 심지어 동남아 영어, 서남아 영어, 아프리카 영어도 쓴다. 출신 지역과 문화권에 따라 악센트와 발음, 표현법 등이 서로 다르다. 따라서 사무국에서는 화려한 영어 구사 능력보다는 자신이 하고 싶은 말을 정확하고 명료하게 표현할 수 있는 능력이 더 중요하다. 하루아침에 언어 구사 능력을 원어민 수준으로 끌어올리기는 어렵지만 집중적으로 공부하면 단기간에도 표현의 정확성은 높일 수 있다.

국제기구에서 자신이 일하고자 하는 분야의 전문용어나 핵심 단어, 자주 쓰이는 개념들을 익혀 놓는 것도 표현의 정확성을 높이는 한 가지 방법이다. 커버 레터(자기소개서) 작성이나 면접 때에도 이러한 용어와 단어를 적절히 활용하면 상대적으로 깊은 인상을 남길 수 있다. 유엔과 국제기구들은 대부분의 회의록과 보고서, 리서치 자료들을 공개한다. 이 중에서 자신의 관심 분야와 관련된 문서들을 살펴보고 영문으로 요약해 보는 연습을 꾸준히 하면 실질적으로 도움이 될 것이다. 유엔 등 국제기구들이 운영하는 웹 TV를 이용하면 주요 회의의 내용은 물론, 현장 분위기도 파악할 수 있다.

국제기구 직원에게 필요한 제2외국어는?

국제기구의 모든 회의는 6개 유엔공용어(영어, 프랑스어, 스페인어, 러시아어, 아랍어, 중국어)로 통역되고, 회의 내용도 각 공용어로 작성한 문서로 배포한다. 국제기구에서 일하려는 사람은 유엔공용어 중 하나를 제2외국어로 선택해야 한다. 나는 프랑스어를 제1순위로 권하고 싶다. 프랑스어는 국제기구에서 영어와 함께 가장 보편적으로 사용하고 있는 유엔공용어다. 국제기구에서 스페인어도 많이 쓰지만 주로 유럽이나 미주 국가 사람들이 사용한다. 반면 프랑스어권 국가는 무려 55개국으로, 전 세계 인구의 9%를 넘는다. 국제기구 회원국 중에, 또 사무국 내에 프랑스어 사용자가 상대적으로 많을 수밖에 없다. 영어와 함께 프랑스어를 잘하면 국제기구 진출은 물론이고 향후 업무 수행이나 평가 및 승진에도 크게 도움이 될 수 있다.

특히 국제기구에서 고위직이나 선출직을 꿈꾼다면, 프랑스어를 잘해야 유리하다. 영어 다음으로 많은 국가를 아우를 수 있는 공용어가 바로 프랑스어기 때문이다. 같은 조건이라면 자신과 같은 언어를 쓸 수 있는 사람, 자신의 언어로 소통이 가능한 사람에게 좀 더 후한 평가를 내리기 마련이다. 내가 유네스코 일을 하면서 유대관계를 맺었던 이리나 보코바 (Irina Bokova) 유네스코 사무총장은 영어와 프랑스어는 물론이고 스페인어와 러시아어까지 유창하게 구사했다. 불가리아 외교장관 출신인 그가 유네스코 총회나 집행위원회에서 이들 유엔공용어를 번갈아 쓰며 기조발표를 하는 모습은 각국 외교관들에게 강렬한 인상을 심어 주기에 충분했다. 유엔과 국제기구에서 사무총장을 지낸 인물들의 공통점 중 하나는 영어와 함께 한두 가지 유엔공용어를 더 익히고 있다는 것이다.

다양한 사람들과의 소통 능력

국제기구는 주로 팀 단위로 일한다. 다양한 국적, 언어, 인종, 문화적 배경을 가진 사람들이 함께 일하려면 원활한 소통과 팀워크가 매우 중요하다. 그런데 사고방식과 관습이 다른 사람들을 이해하고 그들과 소통하는 것은 결코 쉬운 일이 아니다. 최근 다문화 가정이 늘고 있기는 하지만 단일민족 문화에 익숙한 한국인에게는 더욱 그렇다. 무엇보다도 서로 다르다는 점을 인정하고, 다른 이들의 문화와 관습을 존중하는 '열린 마음'이 필요하다. 그것이 소통을 시작하는 첫걸음이다.

특히 임시직을 거쳐 국제기구에 진출하려는 젊은이들에게 소통 능력은 남다른 의미가 있다. 비교적 짧은 기간 동안 자신의 업무 능력과 열정 그리고 열린 마음을 보여 주어야 하기 때문이다. 본부든 현장이든 다양한 국적의 사람들과 협업을 해야 할 때가 많은데 소통을 제대로 하지 못하면 좋은 평가를 이끌어 낼 수 없다. 어려서부터 토론문화에 익숙한 유럽인들과 달리 한국인은 자신의 생각과 견해를 잘 드러내지 않는 경향이 있다. 하지만 그렇게 해서는 국제기구에서 인맥을 넓히기도, 깊은 인상을 남기기도 어렵다. 자기의 생각을 적극적으로 표현하고 상대의 의견에 귀를 기울이는 문화에 익숙해져야 한다.

다른 조직과 마찬가지로 국제기구에서도 임시직이든 정규직이든 모든 직원은 평가를 받는다. 특히 직상위자와 차상위자의 평가가 중요하다. 업무 적응 능력과 열정 등에서 높은 평가를 받으면 훗날 국제기구 정규직에 도전할 때 긍정적인 요인으로 작용한다. 평가자도 사람인지라 적극적으로 소통하고 성실하게 일하는 직원에게 마음이 기울어지기 마련이다. 소통하려는 노력이야말로 국제기구의 문을 여는 또 하나의 열쇠라고 할 수 있다.

나는 소통 능력을 키우는 방법으로 여행을 권하고 싶다. 나와 다른 언어와 문화, 종교에 대한 편견과 고정관념을 깨는 데 여행만큼 좋은 방법이 없기 때문이다. 자원봉사든 NGO 활동이든, 기회가 있을 때 해외로 나가 다양한 사람들과 문화를 직접 겪어 보고 그들의 삶의 방식이 우리와 다르지만, 삶은 결코 다르지 않음을 깨닫길 바란다. 서로에 대한 존중은 이해로부터 싹트고 진정한 소통은 존중하는 마음에서 시작되기 때문이다. 여행이 주는 또 다른 선물은 다름 아닌 적응력이다. 익숙하지 않은 환경에서 예기치 않게 겪는 상황에 대응하고 적응하는 역량도 여행을 통해서 길러질 것이다. 이러한 경험들이 장차 국제무대에서 일하는 데 소중한 밑거름이 될 것이다.

확고한 소명의식, 강한 의지와 열정

국제기구에서 일한다는 것은 인류를 위해 헌신한다는 의미이기도 하다. 이러한 사명감과 가치관을 확고하게 갖지 않고서는 국제기구에 채용되기 어렵고, 설사 국제공무원이 된다고 해도 성공적으로 업무를 수행하기 힘들다.

유엔의 경우, 전체 직원 가운데 절반가량이 세계 각지의 현장에서 근무한다. 본부 사무국에서 일하는 직원은 전체의 31% 정도에 불과하다. 현장 근무 지역은 가난, 분쟁, 질병, 박해, 테러 등으로 유엔의 도움을 필요로 하는 곳이 대부분이다. 때로는 오지에서 천막살이를 해야 하고, 때로는 테러의 위협에 직면하기도 한다. 한 곳에 뿌리를 내리지 못하고 여러 나라를 돌아다니며 근무하는 것은 생각처럼 쉬운 일이 아니다. 본국과 해외를 오가는 외교관의 삶과는 또 다른 어려움이 뒤따른다. 오지나 험지에서 일하게 되면 가족과 떨어져 지내야 하는 심적인 고통도 크다.

　자신의 일에 대한 소명의식과 강한 의지가 없다면 국제공무원으로 일하는 데 한계를 느낄 수밖에 없다. 반대로 뜨거운 사명감을 간직한다면, 역경마저도 보람으로 승화시킬 수 있을 것이다. 더 나은 세상을 만드는 데 기여하겠다는 소명의식, 임무를 완수하겠다는 강한 의지야말로 국제기구 직원이 지녀야 할 위대한 덕목 중 하나다.

매일매일 꿈을 충전하라

많은 이들이 국제기구 진출을 위해 도전하지만 기회의 문은 쉽사리 열리지 않는다. 시일이 지나다 보면 꿈을 향한 열정도 의욕도 뒷걸음질 치기 쉽다. 때로는 길게 돌아 국제기구로 다가가야 할 때도 있다. 그럴 때일수록 꿈도, 마음가짐도 '관리'가 필요하다. 자신에게 끊임없이 동기부여를 해야 한다. 내가 헌신해 이루고 싶은 세상을 떠올려 보며, 꿈도 용기도 재충전을 해 보는 것이다.

세계적인 베스트셀러 작가이자 동기부여 전문가였던 '지그 지글러'는 이런 말을 했다. "사람들은 의욕이 끝까지 가질 않는다고 말한다. 뭐, 목욕도 마찬가지 아닌가? 그래서 매일 하는 거다. 목욕도, 동기부여도." 목욕처럼 자주는 아니더라도, 자신의 꿈에 물을 주자. 스스로 동기부여를 하면 꿈도, 열정도 자라나기 마련이다.

2

국제기구라는 지구촌 열차에
오르는 방법

국제기구라는 지구촌 열차에는 몇 개의 중간 역이 있다. 굳이 초급 '정규직'이라는 첫 번째 역이 아니더라도 '경력직'이라는 중간 역에서 올라탈 수도 있고, '임시직'을 거쳐 열차에 환승할 수도 있다. 이번 장에서는 국제기구라는 열차에 탑승할 수 있는 다섯 가지 길을 보다 구체적으로 소개하려 한다. 국제기구 진출을 꿈꾸는 이들이 자신의 상황과 처지에 맞는 가장 적절한 길을 찾고 새로운 도전을 시작했으면 하는 바람이다.

1 첫 번째 길: 전문직 정규직원 공채에 의한 진출

국제기구에 진출하는 가장 일반적인 방법은 채용공고(공석 공고)에 응모하는 것이다. 초급 및 경력 전문직 정규직원은 물론 인턴, 컨설턴트 등 모든 직무 군에 대해 홈페이지에 모집 공고를 게시하고 채용 절차를 진행한다. 유엔이 공채로 채용하는 인원은 매년 1,000명이 넘는다.

이제 유엔의 전문직(P급) 정규직원 공채에 대해 알아보자. 유엔에서 전문직은 전문지식이나 기술, 경험 등을 활용해 업무를 수행하는 직종으로 크게 다음 9개 분야에서 업무를 맡는다.

▲관리 · 행정 ▲경제사회 개발 ▲정치, 평화 및 인도주의 ▲정보통신기술 ▲법 ▲보안 및 안전 ▲공보 · 회의 운영 ▲물류 운송 ▲과학

유엔은 전문직 정규직원을 공모할 때 '채용 즉시 일할 수 있는 전문 인력'을 뽑는다. 해당 분야의 경력과 전문지식이 가장 중요한 채용 요건이라는 뜻이다. 따라서 채용 절차가 진행되는 동안 지원자는 해당 분야에서 일하는 데 자신의 전문지식과 경력이 얼마나 유용하며, 어떠한 장점이 있는지 구체적인 경험 사례를 들어 부각시켜야 한다. 이러한 점은 유엔전문기구에 지원하는 경우에도 마찬가지다. 유엔전문기구란 유엔의 직접적인 지시나 통제를 받지 않지만 유엔과 협력하여 고유의 역할을 수행하는 정부 간 기구를 의미한다. 유엔교육과학문화기구(UNESCO)와 유엔식량농업기구(FAO)를 비롯하여 국제노동기구(ILO), 세계보건기구(WHO), 국제민간항공기구(ICAO), 국제부흥개발은행(IBRD), 국제개발협회(IDA), 국제통화기금(IMF), 세계기상기구(WMO), 국제해사기구(IMO) 등이 여기에 해당한다.

채용의 관문 'UN Careers Portal'

유엔의 직원 공채는 채용공고 → 지원서 제출 → 서류심사 → 평가시험 → 인터뷰 등의 절차로 진행한다. 유엔 홈페이지(un.org) 메뉴 중 'Job Seekers'에서 실시간으로 직원 채용에 대한 전반적인 정보를 얻을 수 있다. 또한 유엔 채용 정보 사이트인 'UN Careers Portal(careers.un.org)'에서 보다 구체적인 채용 정보를 검색할 수 있다.

유엔 사무국에 지원하려면 가장 먼저 해야 할 일이 'UN Careers Portal'에서 자신이 원하는 직종과 직책을 찾는 일이다. 이 포털은 전 직군과 직종에 걸쳐 채용 정보를 제공하며 조건별 검색을 할 수 있다.

전문직 정규직원 공채는 공석이 생길 때에 진행하므로 '비정기적'이며, 같은 직급이라도 분야에 따라 요구하는 경력치가 서로 다를 때가 많다. 그런 까닭에 기간과 목표를 정해 놓고 준비하기 어렵다. 자신이 원하는 분야나 직종의 채용 요건을 사전에 확인해 놓고, 경력을 갖췄다고 여겨질 때 유엔 채용 정보 사이트에 들어가 지원 절차를 진행하는 것이 합리적이다. 이럴 경우 유용한 제도가 바로 'Job Alert(채용공고 알림)'이다.

'Job Alert'를 활용하라

'UN Careers Portal'에서 지원하려는 직종과 직급을 선택한 뒤 'Apply Now(지원하기)'를 클릭하면 지원서를 작성·제출하는 사이트인 'inspira' 창(inspira.un.org)이 뜬다. 이 사이트에 회원으로 가입하여 로그인하면 단계별로 지원 절차를 진행할 수 있다(Careers 포털 창에서 로그인해도 inspira 창이 뜬다). 이때 inspira 사이트의 '채용검색(Job Search)'란에 자신이 원하는 구직 관련 사항을 저장해 두면 이와 관련된 공석공고가 날 때 유엔 채용부서가 이메일로 알려 준다. 이것이 'Job Alert' 제도다.

채용공고 중에서 자신에게 적합한 직종과 직급을 찾고 실제 지원서를 작성해 제출하는 일련의 과정은 'UN Careers Portal'과 'inspira' 사이트를 통해 이뤄진다. 이들 사이트를 활용하는 구체적인 방법은 책의 뒷부분에 따로 소개한다.

지원서를 작성할 때 유의해야 할 점은 두 가지이다. 하나는 사이트에 제시된 유엔 양식에 따라 사실에 입각해 완벽하게 작성해야 한다는 것이고, 다른 하나는 해당 직책의 직무내용(Job description)에 관한 핵심 단어(keyword)를 활용하여 지원서를 작성해야 한다는 것이다. 실무 전문직(P1~P3)은 지원자가 많이 몰리기 때문에 담당자가 모든 지원서를 일일이 읽어 보기 어려울 때도 있다. 이런 경우, 국제기구에 따라서는 핵심 단어를 검색 조건으로 삼아 컴퓨터로 지원서를 걸러 내기도 한다.

지원서를 제출한 다음에는 어떤 단계를 밟게 될까? 일반적으로 지원서에 대한 평가를 거쳐 서류 합격자를 선정하고, 그 이후 평가시험 → 역량기반 인터뷰 → 선발 및 통보 순으로 절차가 진행된다. 각 단계별로 핵심 사항을 알아보자.

평가시험(Assessment exercise)

평가시험은 필기시험이나 시뮬레이션 시험 또는 사례 연구 형식으로 실시된다. 평가시험은 '엄격히 비밀리에(in strict confidence)' 시행되는데, 지원자는 평가 시간, 유형, 평가 기간에 대해 미리 연락을 받는다. 평가시험 결과가 좋으면 인터뷰 대상자로 선정된다. 즉, 선발후보자 명단(short-list)에 오르게 되는 것이다.

국제기구에 따라서는 초급 직원 채용 때 필기시험을 치르기도 하고 평가시험을 생략하기도 한다. 일반적으로 경력직은 필기시험 없이 이력 심사와 인터뷰만으로 선발하는 게 관례다.

역량기반인터뷰(Competency-based interview)

서류심사와 평가시험을 통과한 지원자 중에서 소수 인원을 대상으로 역량기반인터뷰를 실시한다. 인터뷰 대상자는 전체 지원자의 10% 정도이다. 전체 지원자의 90% 이상이 서류심사와 평가시험 단계에서 탈락한다.

국제기구는 인터뷰 대상자에게 인터뷰를 진행할 패널위원들의 이름과 인터뷰 시간, 기간, 방법, 장소를 미리 알려 준다. 인터뷰는 면접관과 대면해 하는 것이 원칙이지만, 경비와 시간을 절약하기 위해 요즘엔 전화 또는 화상회의 방식으로 하는 경우도 많다. 면접관은 적으면 1명, 많을 경우 3~4명이 맡으며 대략 한 시간가량 인터뷰를 한다.

역량기반인터뷰는 실질적으로 합격과 불합격을 가르는 가장 중요한 전형이다. 어떻게 역량기반인터뷰를 준비해야 하는지에 대해서는 뒤에 설명한다.

선정 통보(Selection notification)

여러 단계의 평가 결과를 종합해 일단의 후보자들이 선발 대상자로 추천된다. 그다음 일반직원과 간부직원으로 구성된 독립검토기구(independent review body)가 후보자들에 대한 추천 내용을 평가한다. 그 뒤 해당 부서의 장이 검토기구의 지지를 받은 최종 후보자를 한 명, 또는 모집 인원수만큼 선정하여 통보한다.

신원조회 – 선발위원회 – 사무총장 승인

국제기구는 인터뷰를 통과한 지원자의 학력, 경력 등 서류상의 모든 내용에 대해 사실 여부를 조회한다. 이 과정에서 유엔과 국제기구는 지원자의 출신국 정부에 협조를 요청할 수 있다.

최종 선발 여부는 선발위원회가 결정한다. 선발위원회는 채용부서 대표, 인사부서 대표, 직원조합 대표로 구성된다. 해당 국제기구 사무총장이 이를 최종 승인해 직원으로 임명한다. 국제기구에 따라 다소 차이가 있지만 채용공고로부터 최종 임용까지 걸리는 기간은 대략 6개월 전후이다.

재도전을 위한 발판, 로스터

유엔 사무국은 후보자 명단에 포함되었다가 최종 선발되지 못한 지원자를 따로 관리한다. 이른바 '로스터(roster)' 제도다. '로스터'란 이미 지원 과정을 통해 유력한 후보자로 인정받았던 지원자들의 명단이다. '로스터'에 오른 사람에게는 동일한 직종과 직급의 채용공고가 나올 때 채용정보를 이메일로 알려 준다. 또한 전체 지원 절차를 거치지 않아도 채용 대상으로 검토된다. 하지만 '로스터'에 포함되었어도 확실히 채용 정보를 받으려면 '채용공고 알림(Job Alert)'에 가입해 두는 것이 좋다.

국제기구인사센터와 국제금융기구 정보시스템을 이용하라

　유엔을 비롯한 국제기구의 직원 채용공고와 진출설명회 등에 대한 정보
는 외교부 '국제기구인사센터'를 통해서도 확인할 수 있다. 실시간으로 모
든 채용 정보가 업데이트되지는 않지만, JPO와 UNV 등 국제기구에 도
전할 수 있는 다양한 루트와 정보를 얻을 수 있어 유용하다. 또한 국제금
융기구에 도전하려는 젊은이라면 기획재정부 국제금융기구 정보시스템(ifi.
mosf.go.kr)을 통해 관련 채용공고 및 채용설명회에 대한 정보를 얻을 수 있다.

 생생 현장 스토리

국제기구 채용 정보 총집합!
국제공무원위원회 사이트

유엔 채용 사이트(careers.un.org)가 유엔 직원에 대한 채용 정보를 제공
한다면, 유엔 국제공무원위원회(ICSC, International Civil Service Com-
mission)의 일자리 사이트(jobs.unicsc.org)에서는 유엔을 비롯하여 유엔
시스템에 소속된 국제기구 28곳의 직원 채용 정보를 종합적으로 제공한
다. 국제공무원위원회는 국제연합 공통시스템 내 기구 및 기관의 고용과
근무조건 등을 규정하고 조정하는 기구다.
'2018년 11월 19일'을 예로 들면, 이 일자리 사이트에 UN, UNDP, UNI-
CEF, UNOPS, ICAO, IAEA 등 다수의 국제기구가 게시 중인 1,117건의
공개채용 정보가 올라와 있음을 알 수 있다. 해당 사이트 하단에는 '필터
링' 기능이 있어 자신이 찾는 조건으로 모집 직종의 범위를 줄일 수도 있
다. 아래는 유엔 국제공무원위원회의 일자리 사이트에서 채용 정보를 확
인할 수 있는 기구와 기관의 명단이다.

ORGANIZATION // HEADQUARTERS

United Nations (UN) // New York

United Nations Development Programme (UNDP)* // New York

United Nations Population Fund (UNFPA)* // New York

United Nations Office for Project Services (UNOPS)* // Copenhagen

United Nations High Commissioner for Refugees (UNHCR)* // Geneva

United Nations Children's Fund (UNICEF)* // New York

United Nations Relief and Works Agency for Palestine Refugees in the Near East (UNRWA)* // Gaza

International Trade Centre (ITC)* // Geneva

International Labour Organization (ILO) // Geneva

Food and Agriculture Organization (FAO) // Rome

World Food Programme (WFP)* // Rome

United Nations Educational, Scientific and Cultural Organization (UNESCO) // Paris

World Health Organization (WHO) // Geneva

International Civil Aviation Organization (ICAO) // Montreal

Universal Postal Union (UPU) // Bern

International Telecommunication Union (ITU) // Geneva

World Meteorological Organization (WMO) // Geneva

International Maritime Organization (IMO) // London

World Intellectual Property Organization (WIPO) // Geneva

International Fund for Agricultural Development (IFAD) // Rome

United Nations Industrial Development Organization (UNIDO) // Vienna

International Atomic Energy Agency (IAEA) // Vienna

World Tourism Organization (UNWTO) // Madrid

UN Women (UNWomen)* // New York

International Seabed Authority (ISA) // Kingston

United Nations Programme on HIV/AIDS (UNAIDS)* // Geneva

International Tribunal for the Law of the Sea (ITLOS) // Hamburg

The Preparatory Commission for the Comprehensive Nuclear-Test-Ban Treaty Organization (CTBTO) // Vienna

* 표시는 유엔 사업 및 기금을 위한 기구를 뜻한다.

2 두 번째 길: 정규직으로 가는 지름길 JPO

국제기구초급전문가(JPO, Junior Professional Officer) 제도는 정부가 우리 젊은이들을 국제기구에 진출시키고 국제협력 경험을 갖춘 전문가로 양성하기 위한 프로그램이다. 정부는 우수한 젊은 인력을 국제기구 사무국에 파견하여 전문직(P1, P2)과 동등한 조건으로 일하게 한다. JPO는 국제기구의 정규직원과 동일한 대우를 받으며 '유엔의 특권과 면제'가 적용된다. 다만 1년 또는 2년의 계약직이고 급여를 국제기구가 아닌 파견국 정부가 제공한다는 점이 다르다.

JPO는 임시직이지만 근무 기간이 길어 국제기구 업무에 필요한 역량과 경험을 충분히 얻을 수 있는 점이 큰 매력이다. 정부는 파견근무가 종료된 후 JPO 파견자가 해당 국제기구 또는 다른 국제기구에 정규직원으로 채용될 수 있도록 지원한다. JPO가 파견근무를 마친 후에 국제기구 정규직원으로 진출하는 비율은 약 85%에 이른다. 외교부 통계에 따르면 1996~2016년 동안 JPO 활동을 마친 125명 중 105명이 국제기구에 진출한 것으로 나타났다. 그런 까닭에 JPO는 국제기구 정규직으로 진출하는 가장 확실한 방법이다.

최대 2년간 근무

JPO 파견자는 공개모집을 거쳐 선발하며 선발인원은 매년 외교부가 예산 등을 고려하여 정한다. 2017년에 11명, 2018년에는 17명을 JPO로 파견했다. 2017년 공채시험의 경우 23 대 1의 높은 경쟁률을 기록했다. 만 32세 이하의 대한민국 국민으로 학사 이상의 학위 소지자는 JPO 선발시험에 응시할 수 있다. JPO 선발에 관한 상세한 내용은 외교부 국제기구인사센터 홈페이지에 소개되어 있다. 기획재정부도 세계은행(World Bank)과 협의해 세계은행 본부(워싱턴 D.C.)에 매년 1명을 JPO로 파견 중이다. 기획재정부 국제금융기구 정보시스템 홈페이지를 통해 관련 정보를 얻을 수 있다.

JPO 파견 기간은 1년을 기준으로 하며, 최대 1년까지 연장할 수 있다. 파견자의 보수와 행정비용 부담액 등 파견 비용은 국제기구와의 협정에 의거해 예산의 범위 내에서 외교부 장관이 정한다.

JPO 선발시험 진행 절차

JPO는 국제기구가 직접 선발한다. 먼저 서류전형인 1차 시험을 실시하여 직위당 3~5명의 합격자를 선발한다. 외교부는 평가단을 구성하여 1차 시험 합격자에 대해 한국어 면접을 실시하고 한국어 구사 능력이 부족한 지원자를 제외한 후보자 명단(short-list)을 작성한다. 국제기구는 한국어 면접을 통과한 1차 시험 합격자를 대상으로 2차 시험을 실시한다. 2차 시험은 면접시험이며 경우에 따라 필기시험을 실시하기도 한다. 국제기구는 2차 시험 고득점자 순으로 직위별 1명의 최종 합격자와 1명의 후보자(예비명단)를 정해 외교부 선발심사위원회에 통보한다. 외교부 선발심사위원회는 최종 합격자 및 후보자 명단을 승인해 국제기구에 통보하고 최종 합격자에게 통지한다.

다시 정리하면 ▲파견대상 국제기구 및 직위 선정(외교부) → ▲선발시험

공고(외교부) → ▲1차 서류심사로 직위당 3~5명의 후보자 선발(국제기구) → ▲한국어 면접 통해 후보자 명단(short-list) 승인(외교부) → ▲2차 면접으로 최종 합격자 결정(국제기구) → ▲합격자 발표(외교부) 순으로 진행한다.

JPO 지원 자격

JPO 선발시험에는 만 32세 이하(시험 시행연도의 12월 31일 기준)의 대한민국 국민으로 국내외 대학 학사 이상의 학위를 보유하면 응시할 수 있다. 단, 국가공무원법 제33조 각호의 1(국가공무원 결격사유)에 해당하는 사람은 시험을 치를 수 없다. 또한 학사 취득 예정자의 경우, 최종 합격자 선발 통보 때 학위취득 인정서류를 외교부에 제출해야 한다. 남자의 경우 병역필 또는 면제자에 한해 응시자격이 인정된다. 병역을 마친 사람은 복무기간에 따라 1~3세까지 응시 상한연령을 연장해 적용한다.

JPO 응시 방법과 유의사항

국제기구가 시험을 직접 주관하는 만큼, JPO 지원자가 유의해야 할 사항이 있다. 외교부 국제기구인사센터는 JPO 선발시험 시행계획을 공고할 때 ▲파견대상 국제기구별 서류제출(채용) 사이트 주소(URL)나 이메일 주소 ▲각 파견대상 국제기구의 JPO 설명 자료 및 상세 직무기술서를 첨부파일로 제공한다.

이 직무기술서에는 해당 국제기구에서 JPO가 맡게 되는 직위, 직무수행에 필요한 능력과 평가기준, 학력 및 경력 같은 자격요건 등이 나와 있다. 또한 해당 국제기구의 서류제출 사이트에 접속해도 같은 내용을 확인할 수 있다. 따라서 지원자는 먼저 관심 있는 국제기구의 직무기술서를 자세히 살펴보고, 자신의 전공과 경력에 가장 적합한 기구와 직위를 찾아야 한다. 그다음에는 해당 직무기술서 등에서 제시하는 대로 요건과 양식에 맞춰 이력서, JPO 지원동기서 등 영문 지원 서류를 작성하여 제출해야 한다. 지원자는 최대 2개 직위에 대해 서류를 제출할 수 있다.

1차 시험은 서류전형이므로, 학력과 어학 능력에서 큰 차이가 없다면 이력서와 지원동기서의 내용에 따라 합격 여부가 갈리게 마련이다. 두 서류를 작성할 때에는 자신이 해당 업무의 적임자라는 점을 구체적인 사례를 통해 부각시켜야 한다. 국제기구 정규직원 때와 마찬가지로 경쟁력의 핵심은 바로 전문지식과 관련 분야의 경력이다.

JPO로 진출할 수 있는 국제기구는?

JPO 제도를 통해 파견되는 국제기구는 정부의 정책적 필요성, 해당 국제기구의 요청 등을 종합적으로 고려해 외교부가 국제기구와 협의하여 결정한다. JPO 파견 국제기구 현황은 다음과 같다.

▲ 유엔 및 산하기구

UN Secretariat(유엔 사무국), UNDP(유엔개발계획), UNICEF(유엔아동기금), UNHCR(유엔난민기구), WFP(유엔세계식량계획), UNEP(유엔환경계획), UNCDF(유엔자본개발기금), UNV(유엔봉사단)

▲ 유엔전문기구/독립기구

ILO(국제노동기구), WIPO(세계지식재산기구), FAO(유엔식량농업기구), ICAO(국제민간항공기구), UNIDO(유엔공업개발기구), IAEA(국제원자력기구), UNESCO(유엔교육과학문화기구), WHO(세계보건기구)

▲ 관련 기구

IOM(국제이주기구) 이 외에도 2018년 JPO로 선발된 젊은이들이 ICJ(국제사법재판소), UNCITRAL(국제상거래법위원회), UN OHCHR(유엔 인권최고대표사무소) 등 유엔 기구·기관을 비롯해 IFAD(국제농업개발기금), IRENA(국제재생에너지기구), OECD(경제협력개발기구), OPCW(화학무기금지기구), WMO(세계기상기구) 등에 파견된다. JPO를 통해 파견되는 국제기구 및 기관은 총 26곳에 이르며 앞으로도 대상 국제기구가 더 늘어날 것으로 보인다.

JPO 파견 그 후

JPO는 세계 여러 나라가 국제기구와 협력해 시행하고 있는 독특한 채용 제도다. 특히 노르웨이(연간 90명, 2015년 기준)와 독일(연간 50명) 등 유럽 국가들은 자국의 젊은이들을 JPO로 국제기구에 파견하는 데 공을 들인다. 많은 나라들이 JPO 파견에 국가 예산을 쓰는 이유는 젊은 세대의 국제기구 진출을 지원하고 다른 한편으로는 국제기구에 인적 기여를 하기 위해서다. 국가의 예산 지원을 받아 한 나라의 대표 격으로 국제기구에서 일하는 만큼 JPO 파견자에게는 남다른 책임의식이 요구된다.

우리나라의 경우 JPO 파견 근무를 '복무'라고 표현하고, 파견자가 파견 이전에 '복무에 대한 서약서'를 외교부 장관에게 제출하는 이유도 여기에 있다. 실제로 JPO 파견자에 대해서는 재외공관에서 각별히 관리한다. 재외공관장이 관할지역 내의 JPO 파견자에 대해 지도를 하고 근무 실태를 파악한다. 또한 JPO 파견자에게는 도착 및 귀국, 부서변동 시 신고, 정기활동보고서 제출 등의 의무가 뒤따른다.

JPO 파견 기간이 끝나면 정부는 본인과 협의해 정규직원으로 채용될 수 있도록 국제기구와 교섭하거나 지원을 한다. 물론 JPO로 근무했다고 해서 당연히 해당 국제기구 정규직원으로 채용되는 것은 아니다. 당사자의 역량과 능력, 기구의 평가 등이 종합적으로 고려되어 채용 여부가 결정되지만, JPO 경력이 여러모로 도움이 되는 게 사실이다. JPO 경력을 토대로 지원서를 제출하며 적극적으로 뛰어 다른 국제기구로 진출하는 경우도 있다.

JPO 근무는 국제기구를 경험하는 매력적인 기회이며 인생에서 가장 반짝이는 시기에 인류와 세계를 위해 기여하는 값진 경험이다. 게다가 마음을 열고 열심히 뛰면 국제기구에 더 가까이 다가갈 수 있다는 사실은 JPO가 주는 최고의 선물이라 할 수 있다. 아무쪼록 많은 젊은이들이 JPO에 도전해 꿈을 키워 갔으면 하는 바람이다.

3 세 번째 길: 유엔봉사단(UNV), 현장에서 출발하라

국제기구에 진출하는 세 번째 길은 유엔봉사단(UNV, UN Volunteers)이다. 유엔은 1970년부터 '유엔봉사단'을 운영하고 있다. 각 분야에서 봉사단원을 미리 확보해 두었다가 개발도상국이나 분쟁 또는 재난이 발생한 국가에 파견해 기술적 지원, 개발 협력, 긴급원조 등을 한다. 이들은 아프리카든 남태평양이든 도움이 필요한 곳이면 지구촌 어디에든 달려가는 현장의 '유엔맨'이다.

매년 130여 개 국가에서 7,000여 명이 봉사단원으로 활동하는데 유엔은 1만 명으로 늘릴 계획이라고 한다. 예비후보자가 2만 5,000명이 넘고 온라인 예비후보자는 30만 명이 넘을 정도로 인기여서 그만큼 뽑히기가 어렵다. 각국에서 수행하는 UNV 사업은 현지 유엔개발계획(UNDP) 사무소가 관리한다. 독일의 옛 수도 본(Bonn)에 UNV 본부가 있다. 뉴욕 유엔본부에도 UNV 사무소가 있으며, 방콕, 다카르, 나이로비, 파나마시티 등 4곳에 지역사무소를 두고 있다. 국별 사무소인 필드 유닛도 약 80개나 된다.

UNV는 왜 인기일까

왜 이토록 많은 사람이 유엔봉사단원으로 일하기를 원하는 걸까? 아마도 유엔이 추구하는 가치와 업무의 진수를 현장(field)에서 경험할 수 있다는 매력 때문일 것이다. 분쟁이나 재해가 발생한 현장 또는 도움이 절실히 필요한 낙후된 지역에서 유엔의 이름으로 봉사하는 삶을 산다는 것은 비록 어렵고 힘들지만 값지고 보람 있는 특별한 경험이다.

유엔봉사단원이 되면 유엔 직원들과 자연스럽게 인맥을 쌓을 수 있다는 것도 또 다른 이점이다. 봉사단원의 일이 유엔 정규직원이 하는 업무와 다를 바 없으므로 유엔이 자신의 적성에 맞는지 스스로 평가해 볼 기회이기도 하다. 많지는 않지만 주거비 등의 명목으로 매월 2,000~3,000달러 정도의 생활비도 받는다. 부임 및 이임 항공료, 정착비, 각종 보험 및 수당도 제공된다.

봉사활동이 자연스럽게 현장 경력으로 이어진다는 점도 결코 빼놓을 수 없는 장점이다. 군대에서도 최고 지휘관에 오르려면 야전 근무 경력이 필요하듯 국제기구에서도 필드 근무 경력을 매우 중요하게 여긴다. 고 이종욱 박사도 서태평양 피지의 오지에서 일을 시작해 WHO 사무총장의 자리에 올랐다.

유엔봉사단원으로 근무했다고 해서 유엔의 정규직이 보장되는 것은 아니다. 하지만 유엔은 현장경험을 중시하기 때문에 봉사단원으로 일한 경력은 나중에 정규직원으로 들어가는 데 큰 도움이 될 것이다. 또한 훗날 직원이 되어서도 봉사단원 시절 쌓은 경험이 좀 더 현실성 높은 정책을 수립하는 데 자양분이 될 것이다.

유엔봉사단원의 삶

유엔봉사단원은 유엔의 정식 직원은 아니지만, 정규직원과 마찬가지로 평화 유지와 인류의 공동 번영이라는 유엔의 목적을 공유한다. 유엔은 2015년 '지속가능발전목표(SDGs)'를 채택해 추진 중이다. SDGs는 '빈곤 종식', '불평등 감소', '기후행동' 등 인류의 지속 가능한 발전을 위한 17가지 목표로 구성돼 있는데, 그 대표 슬로건은 다름 아닌 '한 사람도 뒤처지지 않게 하기(Leave no one behind)'이다. 아무도 빈곤과 기아 속에, 불평등과 질병 속에 머물지 않도록 하는 이 위대한 일을 수행하는 '유엔맨' 중 하나가 바로 유엔봉사단원이다.

유엔봉사단원이 하는 일은 현장 업무라 어려움이 더 클 수밖에 없다. 낯설고 낙후된 지역에서 겪는 생활의 불편함은 기본이고, 풍토병의 위험과 불안한 치안, 정변의 위협과 마주하기도 한다. 일을 하는 데도 어려움이 뒤따른다. 대부분의 경우 곁에서 조언해 주는 사람이 없으니 상황판단도 일처리도 홀로 해내야 한다. 게다가 현지의 필요를 충족시켜 주기에는 UNV 본부나 국제기구의 지원이 턱없이 부족한 경우가 많다. 이름만 봉사단원이지, 정규직원과 다를 바 없을 정도로 일의 강도도 엄청나게 높다.

이처럼 유엔봉사단원의 일은 힘들고 어렵지만 보람과 성취감 또한 남다르다. 열악한 환경에서 사명감과 전문성을 바탕으로 임무를 성취한 경험들은 설사 나중에 유엔에서 일하지 않더라도 전문적인 커리어를 발전시켜 나가는 데 크게 도움이 될 것이다. 업무를 수행하는 과정에서 체득하게 되는 소통과 협력의 파트너십 또한 현장 근무자가 아니면 쉽게 얻을 수 없는 커다란 자산이다.

유엔봉사단원이 되는 길

UNV는 지구촌 봉사활동을 위한 조직이므로 봉사단원에게 필요한 덕목도 일반적인 직종과 차이가 있다. 우선, 자원봉사에 대한 확실한 가치관과 의지를 지녀야 하고, 다문화 환경과 열악한 환경에서 일할 수 있는 적응력을 갖춰야 한다. 현장에서 여러 부류의 사람들과 부대껴야 하기에 대인관계 능력도 뛰어나야 한다.

UNV는 빈곤 퇴치, 교육, 의료, 개발, 재난 구호 등 여러 상황에 맞춰 적합한 인재를 현장에 파견해야 하므로 경력과 언어 등에서 전문성을 지닌 다양한 인재풀이 필요하다. 이 인재풀이 바로 UNV에 지원해 예비후보자로 등록된 사람들의 리스트인 '글로벌 탤런트 풀(Global Talent Pool)'이다.

유엔봉사단원으로 활동하기를 원하는 사람은 먼저 UNV 사이트(unv.org)에서 자신의 프로필을 등록해야 한다. 최소 25세 이상부터 등록할 수 있으며 그 이상의 나이 제한은 없다. UNV 사이트를 통해 프로필을 등록하는 절차는 뒤에 자세히 설명한다. 등록이 완료되면 UNV 사무국으로부터 Roster 번호가 포함된 등록 확인 이메일 메시지를 받게 된다. UNV 사무국은 심사를 거쳐 지원자들의 프로필을 유엔 기구들이 보내오는 과제들과 매치시킨다. 과제에 적합한 후보군을 분류하기 위해서다. 유엔 기구들이 보내오는 과제들은 연간 2,000건에 달한다.

선발 절차

일반적으로 유엔봉사단원 선발 절차는 UNV 사무국 자체적으로, 또는 국제 NGO나 재난을 당한 국가 등으로부터 협력 요청을 받으면서부터 시작된다. 사무국은 현장에 필요한 직무 요건과 조건이 일치하는 지원자 프로필을 검색해 선발 가능한 후보자 명단을 작성한다. 이 가운데 지원 의사를 확인받은 후보자들을 대상으로 서류전형을 거쳐 인터뷰를 실시해 최종 파견대상자를 선정한다. 언어 능력과 학력에서 큰 차이가 없다면 사실상 인터뷰가 합격 여부를 결정한다.

이때 인터뷰는 유엔 직원 채용 때 시행하는 방식인 '역량기반인터뷰(Competency based interview)'로 진행된다. 역량기반인터뷰란 지원자의 능력과 역량을 과거의 경험을 통해 평가하는 방식이다. 지원자는 대부분의 질문에 과거의 경험을 바탕으로 답해야 한다. 다양한 경험이 많을수록 유리하다. 인터뷰에 응하기 전에 관련 기구의 홈페이지를 통해 유엔봉사단원으로서 자신이 담당할 업무와 핵심 용어들을 철저히 파악하는 것이 좋다. 인터뷰는 영어로 또는 영어와 프랑스어를 번갈아 사용해 진행된다. 경우에 따라서는 기술 인터뷰(Technical interview)를 추가하기도 한다.

최종 파견대상자는 독일 본에 있는 UNV 본부에서 4일간 교육을 받은 다음 현장으로 파견된다. 유엔봉사단원은 일반적으로는 6~12개월의 연장 가능한 계약이 체결되므로 1년 또는 경우에 따라 그 이상 근무할 수 있다.

유엔봉사단원으로 선발되기는 쉽지 않다. 전 세계 인재들의 치열한 경쟁으로 서류전형 합격도 어렵고 지원서 제출 후 인터뷰 기회가 찾아오기까지 1년이 더 걸리기도 한다. 자신의 분야에서 경력을 쌓아 나가며 인내심을 가지고 기다려야 한다. UNV가 아니더라도 국내외에서 봉사활동에 참여해 자신이 추구하는 가치를 실현하는 자세가 필요하다.

외교부와 코이카를 통해 UNV로

유엔봉사단원으로서 지구촌 각지에서 의미 있는 봉사활동을 하면서 자신의 전문 경력을 쌓는 것은 매력적인 일이다. 하지만 유엔봉사단(UNV)에 직접 지원해 예비후보자 명단에 이름을 올린다 해도 실제 봉사단원으로 선발되어 활동하기까지는 기약 없는 '기다림의 미학'이 필요하다. 워낙 예비후보자가 많아 기회가 언제 올지 모르고, 대부분의 경우 그 시일이 오래 걸리기 때문이다.

이럴 경우 우리 정부가 운영하는 'UNV 파견 프로그램'을 이용하면 유엔봉사단원으로 활동할 수 있는 기회에 좀 더 가까이 다가갈 수 있다. 외교부는 1986년 UNV와 「한·UNV 협력에 관한 양해각서」를 체결해 매년 우리 청년들을 유엔봉사단원으로서 각 국제기구가 시행하는 사업 현장에 파견하고 있다. 유엔봉사단원으로 활동을 마친 청년들이 JPO로 선발되거나 국제기구에 채용되는 사례가 적지 않다.

외교부의 UNV 파견 프로그램

정부의 'UNV 파견 프로그램'은 'UNV 청년봉사단'과 'UNV 전문봉사단'으로 구분하여 운영되고 있다. 봉사단원의 선발 및 파견은 UNV가 담당하고, 우리 정부는 재정 지원을 맡아 파견 봉사단원에게 생활비, 정착비, 여행비, 보험료 등을 지급한다.

UNV 청년봉사단(Youth Volunteers Programme)은 우리 청년들이 교육, 개발, 환경, 인도주의, 인권, 아동, 젠더 등 다양한 분야의 국제기구 현장에서 1년간 유엔봉사단원으로 근무하도록 지원하는 프로그램이다. 활동 기간은 최대 6개월간 연장할 수 있다. 파견 인원은 UNV의 요청과 예산 사정 등에 따라 매년 유동적인데, 최근 증가세를 보이고 있다. 2017년에는 15명, 2018년에는 30명을 선발했다.

만 22세 이상, 29세 이하의 대한민국 국민으로 학사 이상의 학위와 최소 2년간의 유관 분야 근무경력이 있어야 지원할 수 있다. 인턴십과 봉사활동 경험도 경력에 포함된다. 단 대학 재학생은 지원할 수 없다. 유엔 공용어 중 영어, 프랑스어, 스페인어 가운데 최소한 1개 이상의 외국어로 업무를 볼 수 있는 능력이 필요하다. 직무별로 필요한 언어와 요건이 다르니 지원하고자 하는 국제기구 관련 직책의 직무기술서(DOA, Description of Assignment)를 잘 읽어 보아야 한다.

UNV 전문봉사단(UNV Specialist Programme)은 전문 분야 경력을 가진 우리 인재들이 1년 동안 다양한 분야의 유엔 현장에서 기술 전수 및 자문 등 전문가 수준의 봉사단원으로 근무할 수 있도록 지원하는 프로그램이다. 근무평가와 예산 등에 따라 최대 1년간 활동을 연장할 수 있다. UNV 청년봉사단에 비해 좀 더 높은 전문성이 필요하다. 자격요건은 만 25세 이상의 대한민국 국민으로 학사 이상의 학위와 최소 2~3년 이상의 유관 분야 근무경력을 가지고 있으면 된다. 파견 기구와 직위에 따라서는 석사 이상의 학력과 좀 더 오랜 경력을 요구하기도 한다. 전문봉사단 또한 최근 파견 인원을 확대하는 추세로 2017년 15명, 2018년에는 26명을 선발했다. 외국어 요건은 청년봉사단 프로그램과 같다.

외교부는 국제기구인사센터 홈페이지를 통해 UNV 청년봉사단 및 전문봉사단 선발 공고를 내보내는데, 이 공고에서 봉사단원 선발 분야 및 국가, 파견 국제기구 등을 확인할 수 있다. 봉사단원 지원자는 이러한 정보를 토대로 자신이 원하는 선발예정 직위를 정하고 UNV 홈페이지나 인사등록 데이터베이스(https://vmam.unv.org/candidate/signup)에 접속해 등록 및 지원 절차를 밟아야 한다. UNV는 지원자들을 대상으로 서류전형을 거쳐 화상, 전화 등의 방법으로 개별 인터뷰를 실시해 최종 합격자를 선발한다. 최종 합격자는 독일 본에 있는 UNV 본부에서 파견 교육을 받은 후 해당 근무지로 파견된다.

UNV 웹사이트를 통한 지원 절차

UNV 청년봉사단 및 전문봉사단에 지원하려면 UNV 관련 웹사이트에서 다음과 같은 절차를 밟아야 한다. UNV 홈페이지의 VMAM (Volunteer Management Application Module)이나 인사등록 데이터베이스(https://vmam.unv.org/candidate/signup)에서 자신의 계정을 만들고 프로필을 입력한 뒤 '제출(submit)' 버튼을 클릭한다.

그다음 '마이페이지'로 이동해 'special calls' 하이퍼링크를 클릭해 자신이 지원하는 직무기술서에 나와 있는 신청코드(application code)를 선택한다. 그 직무는 한국이 전액 기금을 지원하며 한국 국민만 지원할 수 있다. 직무기술서는 국제기구인사센터가 자원봉사단원 모집 공고를 할 때 제공한다. 지원자는 최대 3개 직위에 지원할 수 있으며 복수 지원을 할 경우에는 우선순위를 프로필 'Additional Remarks' 메뉴에 표기해야 한다.

한국국제협력단의 UNV 대학생봉사단 파견

외교부의 UNV 청년봉사단 및 전문봉사단은 대학졸업자 이상의 학력을 필요로 한다. 만약 대학 또는 대학원에 다니거나 휴학 중이면, 한국국제협력단(KOICA, 이하 코이카)이 운영하는 UNV 파견 프로그램에 관심을 둘 만하다. 코이카는 2015년 UNV와 업무협정을 맺어 매년 대학생(대학원생 포함)을 대상으로 'KOICA-UNV 대학생봉사단'을 파견하고 있다. 자격은 파견기간 기준으로 만 18~29세로서 대학 또는 대학원 재학 또는 휴학생, 졸업예정자(졸업자 제외)여야 한다. 대학생은 파견일 이전에 대학 3학년 1학기까지 수학을 완료한 경우, 대학원생은 파견일 이전 대학원 입학을 완료한 경우에 지원할 수 있다. 대학원 재학 중인 취업자는 국내 교육 시작일 전까지 개별적으로 퇴직, 휴직 등 신분을 정리해야 한다. 남자는 병역을 필했거나 면제된 자여야 하고 기혼자도 지원이 가능하지만 현지 단신 파견을 원칙으로 한다.

KOICA-UNV 대학생봉사단으로 파견하는 인원은 매년 30명 내외이며 파견기간은 6개월이다. 선발 절차는 매년 7월 중순~8월 중순 지원서 접수, 9월 초 면접전형 대상자 발표, 9월 중순 1차 면접 실시, 9월 말 면접 합격자 발표, 10~11월 UNV 최종 선발 실시 및 합격자 발표 순으로 진행된다. KOICA-UNV 대학생봉사단 지원자는 코이카 월드프렌즈코리아(WFK) KOICA 봉사단 홈페이지(kov.koica.go.kr)에 들어가 지원서를 작성해 제출해야 한다. 이와 관련된 보다 상세한 정보는 KOICA 봉사단 홈페이지에서 확인할 수 있다. 지원자가 제출한 지원서의 서류전형 결과와 각 전형별 합격 결과는 별도의 개별통지 없이 전형일정에 맞추어 코이카 홈페이지를 통해 공지한다.

　코이카는 서류전형 후 합격자에 한해 1차 면접(일반 면접 및 외국어 면접)을 오프라인으로 실시한다. 코이카는 1차 면접을 통해 파견 직위 모집인원수의 3배 인원을 선발한다. 여기서 선발된 후보자(pre-selected)는 UNV 홈페이지(https://vmam.unv.org)에 접속해 UNV 로스터(Roster)에 등록해야 한다. UN 기구들은 코이카에서 1차 면접 후 선발한 후보자를 대상으로 2차 면접을 실시해 최종 파견대상자를 선발한다. 코이카는 최종 파견대상자에게 코이카 월드프렌즈 서울교육원에서 24일간 '파견 전 교육(Pre-departure training)'을 실시한다. UNV 본부의 별도 교육은 없다. UNV 대학생봉사단이 하는 일은 파견 직무(Assignment)에 따라 다르다. 대학생과 대학원생들의 직무경력이 많지 않은 점을 감안하여 주로 홍보, 대외협력, 프로젝트 관리보조, 웹사이트 관리 등의 일을 맡는다.

KOICA-UNV 대학생봉사단 지원에 필요한 외국어 능력은?

　KOICA-UNV 대학생봉사단에 지원하려면 일정 수준 이상의 외국어 능력이 필요하다. 영어는 TOEIC 900점, TOEFL(IBT) 105점, TOEFL(CBT) 260점, TEPS 773점, FLEX 830점, IELTS 7.0, G-TELP Level2 90점 이상이어야 한다. 영어권 해외 대학(원)에서 3년 이상 수학한 사람은 어학성적과 관계없이 지원할 수 있다. 영어권 국가는 모국어 또는 공식 공용어가 영어일 경우에만 해당하며 국내외 강의만 영어로 이수한 경우에는 해당되지 않는다. 제2외국어로 스페인어는 DELE B1 이상 상당, 프랑스어는 DELF B1 이상의 어학 능력 보유자여야 한다. 에콰도르, 과테말라, 페루는 스페인어 필수 국가이고 모로코, 세네갈은 프랑스어 필수 국가이다.

4 네 번째 길: 또 다른 답, 인턴 도전

국제기구에 정규직으로 바로 들어갈 수만 있다면 좋겠지만 현실적으로 문이 매우 좁다. 정규직 진출에 마냥 목을 매기보다 인턴, 초급국제기구전문가, 유엔봉사단 등 어떤 형태로든 일단 유엔과 국제기구에 발을 들여놓을 필요가 있다. 미리 국제기구를 경험해 보며 자신의 진로를 가다듬을 수 있고, 임시직이라 해도 근무 경험 자체가 자신의 경력이 되기 때문이다. 특히 인턴십은 상대적으로 문턱이 낮아 국제기구에 진출하려는 대학(원)생이 가장 먼저 두드려 볼 만한 문이다. 인턴은 단기간에다 대부분 무보수라는 점이 단점이기는 하지만 일도 배우고 자신의 열정과 역량을 보여 줄 수 있는 좋은 기회다. 국제기구 직원들과 함께 일하는 동안 자연스럽게 인맥을 쌓아 나중에 정규직으로 들어갈 수 있는 발판을 마련할 수 있다는 점도 장점이다.

인턴십은 인턴을 받아들이는 국제기구에도 매우 의미 있는 채용제도다. 인턴이 근무하는 두세 달 동안, 잠재적 직원 후보자를 면접 보는 것과 마찬가지기 때문이다. 민간 기업이든 국가 기관이든 우수한 자질과 능력을 갖춘 직원을 선발하는 것은 조직의 미래와 사활이 걸린 문제이다. 하지만 수많은 지원자 가운데 이력서와 자기소개서 그리고 인터뷰만으로 가장 적합한 직원을 뽑기는 여간 어려운 일이 아니다.

전 세계로부터 온 수백, 수천 명의 지원자 중에서 직원을 선발해야 하는 국제기구의 입장에서는 어려움이 더욱 클 것이다. 어떤 형태로든 이미 '검증'이 된 사람을 선호할 수밖에 없다. 짧은 기간이지만 성실성과 역량을 인정받고 팀 친화력까지 보여 준다면, 훗날 해당 국제기구의 문을 두드릴 때 상대적으로 유리한 입장에 설 수 있다.

조금 늦고 돌아가는 길처럼 보이지만 인턴십은 어쩌면 국제기구에 첫발을 내딛을 수 있는 가장 현명한 방법 중 하나가 아닌가 싶다. 유엔도 인턴십이 국제공무원이 되기 위한 이상적인 출발점이 될 수 있다면서 이렇게 기술하고 있다.

"인턴십의 목적은 유엔의 일상적인 근무 환경에 대해 직접적으로 겪어 볼 기회를 주기 위한 것이다. 여러분은 국제기구 직원들과 일할 실질적인 기회를 갖게 된다. 우리 국제기구 팀의 일원으로서, 뛰어나고 영감을 줄 수 있는 전문직 및 간부 직원들과 직접 일을 함께 하면서 국제회의와 각종 미팅에 참석하고 유엔 조직의 정책뿐만 아니라 분석 작업에도 기여하게 된다. 처음에는 여러분이 감당할 수 있는 정도의 일만 하겠지만 여러분의 잠재력은 더욱 커질 것이다."

인턴십 자격 요건

인턴십 자격요건은 국제기구에 따라 차이가 있다. 국제기구는 실무 투입이 가능한 수준의 인턴을 기대하기 때문에 '대학원생 이상'의 학력을 요구하는 경우가 많다. IMF처럼 인턴 직무의 성격에 따라 석 · 박사 과정의 고학력을 요구하는 국제기구도 있다. 하지만 최근에는 인턴십의 취지를 살려 학사 학위자 또는 대학 재학생에게 기회를 주는 국제기구도 점차 늘고 있다. 또한 아예 대학생, 대학원생 등 학력별로 인턴 직무를 구분하여 인턴십을 운영하는 국제기구도 있다. 따라서 자신이 관심 있는 국제기구 홈페이지에서 인턴십에 대한 채용 정보를 미리 파악하여 착실히 준비하는 게 바람직하다. 참고로, 몇몇 국제기구의 인턴십 자격요건을 간략히 소개한다.

유엔 사무국(UN Secretariat)

대학(원) 재학생 및 졸업 1년 이내(인턴십 시작 기준)인 학 · 석사 학위 보유자를 대상으로 하며, 대학 4학년 재학생에게도 인턴 지원 자격을 준다.

국제통화기금(IMF)

석 · 박사과정 대학원생을 대상으로 Fund Internship Program(FIP)을 운영한다. 매년 약 50여 명의 학생을 뽑아 미국 워싱턴 D.C.에 있는 IMF 본부에서 인턴으로 일할 기회를 준다. 인턴십은 6~10월 사이에 최소 10주, 최대 12주간 실시한다. 석사과정은 28세, 박사과정은 32세 이하의 대학원 재학생에게 지원 자격을 준다.

유네스코(UNESCO)

대학원 석사과정 재학 중이거나 대학원 및 대학을 졸업한 지 1년 이내

일 경우 지원할 수 있다.

유엔산업개발기구(UNIDO)

인턴 직무에 따라 학력 기준이 다르다. 지원 업무를 맡는 인턴은 대학 재학생을, 보다 전문적인 업무를 맡는 인턴은 석사과정 재학생 또는 학사 및 석사 학위자로서 관련 분야에 진출한 사람을 대상으로 한다. 21~35세까지 지원을 할 수 있다. 인턴십 기간은 3~6개월이고 최대 9개월까지 연장할 수 있다.

유니세프(UNICEF)

인턴 직무에 따라 대학 재학생 또는 대학원 석·박사 과정 재학생, 그리고 대학 및 대학원 최근 2년 이내 졸업자를 대상으로 한다. 인턴십은 직무에 따라 6~26주간 진행된다. 최소 18세 이상이어야 한다.

유엔기후변화협약(UNFCCC)

대학원 석사과정 재학생을 대상으로 인턴십을 운영한다. 근무 기간은 2개월이며, 경우에 따라 2개월 연장할 수 있다. 사무국 업무와 연관된 경제, 환경과학, 국제법, 국제관계, 자연과학, 정치과학, 인사, 공공행정, IT/컴퓨터, 과학, 커뮤니케이션 등 다양한 전공자를 뽑는다.

경제협력개발기구(OECD)

매년 여름(2~3월 모집)과 겨울(9~10월 모집) 대학생(Full time student)을 대상으로 인턴십을 운영한다. 선발 인원은 연간 450명에 이른다. OECD 업무와 관련된 학과 전공자를 필요로 하는데, 사회학, 무역, 농업, 교육, 고용, 환경, 재정, 통계 등 분야가 다양하다. 무급 인턴십이지만 주 40시간 기준으로 전일(full time) 근무자에게는 생계비로 월 702유로(약 90만 4,000원)를 보조해 준다.

인턴 기간 업무 보수

인턴의 근무 기간은 보통 2개월이다. 유엔은 최소 2개월에서 최대 6개월간 근무하는 무급 인턴 제도를 운영한다. 인턴의 업무는 국제기구와 채용부서에 따라 다르지만 기간이 짧기 때문에 정규직원의 업무를 보조하는 일이 대부분이다. 공식문서의 초안 작성, 회의 내용 요약, 각종 문서 및 인터넷 정보 검색, 회의 준비 지원, 웹 프레젠테이션 작업, 프로젝트 평가, 통계 작성, 언론매체 분석 등 대체로 기본적인 일을 맡는다. 그렇지만 정규직원이나 관리자의 허락을 얻어 좀 더 전문적인 일을 하거나, 원래 자기에게 부과된 일 이외의 업무도 경험할 수 있다.

유엔을 비롯해 대부분의 국제기구에서는 무급 인턴십을 운영한다. 부임 및 이임 항공료, 거주비, 생활비 등 모든 비용을 인턴이 부담해야 한다. 반면, 국제통화기금(IMF), 세계은행(IBRD), 국제노동기구(ILO), 국제원자력기구(IAEA), 국제농업개발기금(IFAD)처럼 최소한의 생활을 보조하기 위해 일정 금액을 지원하는 국제기구도 있다. 최근에는 국제노동기준에 따라 인턴에게도 어느 정도 보수를 지급해야 한다는 목소리가 나오고 있어 유엔에도 유급인턴 제도가 도입될지 기대가 된다.

무급 및 유급(최저생계비)으로 구분한 국제기구 인턴십

▲ 무급 인턴

UN Secretariat(유엔사무국), UNOV(유엔비엔나사무소), UNODC(유엔마약범죄사무소), UNIDO(유엔산업개발기구), UNICEF(유엔아동기금), UNESCO(유엔교육과학문화기구), UN-FCCC(유엔기후변화협약), UNV(유엔봉사단), UNDP(유엔개발계획), ICAO(국제민간항공기구), UN Women(유엔여성기구), IMO(국제해사기구), UNESCAP(유엔 아시아태평양경제사회위원회), UNOG(유엔제네바사무소), UNEP(유엔환경계획), UNON(유엔나이로비사무소), UN-Habitat(유엔인간정주계획), ITU(국제전기통신연합), UNHCR(유엔난민기구), UNIDIR(유엔군축연구소), UNITAR(유엔훈련조사연구소), UNOPS(유엔프로젝트조달기구), OHCHR(유엔 인권최고대표사무소), WHO(세계보건기구), UPU(만국우편연합), UNU(유엔대학교), UNWTO(유엔세계관광기구), CTBTO(포괄적핵실험금지조약기구), UNFPA(유엔인구기금), UNAIDS(유엔에이즈계획), WIPO(세계지적재산기구), ECLAC(중남미·카리브경제위원회) 등

▲ 유급 인턴(최저생활비 지급)

ILO(국제노동기구), WB(세계은행), IMF(국제통화기금), WTO(세계무역기구), FAO(유엔식량농업기구), IFAD(국제농업개발기금), IAEA(국제원자력기구), UNICC(유엔국제컴퓨터센터), WFP(유엔세계식량계획), IOM(국제이주기구), OPCW(화학무기금지기구), OECD(경제협력개발기구)* 등

* 풀타임 근무자에 한해 일부 생계비 지원

(※출처: 외교부 국제기구인사센터)

인턴 지원 절차

인턴 채용 절차는 국제기구마다 다소 차이가 있지만, 대체로 채용공고 게시 → 지원서 제출 → 서류심사 및 인터뷰 → 선발 통보 및 서류 제출의 네 단계를 거쳐 진행한다. 여기서는 유엔의 인턴 채용 절차를 중심으로 지원자가 유의해야 할 점들을 각 단계별로 살펴본다.

채용 정보 찾기

먼저, 관심 있는 국제기구 홈페이지에서 채용(Employment/Vacancies) 메뉴를 지속적으로 검색하여 인턴 모집 공고를 확인한다. 유엔의 인턴십 정보는 '유엔 커리어스 포털'의 '채용공고 검색창(Search Job Openings)'에서 'Category → Internship'을 검색하여 볼 수 있다. 자신이 원하는 직책을 검색하여 모집 부서, 근무지, 모집 시기 등 인턴 모집에 관한 상세한 내용을 파악한다. 해당 인턴 직무와 조건이 자신에게 맞는지 확인한다. 국제기구 인턴십에 도전하기 전에 자신이 인턴십을 통해 경험하고 싶은 관심사와 분야를 뚜렷하게 설정하는 것이 중요하다.

유엔은 1년에 세 번, 봄(1~3월), 여름(6~8월), 가을(9~11월)에 2개월씩 인턴제도를 운영한다. 근무기간은 2개월을 추가로 연장할 수 있고, 채용부서의 특별한 필요 등 예외적인 상황에서는 최대 6개월까지 연장할 수 있다. 인턴 도전은 가급적 근무를 시작하고자 하는 시기의 6개월 전부터 계획을 세워 추진하는 것이 좋다. 여름방학 시기인 7~8월에는 인턴 지원자가 몰리는 점도 감안해야 한다.

모집 공고 없어도 지원 가능할까

국제기구가 모집 공고를 하지 않아도 인턴십을 신청할 수 있을까? 일반적으로는 가능하지 않다. 국제기구의 인턴 채용은 전년도에 사무국이 미리 계획한 틀 안에서 진행한다. 인턴십 공고가 나가지 않거나 인턴십 신청 기간이 마감된 상황에서는 온라인 지원창구가 닫혀 있는 경우가 많다. 하지만 유엔산업개발기구(UNIDO)* 같은 일부 국제기구는 모집 기간을 따로 정해 놓지 않고 인턴 신청을 받기도 하고, 경우에 따라서는 담당 부서의 수요나 직원의 요청으로 인턴을 추가 채용하기도 한다.

나도 유엔에스캅 사무국에서 근무할 때 공모 기간 이외에 인턴을 뽑은 적이 있다. 한국의 대학원생들로부터 인턴으로 일하고 싶다는 요청을 받고 인사담당부서 및 각 국(Division)과 협의하여 인턴 기회를 주었다. 내가 직무계획서(job description)를 작성하여 해당 인턴과 근무 조건에 대해 합의한 다음, 동료직원과 함께 인턴의 슈퍼바이저(관리자) 역할을 맡았다.

* 참고로 유엔산업개발기구(UNIDO)는 수시로 인턴 지원서를 받아 인턴 후보 리스트로 활용한다. 각 분야에서 새로운 인턴 수요가 생기면 이 리스트를 전달하여 인턴 채용을 돕는다. 대체로 한 번 제출한 지원서의 유효기간은 6개월이다. 그 후에는 새로 지원서를 제출해야 한다.

인턴 지원서 제출

대부분의 국제기구는 온라인으로 인턴 지원서를 접수한다. 해당 국제기구의 인턴 채용공고에 지원 방법에 대한 상세한 설명이 나와 있다. 인턴 지원서 양식은 국제기구별로 다를 수 있지만 유엔 기구들은 유엔표준이력서(PHP, Personal History Profile)를 사용한다. 국제기구에 따라서는 지원서 외에 별도의 이력서(CV, Resume)를 요구하기도 하고, 커버 레터와 이력서로 지원서를 대체하기도 한다. 유엔 사무국을 비롯하여 유엔개발계획, 유엔 아동기금 등 유엔 산하 기구는 유엔 인사등록시스템인 '인스피라'에서 지원서를 작성하고 제출할 수 있다.

국제기구 담당자들이 심사해야 하는 인턴 지원 서류는 수백, 수천 통에 달한다. 그런 까닭에 담당자들은 개개의 서류를 일일이 검토하는 데 많은 시간을 들이지 못한다. 자신의 지원서가 담당자의 눈에 띄도록 하려면 이력서와 커버 레터를 작성할 때 몇 가지 요령이 필요하다. 하나는 글의 앞부분에 자신이 왜 적임자인지 부각시켜야 한다는 것이다. 결론부터 먼저 쓰고 구체적인 이유 등 상세한 내용을 추가하는 방식으로 작성하면 좋다. 다른 하나는 인턴 직무와 관련 있는 핵심 단어(key words)와 주요 표현을 많이 넣어야 한다는 것이다. 서류심사 담당자들은 이런 단어와 표현을 위주로 지원서 내용을 검토한다. 지원서는 마감시한에 맞추어 제출하기보다 가급적 빨리 보내는 것이 좋다. 서류 담당 직원이 개개의 서류를 검토하는 시간은 지원 마감일이 가까울수록 더욱 짧아지기 때문이다.

서류심사 및 인터뷰

인턴 서류는 '지원자가 직무를 해낼 수 있는 지식과 경력을 갖췄는지'에 초점을 두고 심사한다. 해당 국제기구는 서류전형을 통과한 지원자를 대상으로 인터뷰를 실시하여 최종 선발자를 선정한다. 유엔의 경우, 일반적으로 3명으로 패널을 구성하여 1시간가량 직접 대면하거나 온라인

화상 또는 전화로 인터뷰를 진행한다.

유엔에서는 인턴에 대해서도 정규직과 마찬가지로 '역량기반인터뷰'를 한다. 역량기반인터뷰는 지원자의 과거 경험, 즉 지원자의 이력에서 재능(talent), 능력(abilities), 지식(knowledge) 및 실질 경험(actual experience)을 살핌으로써 미래 적응성과 함께 의사소통, 팀워크 등 유엔 직원으로서 갖춰야 하는 핵심역량을 점검하기 위한 것이다.

지원자는 인터뷰를 앞두고 인턴 모집 부서 또는 팀이 진행 중인 프로젝트나 프로그램을 잘 파악해 두어야 한다. 자신의 지식과 경력으로 이러한 프로젝트나 프로그램에 어떤 기여를 할 수 있는지, 각오와 열망을 담아 잘 표현하면 인터뷰 담당자의 관심을 살 수 있을 것이다. 일반적으로 인터뷰 결과는 며칠 이내에 알려 준다.

선발 통보 및 서류 제출

최종 선발된 후보자에게는 이메일로 합격 통보를 한다. 유엔기구의 경우, 보통 인턴십을 시작하기 두 달 전에 통지한다. 이때 '인턴십 확인서'와 '인턴십 계약서'를 함께 발송한다. 후보자는 사인된 계약서, 건강진단서, 학력공증서 등을 제출한 뒤 정식 인턴으로 근무하게 된다. 인턴십을 마치면 국제기구별로 인증서를 발급해 준다. 유엔에서는 인턴 종료 후 6개월 동안은 해당 국제기구 직원 채용에 응모할 수 없다. 단, 컨설턴트로 지원하는 것은 가능하다.

국내소재 국제기구(지역사무소) 인턴십에 도전하라

우리나라에 있는 국제기구(지역사무소)에서도 인턴을 모집한다. 대부분의 경우 국내에서 근무하지만 다양한 국적의 직원들 속에서 국제기구 업무를 경험할 수 있는 기회이니, 도전해 볼 충분한 가치가 있다. 정기적으로 인턴을 뽑지 않는 곳이 많아 해당 기구의 홈페이지나, 외교부 국제기구 인사센터에서 수시로 인턴 모집공고를 확인하는 게 좋다. 국내에 소재하는 유엔 산하 및 관련 기구 및 홈페이지는 제3장에서 소개한다.

국제기구 인턴 진출을 위한 또 다른 통로 정부 지원사업을 이용하라

우리 정부는 젊은 인재들의 국제기구 진출 및 각 관련 분야의 전문 인력을 양성하기 위해 부처별로 국제기구 인턴 파견 사업을 진행하고 있다. 외교부는 ▲중남미 지역기구 인턴 파견 프로그램, ▲국제재생에너지기구(IRENA) 근무 인턴 파견 사업을, 환경부는 ▲국제환경전문가 양성과정을, 과학기술정보통신부는 ▲원자력 글로벌 인턴십을, 농림축산식품부는 ▲농식품 분야 해외 인턴십 지원 프로그램(OASIS)을 각각 주관하고 있다.

이들 인턴 파견 프로그램에 선발되면 관련 국제기구 인턴으로 근무할 수 있는 기회를 얻게 되며, 왕복 항공료와 체재비 일부도 지원받는다. 정부 지원 인턴 파견 사업의 구체적인 지원 절차는 외교부 국제기구인사센터에서 확인할 수 있다. 다음은 부처별 인턴 파견 프로그램의 개요다.

▲외교부 「중남미 지역기구 인턴파견 프로그램」

젊은이들의 국제기구 진출 지원 및 중남미 전문 인력 양성 지원 등을 목적으로 중남미 지역 국제기구에 대학생 및 대학원생을 매년 선발하여 관련 기구에 파견한다. 국내외 대학생(3~4학년) 및 대학원생을 대상으로 한다. 파견기구는 아마존협력조약기구(ACTO), 라틴아메리카통합기구(ALADI), 라틴아메리카개발은행(CAF), 중미사법재판소(CCJ), 국제노동기구(ILO) 페루사무소 등 12곳이다.

▲외교부「국제재생에너지기구(IRENA) 근무 인턴 파견사업」

젊은 인력의 국제기구 진출과 차세대 글로벌 에너지 전문 인력을 양성하기 위하여 에너지 관련 국제기구에 인턴을 파견한다. 만 21~32세로 대학 재학 이상의 학력자면 지원할 수 있다.

▲ 환경부「국제환경전문가 양성과정」

국제환경 분야 전문가가 되려는 젊은이를 매년 40~50명 선발하여 국내에서 전문교육을 실시한 후 성적우수자에게 환경 관련 국제기구 인턴십(최대 6개월) 기회를 부여한다. 학력이나 나이에 상관없이 지원할 수 있다. 파견기구는 환경 관련 국내외 국제기구를 비롯하여 유엔환경계획(UNEP), 유엔기후변화협약사무국(UNFCCC), 유엔교육과학문화기구(UNESCO), 경제협력개발기구(OECD) 등이다.

▲ 과학기술정보통신부「원자력 글로벌 인턴십」

대한민국 원자력 차세대 전문인력의 글로벌 역량을 강화하기 위한 프로그램이다. 국제기구 및 해외 우수 연구기관에서 직무체험 및 연구경험을 할 수 있도록 인턴을 파견한다. 이공계 대학(원)생이면 지원할 수 있다. 파견기구는 국제원자력기구(IAEA), 경제협력개발기구/원자력기구(OECD/NEA), 호주 원자력과학기술청(ANSTO), 영국 맨체스터대학교 돌튼원자력연구소, 세계원자력대학교(WNU) 등이다.

▲ 농림축산식품부「농식품 분야 해외 인턴십 지원 프로그램(OASIS)」

농식품 분야에서 우리 청년들의 해외 실무역량을 강화하고 해외 진출을 지원하기 위해 관련 분야의 국제기구, 해외연구소, 기업 등에서 인턴십을 경험하도록 파견 기회를 제공하는 프로그램이다. 대학(원) 재학생(학사과정 2학년 이상 이수, 석·박사 과정생) 및 졸업생을 대상으로 한다. 파견기구는 유엔식량농업기구(FAO), 국제농업개발기금(IFAD), 국제식량정책연구소(IFPRI) 등 10여 곳이다.

5 다섯 번째 길: 컨설턴트로 국제기구 진출

컨설턴트(Consultants)는 유엔 등 국제기구가 특정 프로젝트 수행을 위해 전문가를 단기간 계약직(SSA, Special Service Agreement)으로 채용하는 제도이다. 대부분 현지 사무소장의 재량으로 채용할 수 있고 계약도 까다롭지 않은 편이다. 보수도 학력과 경력이 좋으면 상당한 수준으로 받을 수 있다.

컨설턴트는 단기적인 특정 과제나 업무를 수행하기 위하여 전문 지식 또는 기술을 제공한다. 일반적으로 문제 분석, 세미나 또는 훈련 과정의 개최, 전문 분야의 보고서 작성 등의 업무를 맡는다. 경우에 따라서는 정규 직원처럼 파트타임으로 근무할 수도 있다. 컨설턴트는 대개 1년이지만 6개월 단위로 계약을 한다. 좋은 평가를 받으면 해당 업무가 종료되지 않는 한 계약을 계속 연장할 수 있다.

키워드는 전문성

컨설턴트에 지원하기 위해 가장 필요한 것은 전문성이다. 가령 두 가지 이상의 유엔공용어에 능통하다면 컨설턴트로서 번역 업무를 맡을 수 있고, 과학 출판 전문가라면 생물 다양성 서적 출판 프로젝트에 컨설턴트로 참여할 수 있다. 최근에는 기후변화와 관련하여 컨설턴트를 모집하는 경우가 많은데, 기후변화 대응 경력이 있는 환경전문가가 1순위 채용 대상이다. 따라서 어학 능력을 지니고 각 분야에서 최소 3년 이상 전문성을 키운 사람이면 컨설턴트로 국제기구에 들어가는 방안을 고려해 볼 만하다.

컨설턴트의 가장 큰 장점은 일단 국제기구에 입성하여 일하면서 후일을 도모할 수 있다는 점이다. 컨설턴트로 일하다가 전문성과 능력을 인정받고 동료들 사이에 신뢰가 쌓이면 나중에 정규직으로 진출할 길이 자연스럽게 열리기도 한다. 유엔 기구에서는 '인턴은 계약 종료 후 6개월간은 같은 국제기구에 지원할 수 없다'는 규정이 있으나 컨설턴트에는 적용되지 않는다. 혹시 자기 분야에서 전문성을 갖췄다면, 인턴십 기간 중이라도 컨설턴트로 일할 기회를 찾아보는 것도 좋을 듯하다.

컨설턴트 도전 방법

컨설턴트는 단기 프로젝트를 수행하는 자리이므로, 자신이 관심 있는 국제기구의 홈페이지를 수시로 검색하여 컨설턴트 채용공고를 확인해야 한다. 유엔의 경우 '유엔채용포털'에서 'Consultants'를 클릭하거나, 검색창에서 'Category Consultants'를 검색하면 컨설턴트 채용공고 창이 나온다. 이 가운데서 자신이 원하는 컨설턴트 자리를 클릭하면 링크 화면에서 지원 자격 및 직무 요건 등 상세한 정보를 얻을 수 있다. 또한 이 링크 화면의 '지원하기(Apply Now)'를 클릭하면 지원 서류 제출 사이트인 'inspira' 창이 뜬다. 여기에서 로그인 후 '내 프로필'을 작성하고 지원서를 써서 제출할 수 있다.

특히 유엔에서 컨설턴트로 일하기를 원하는 사람은 'inspira' 사이트에서 '컨설턴트 로스터 명부'에 자신을 등록해 두고 개인이력파일(PHP)을 작성해 두는 것이 유리하다. 컨설턴트 공석이 발생하면 우선적인 검토 대상이 되며, 후보자로 선정될 경우 해당 부서에서 연락을 해 준다. 3년 이상 프로필을 업데이트하지 않은 사람에게는 연락을 하지 않기 때문에 PHP를 정기적으로 업데이트하기를 권한다.

국제기구의 특별채용제도 YPP, 금융 · 경제 기구를 노려라

유엔을 비롯해 다수의 국제기구에는 '젊은 전문가 프로그램', 즉 YPP(Young Professionals Programme)라는 특별 채용제도가 있다. YPP는 젊고 유능한 인재를 키우고 확보하기 위해 국제기구가 자체 예산으로 운영하는 채용제도이다. 젊은 전문가를 위한 특별 채용제도라는 점에서는 JPO와 비슷하지만, 관련 비용을 국제기구가 지원한다는 점에서 차이가 있다.

특히 유엔을 비롯하여 유엔공통인사제도가 적용되는 국제기구에는 YPP에 참여할 수 있는 국가가 제한되어 있다. 국제기구 분담금 비율에 비해 상대적으로 해당 국제기구 사무국에 진출한 인력이 적은 '과소진출국(under-represented)' 또는 '미진출국(unrepresented)'에만 문호가 개방된다. 해당 국가의 국적을 지닌 32세 이하의 학사학위 이상 소지자로 영어 또는 불어 사용이 가능해야 지원할 수 있다.

YPP는 유엔 사무국을 비롯하여 국제통화기금(IMF), 세계은행그룹(WBG), 아시아개발은행(ADB) 등 금융 관련 국제기구와 국제노동기구(ILO), 유엔교육과학문화기구(UNESCO), 유엔식량농업기구(FAO) 등 유엔 전문기구, 그리고 경제개발기구(OECD) 등이 자체적으로 운영하고 있다. 선발모집 공고는 유엔 및 각 국제기구 홈페이지의 Employment(혹은 Job) → YPP 메뉴에서 찾아볼 수 있다. 또한 같은 메뉴에서 YPP 참여 가능국가 여부도 확인할 수 있다. 최종 선발된 후보자는 보통 1~2년간 수습기간을 거쳐 실무 능력을 평가받은 후, 능력을 인정받은 경우에 한하여 정식 직원으로 채용된다.

유엔과 국제기구의 YPP 모집 분야와 선발인원은 매년 각 기구의 인력 수요에 따라 결정된다. 우리나라는 유엔 사무국이 '적정진출국(within range)'으로 분류해 놓고 있어 2014년부터 유엔이 모집하는 YPP 시험에 참여하지 못하고 있다. 하지만 이러한 기준이 모든 국제기구에 적용되는 것은 아니다. 세계은행, 아시아개발은행 같은 금융 관련 국제기구와 OECD 등 경제협력 기구는 모든 회원국을 대상으로 YPP를 운영하므로 기회의 문이 열려 있다. 자신의 꿈과 전문성을 살릴 수 있는 국제기구를 미리 찾아보고 YPP에 도전하는 것도 국제기구에 진출하는 또 하나의 지름길이 될 수 있다. 다만, 국제기구의 성격에 따라 제한 연령, 필요 학력, 근무기간 등은 다소 차이가 있는 점에 유의해야 한다. 예를 들어 세계은행은 최소 석사 학위 이상의 학력자를 대상으로 삼으며, 아시아개발은행은 YPP 근무기간이 3년이다.

3장

국제공무원이 되기 위해
지금 당장 할 일

1

내게 맞는 국제기구는
어디일까?

유엔 시스템 국제기구 정보 총집합

유엔(United Nations)은 193개 회원국을 보유한 세계 최대의 정부 간 국제기구이다. 유엔 사무국은 뉴욕 본부 외에 제네바, 비엔나, 나이로비에 지역사무소를 두고 있으며 3만 명이 넘는 직원이 근무하고 있다. 보다 구체적으로는 전문직 직원(Professional staff) 1만 584명, 일반직 직원(General service staff) 2만 1,510명, 국가 전문직원(National professional officer) 1,009명 등 3만 3,100명이 유엔 사무국 소속으로 일하고 있다.

전 세계적으로 알려진 주요 국제기구의 대부분은 유엔과 긴밀한 관계를 맺고 있어 '유엔 체제(UN System)'의 범주에 포함된다고 볼 수 있다. 이러한 유엔 체제 안에 있는 국제기구들은 운영 및 예산 체계 등에 따라 크게 △유엔 산하 기구/기관 △유엔 전문·독립기구 △유엔 관련 기구 등 세 가지로 분류된다. 유엔 산하 기구/기관 중에서 유엔개발계획(UNDP), 유엔환경계획(UNEP) 같은 유엔 프로그램 기구와 유엔아동기금(UNICEF), 유엔인구기금(UNFPA) 등의 유엔 기금 기구는 회원국의 정규 분담금이 아니라 자발적 기여금으로 운영된다는 특징이 있다. 유엔 체제에는 어떤 국제기구들이 포함되며 무슨 일을 수행하는지 간략하게 들여다보자. 자신의 꿈을 펼칠 수 있는 국제기구를 찾는 데 도움이 됐으면 한다.

다음은 외교부 발간 「유엔개황」 자료를 기본으로 간추린 내용이다. 국제기구 분류는 유엔(UN) 홈페이지에 수록된 유엔 체계(UN System)와 외교부 발간 「국제기구 진출 가이드북」을 기준으로 했다.

유엔

유엔(UN, The United Nations) www.un.org

전쟁의 방지와 국제평화의 유지를 기본 목적으로 설립된 세계 최대 국제기구다. 국제분쟁의 평화적 해결을 도모하며 평화 유지 및 안전을 위해 경제적 · 사회적 · 인도적 문제에 대한 국제적 협력을 이끌어 내는 데 중심 역할을 한다. 또한 경제적 · 사회적 개발 촉구, 인권 보호, 탈식민, 국제법 발전 촉진 등의 기능을 수행한다. 주요 기구로는 총회를 비롯해 안전보장이사회, 경제사회이사회, 신탁통치이사회, 국제사법재판소 사무국 등이 있다. 주요 기구 산하에 유엔개발계획(UNDP), 유엔환경계획(UNEP), 유엔아동기금(UNICEF), 유엔세계식량계획(WFP), 유엔난민고등판무관(UNHCR) 등 여러 보조 기구/기관을 두고 있으며, 이와 별도로 유엔식량농업기구(FAO), 국제해사기구(IMO), 유엔교육과학문화기구(UNESCO), 세계보건기구(WHO) 등 많은 독립기구가 있다.

국제사법재판소(ICJ, International Court of Justice) www.icj-cij.org

국가 간의 법적 분쟁의 해결을 위해 설치된 유엔의 사법기관이다. 유엔총회와 안전보장이사회에 의하여 선출된 각기 다른 국적 15명의 재판관으로 구성된다. 재판관의 임기는 9년이며 재선이 가능하다. 3년마다 15명의 재판관 중 5명을 선출한다. 네덜란드 헤이그에 사무국과 재판소가 있다.

유엔 총회(General Assembly) 산하 프로그램 및 기금(Programmes and Funds)

유엔개발계획(UNDP, United Nations Development Programme) www.undp.org

개도국의 경제적 · 정치적 자립과 경제 · 사회 발전 달성을 목표로 하는 세계 최대의 '다자간 기술원조 공여계획'이다. 유엔의 개발활동을 조정하는 중앙기구이기도 하다. 개도국의 국가개발 목표에 일치하는 원조를 체계적 · 지속적으로 제공함으로써 개도국의 경제사회 개발을 지원한다. 사무국 본부는 뉴욕에 있고 5개(아프리카, 아시아 · 태평양, 아랍, 중남미, 유럽 · CIS) 지역국(Regional Bureau)과 약 177개국에 국가사무소를 두고 있다. 또한 5곳(벨기에, 일본, 미국, 덴마크, 스위스)에서 연락사무소를 운영하고 있으며 직원은 약 8,000명이다.

* 유엔개발계획(UNDP)은 유엔자본개발기금(UNCDF)과 유엔봉사단(UNV)을 주관하는 기구이기도 하다.

유엔자본개발기금(UNCDF, United Nations Capital Development Fund) **www.uncdf.org**

최빈국들을 대상으로 세계은행 등의 융자대상이 되지 않는 소규모 사업에 자금 공여 활동을 한다. 원조의 60% 이상을 농촌개발에 집중하고 있다. 대부분의 자금은 수혜국 정부에 대한 증여 형태이다. 사무국은 미국 뉴욕에 있다.

유엔봉사단(UNV, UN Volunteers) **www.unv.org**

유엔 산하 개발도상국에 자원봉사자를 파견하는 유엔 내 유일한 국제봉사기구이다. 빈곤감소, 환경, 인권, 평화유지, 인도적 지원 및 재건 등 범지구적 문제해결을 위한 국제기구 정부기관 및 NGO 활동을 지원한다. 사무국은 독일 본에 있다.

유엔아동기금(UNICEF, United Nations Children's Fund) **www.unicef.org**

전쟁 등으로 피해를 입은 아동의 구호와 저개발국 아동의 복지 향상을 위해 설립된 특별 기구다. 아동의 건강과 복지 증진을 위한 개도국 지원, 인도적 위기상황에서 아동의 고통을 덜어 주기 위한 다양한 지원을 한다. 또한 아동복지의 증진을 위한 각국 정부의 노력을 장려하고, 아동에 대한 장기적이고 광범위한 국제협력 계획을 수립한다. 뉴욕에 사무국이 있으며 지역사무소와 국별사무소도 운영한다.

세계식량계획(WFP, World Food Programme) www.wfp.org

전 세계 개도국의 기아퇴치를 위해 잉여농산물을 원조하는 프로그램이다. 단기적으로는 인위적 및 자연재해 등으로 인한 일시적 식량위기 지역에 식량을 긴급 지원하고 장기적으로는 전쟁 등으로 인한 난민구호 사업, 빈곤국가의 농업 및 농촌개발을 위한 식량의 지원 등을 수행한다. 때로는 식량을 효율적으로 전달하기 위해 비식량 특별사업(도로, 철도 등 복구 및 통신시설 설치 등)도 수행한다. 사무국은 이탈리아 로마에 있다.

유엔인구기금(UNFPA, United Nations Population Fund) www.unfpa.org

인구 정책에 관한 국제적 협력을 조정하기 위해 설립된 기관이다. 인구문제의 사회적 · 경제적 · 인권적 측면에 대한 인식을 높이고 이를 위해 개발도상국의 인구 정책을 지원하고 지속 가능한 원조를 제공한다. 또한 유엔의 인구계획을 추진하는 데 주도적인 역할을 한다. 미국 뉴욕에 사무국이 있다.

유엔환경계획(UNEP, United Nations Environment Programme) www.unep.org

환경에 관한 국제 활동을 종합적으로 조정 · 관리하고 국제협력을 촉진하기 위해 마련된 기구다. 지구 환경을 감시하고, 환경 정책에 대한 국제적 합의를 이끌어 내는 역할을 한다. 환경보존 활동을 촉진하기 위해 다른 국제기구나 국가에 자금 및 기술 등을 지원하기도 한다. 사무국은 케냐 나이로비에 있다.

유엔인간정주계획(UN-HABITAT, United Nations Human Settlements Programme)
www.unhabitat.org

주택 관련 사회시설 분야에 대한 기술 원조와 국제협력을 위해 설립된 기구다. '슬럼 없는 도시'라는 전략적 목표 아래, 모든 인류에게 적당한 안식처를 제공하고 사회적 · 환경적으로 지속 가능한 마을 및 도시를 증진시키는 활동을 한다. 사무국은 케냐 나이로비에 있다.

유엔 총회(General Assembly) 산하 기타 유엔기관(Other Entities)

유엔난민기구(UNHCR, United Nations High Commissioner for Refugees) www.un-hcr.org

국제협력을 통해 난민 문제를 항구적으로 해결하기 위해 설립된 기구다. 인도주의에 입각해 난민에 대한 법적 · 물질적 구호사업을 수행하고 난민의 귀국 재정착, 가족 재결합 사업을 지원한다. 난민 보호의 공로를 인정받아 두 차례(1954, 1981년)에 걸쳐 노벨평화상을 수상한 바 있다. 제네바에 본부 사무국이 있고 우리나라를 포함해 125여 개국에 지역사무소가 있다.

유엔팔레스타인난민구호기구(UNRWA, United Nations Relief and Works Agency for Palestine Refugees in the Near East) www.unrwa.org

팔레스타인 난민의 구호를 위해 설립된 기구다. 요르단, 레바논, 시리아, 웨스트뱅크(요르단 강의 서안 지구), 가자 지구 등 5개 지역의 난민

캠프에서 팔레스타인 난민에게 교육, 의료 구호 및 공공서비스 등을 제공한다. 본부는 팔레스타인 가자와 요르단 암만에 있다.

유엔무역개발회의(UNCTAD, United Nations Conference on Trade and Development) www.unctad.org

개발도상국의 산업화와 국제무역 참여를 지원하기 위해 설립된 유엔 총회 상설기관이다. '원조보다는 무역'이라는 구호 아래 무역을 통한 개도국의 경제개발과 남북협력을 도모한다. 이를 위해 △무역과 개발문제에 관한 국제사회의 컨센서스(consensus) 형성 △연구 및 분석 △기술 지원 및 능력 배양 등에 주력하고 있다. 제네바에 본부 사무국이, 뉴욕에 연락 사무소가 있다.

국제무역센터(ITC, International Trade Centre) www.intracen.org

무역 진흥을 통한 빈곤 퇴치를 위해 1964년 유엔과 세계무역기구(WTO) 가 공동 설립한 기구다. 개발도상국 중소기업의 수출을 지원하기 위해 무역개발 솔루션을 제공한다. 사무국은 스위스 제네바에 있다.

유엔여성기구(UN Women, United Nations Equity for Gender Equality and the Empowerment of Women) www.unwomen.org

여성 차별 철폐와 양성평등 실현을 위해 설립된 기구다. 여성 권한(여성의 리더십과 참여 확대, 여성에 대한 폭력 종식, 여성의 경제적 역량 강화 등)을 강화시키기 위한 개별 국가의 역량을 높이고, 유엔 체제 전반에 걸친 양성평등 관련 업무를 조정한다. 사무국은 뉴욕에 있다.

유엔 경제사회이사회(ECOSOC, Economic and Social Council) 산하 지역위원회

유엔아시아태평양경제사회위원회(UNESCAP, United Nations Economic and Social Commission for Asia and Pacific) www.unescap.org

유엔 경제사회이사회(ECOSOC) 직속 5개 지역경제위원회 중 하나로 아시아태평양 지역의 경제·사회 분야 개발과 협력을 위한 중심적 역할을 수행한다. 사무국은 태국 방콕에 있다.

* 경제사회이사회 산하 5개 지역위원회는 ESCAP을 비롯해 Economic Commission for Africa(ECA), Economic Commission for Europe(ECE), Economic Commission for Latin America and the Caribbean(ECLAC), Economic and Social Commission for Western Asia(ESCWA) 등이다.

유엔 사무국(Secretariat) 산하 사무소(Departments and Offices)

유엔인권최고대표사무소(OHCHR, Office of the United Nations High Commissioner for Human Rights) www.ohchr.org

세계인권선언문에 명시된 인권을 보호하고 증진시키기 위해 설립된 기구다. '유엔 인권 고등판무관 사무소'라고도 불린다. 인권에 대한 조약들이 각국에서 잘 이행되는지 관찰하고, 보류되거나 체결되지 않은 인권조약의 체결 및 수행을 권고하는 일을 한다. 또한 인권 관련 교육서비스와 자문을 제공하고 인권 피해자를 보호하며 국제사회의 동의하에 기본적인 인권 기준을 만드는 역할을 한다. 아울러 각국의 인권 관련 소식을 모니터링하고 인권 침해(인신매매, 외국인노동자, 고문, 여성, 소수민족, 표현 및 종교의 자유 등) 문제들을 평가해 보고서를 작성한다. 사무국은 스위스 제네바에 있다. 안토니우 구테헤스 현 유엔 사무총장이 바로 인권 고등판무관(2005.06~2015.12) 출신이다.

유엔마약범죄사무소(UNODC, United Nations Office on Drugs and Crime) **www.unodc.org**

전 세계적인 불법 마약 유통 및 관련 범죄에 대한 범국가적인 대처를 위해 설립됐다. 국제적 또는 국가별 마약 퇴치 전략 수립, 회원국의 마약 관련 협약 준수를 위한 입법 및 기술 지원, 주요 마약 관련 국제협약의 이행 감독 등을 한다. 사무국은 오스트리아 비엔나에 있다.

유엔 전문기구(Specialized Agencies)

국제부흥개발은행(IBRD, International Bank for Reconstruction and Development) **www.worldbank.org**

원래 제2차 세계대전 후 황폐화된 국가의 재건에 필요한 재원을 지원하기 위해 만들어진 기구다. 현재는 개도국의 경제성장을 위한 생산적인 프로젝트를 지원하는 역할을 한다. '세계은행(World Bank)'이라고도 불리며 사무국은 미국 워싱턴 D.C.에 있다. 한국 출신 김용 다트머스대학 총장이 총재를 맡고 있다.

* 일반적으로 국제부흥개발은행(IBRD)과 자매기구인 국제개발협회(IDA), 국제금융공사(IFC), 국제투자보증기구(MIGA), 국제투자분쟁해결본부(ICSID) 등을 합쳐 세계은행그룹(World Bank Group)이라고 한다. 유엔에서는 이 중에서 IBRD와 IDA, IFC를 합쳐 세계은행그룹(WBG, World Bank Group)으로 구분하고 있다.

국제통화기금(IMF, International Monetary Fund) www.imf.org

국제적인 통화 협력과 환율 안정을 위해 설립된 국제금융기구이다. 국제무역의 확대 및 균형적 성장 촉진, 회원국의 고용 및 실질소득 증대, 외환 안정 촉진 등에 기여하는 것을 목적으로 삼고 있다. 회원국의 국제수지 개선을 위해 자금 공여 활동을 한다. 사무국은 미국 워싱턴 D.C.에 있다.

세계보건기구(WHO, World Health Organization) www.who.org

보건·위생 분야의 국제적인 협력을 촉진하기 위해 설립된 기구다. 세계 인류가 신체적·정신적으로 최고의 건강 수준에 도달하는 것을 목적으로 한다. 유행성 질병 및 전염병 대책 후원, 회원국의 공중보건 관련 행정 강화와 확장 지원 등의 일을 한다. 고 이종욱 박사가 한국인 최초로 사무총장을 맡았던 국제기구이기도 하다. 사무국은 제네바에 있다.

유네스코/유엔교육과학문화기구(UNESCO, United Nations Education, Scientific and Cultural Organization) www.unesco.org

교육 · 과학 · 문화의 보급 및 교류를 통해 국가 간의 협력을 증진함으로써 세계 평화에 기여하는 것을 목적으로 한다. 정회원국이 195개국으로 세계에서 가장 많은 국가가 가입해 있는 기구이기도 하다. 유네스코 문화유산 사업이 널리 알려졌지만, 이 외에 교육 · 과학 · 커뮤니케이션 분야에서 인류의 균형적 발전을 위해 다양한 사업을 실시하고 있다. 본부는 프랑스 파리에 있다.

* 유네스코에서는 직원을 채용할 때 일단 1년간만 계약을 하고 그 후에 근무성적을 평가해 계약연장 또는 정규직원 채용 여부를 결정한다. 30세 이하로 대졸 학력 이상이면 문화, 교육, 재정, 인사, 경영, 사회, 자연과학 등 다양한 분야의 직원공모에 응모할 수 있다.

국제노동기구(ILO, International Labour Organization) www.ilo.org

노동자의 근로조건 개선과 지위 향상을 위해 설립된 기구다. 궁극적인 목적은 사회 정의에 기초한 세계 평화의 실현이다. 노동자를 위한 기술 지원, 노동 통계자료 수집, 고용 · 노사관계 연구 등의 일을 한다. 스위스 제네바에 본부가 있다.

유엔식량농업기구(FAO, United Nations Food and Agriculture Organization) www.fao.org

세계 식량 및 기아 문제 개선을 위해 설립된 식량 · 농림수산 분야 국제기구다. 식량과 농산물의 생산 및 분배능률 증진, 농민의 생활수준 향상 등을 목적으로 한다. 사무국은 로마에 있다.

국제농업개발기금(IFAD, International fund for Agricultural Development) www.ifad.org

세계 식량 문제를 해결하고 개도국의 농업을 개발하기 위한 자금의 지원을 위해 설립됐다. 개도국의 농업 개발 재원 대출, 기술 지원, 보조 프로그램 지원 등의 활동을 한다. 사무국은 이탈리아 로마에 있다.

국제해사기구(IMO, International Maritime Organization) www.imo.org

국제무역에 종사하는 선박의 해상 안전, 해수 오염 방지, 국제 해운과 관련된 법적 문제 해결 등을 위한 국제협력을 목적으로 설립됐다. 2018년 이사회에서 임기택 현 사무총장이 연임에 성공해 2023년까지 기구를 이끌게 됐다. 사무국은 영국 런던에 있다.

세계기상기구(WMO, World Meteorological Organization) www.wmo.int

기상관측 또는 기타 지구물리학적 관측을 위한 범세계적인 협력을 도모하기 위해 설립됐다. 기상관측 정보교환 체제 구성 및 유지, 기상관측의 표준화 등을 주도하고, 기상학을 항공, 항해, 치수, 농업 기타 인간 활동에 응용하는 연구도 진행한다. 사무국은 스위스 제네바에 있다.

세계지적재산권기구(WIPO, World Intellectual Property Organization) **www.wipo. org**

지적소유권의 국제적 보호와 협력을 위해 설립된 기구다. 지적소유권에 관한 국제조약의 제정을 추진하고 전 세계의 지적재산 보호를 촉진하는 활동을 한다. 사무국은 스위스 제네바에 있다.

국제민간항공기구(ICAO, International Civic Aviation Organization) **www.icao.org**

국제 민간항공의 안전과 발전을 위한 협력 체제를 촉진하기 위해 설립됐다. 이를 위해 민간항공 분야의 정보 교환 및 협력, 평화적 목적을 위한 항공기의 설계 및 운송기술 장려 등의 활동을 한다. 사무국은 캐나다 몬트리올에 있다.

유엔산업개발기구(UNIDO, United Nations Industrial Development Organization) **www.unido.org**

개도국의 산업화를 촉진하기 위해 설립됐다. 개도국의 산업 개발에 필요한 연구 · 조사 및 계획 수립과 기술원조 제공 등의 활동을 한다. 유엔개발계획(UNDP) 사업의 집행기관 역할을 수행하고 있다. 본부는 오스트리아 빈에 있다.

만국우편연합(UPU, Universal Postal Union) **www.upu.org**

우편 업무의 효과적인 운영으로 각국 국민 간의 통신연락을 촉진하고, 문화 · 사회 · 경제 분야에서 국제협력을 증진하기 위해 설립됐다. 가맹국에 우편기술 관련 원조를 제공하고 우편 관련 협약과 약정 등을 통해 국제우편물 교환 질서를 지키는 역할을 하고 있다. 1900년, 우리나라가 최초로 가입한 국제기구로 알려져 있다. 사무국은 스위스 베른에 있다.

유엔세계관광기구(UNWTO, United Nations World Tourism Organization) www.unwto.org

'전 지구적으로 접근 가능한' 관광산업 진흥을 위해 설립된 기구다. 관광 시장에 대한 정보와 관광교육 프로그램을 제공하고, 관련 정책을 제시하는 역할을 한다. 관광 진흥 및 발전을 통한 경제성장, 고용 창출, 환경 및 문화유산 보호에 관한 인센티브를 제공하기도 한다. 사무국은 스페인 마드리드에 있다.

국제전기통신연합(ITU, International Telecommunication Union) www.itu.org

전기통신 업무의 능률을 증진하고 전파 관련 국제적 협력과 의견조정을 위해 설립된 기구다. 전기통신의 균형적 개발을 위한 사업과 개도국에 대한 기술원조 등을 진행하고 있다. 사무국은 스위스 제네바에 있다.

관련 기구(Related Organization)

국제원자력기구(IAEA, International Atomic Energy Agency) www.iaea.org

원자력의 평화적 이용을 위한 연구와 국제적인 공동 관리를 위해 설립된 기구다. 핵안전환경 보호기준 설치, 원자력 관련 과학기술 정보 교환의 촉진, 안전조치 제도(Safeguards)의 수립 및 이행 등의 활동을 한다. 사무국은 오스트리아 비엔나에 있고 뉴욕과 도쿄에 연락사무소가 있다.

국제형사재판소(ICC, International Criminal Court) www.icc−cpi.int

집단살해죄, 인도에 반한 죄, 전쟁범죄 및 침략범죄 등 가장 중대한 국제인도법 위반 범죄를 저지른 개인을 심리·처벌할 수 있는 최초의 상설 국제재판소이다. 네덜란드 헤이그에 소재하고 있으며 소장단(Presidency), 전심부(Pre-Trial Division)·1심재판부(Trial Division)·상소재판부(Appeals Division), 소추부(Office of the Prosecutor) 및 사무국(Registry)으로 구성돼 있다.

* ICC는 부서 및 국별로 인턴십을 운영한다. 법학 전공자로 학사학위 보유자 혹은 대학 4학년생이면 지원할 수 있다.

국제해양법재판소(ITLOS, International Tribunal for the Law of the Sea) www.itlos.org

유엔 해양법협약(UNCLOS)의 해석 및 운영에 관련된 분쟁을 해결하기 위해 설립된 사법기구로 해양법에 관한 가장 영향력 있는 분쟁해결 기관이다. 배타적경제수역(EEZ) 분규를 비롯해 해양 대륙붕 경계, 어업권, 해양 환경보호, 선박 나포 관련 문제 등을 주로 다룬다. 재판관은 총 21명으로 당사국총회에서 선출하며 임기는 9년이다. 재판소는 독일 함부르크에 있다.

화학무기금지기구(OPCW, Organization for the Prohibition of Chemical Weapons) www.opcw.org

1997년 4월 29일 발효된 화학무기금지협약(CWC)의 이행을 검증하고 협의하기 위해 설립된 기구다. 협약의 이행 여부를 감시하기 위해 정기 사찰을 하며, 화학무기 제조·사용 의혹이 있는 협약 회원국들에 대한 강제사찰 권한을 갖고 있다. 세계 193개국이 회원국으로 가입해 있다. 화학무기를 제거한 공로로 2013년 노벨평화상을 수상했다. 네덜란드 헤이그에 본부가 있다.

국제이주기구(IOM, International Organization for Migration) www.iom.int

국제이주민들을 지원하고 이들의 권리를 증진하기 위해 설립된 기구다. 전 세계 이주민들을 위한 상담 및 의료 지원 등과 함께 이주민의 법적·사회적 지위 향상을 위해 활동하고 있다. 우리나라를 비롯해 172개국이 회원국으로 가입해 있으며 본부는 스위스 제네바에 있다. 국내에 한국 대표부가 활동 중이며 IOM과 한국정부 간 협정으로 IOM이민정책연구원(www.iom-mrtc.org)이 설립돼 운영되고 있다.

세계무역기구(WTO, World Trade Organization) www.wto.org

무역 자유화를 통해 세계의 경제발전을 목적으로 설립된 기구다. GATT(관세 및 무역에 관한 일반협정) 체제를 대신해 세계 무역질서를 세우고, UR(우루과이라운드) 협정의 이행을 감시하는 역할을 한다. 또한 무역과 관련해 국가 간에 발생하는 마찰과 분쟁을 조정하는 일을 한다. 사무국은 스위스 제네바에 있다.

　* WTO는 국가별 할당제가 없고 철저한 개인별 능력 경쟁을 통해 직원을 선발하기 때문에 통상전문가라면 도전해 볼 만하다. 국제통상법을 전공한 변호사가 상대적으로 유리하고, 국제경제학자도 가능성이 있다. WTO 직원 640여 명 중에서 한국인 직원은 4명이다.

기타 기구

경제협력개발기구(OECD, Organization for Economic Co-operation and Development) **www.oecd.org**

　회원국의 경제성장과 금융 안정을 촉진하고 세계 각국의 건전한 경제발전에 기여하기 위해 설립됐다. 공적 개발원조 정책의 개발과 조정 역할도 맡고 있다. 산하에 준독립기구로 원자력기구(NEA), 국제에너지기구(IEA) 등을 두고 있다. 2018년 현재 우리나라를 비롯해 36개 국가가 회원국으로 활동 중이며 사무국은 프랑스 파리에 있다.

우리 곁의 국제기구들, 한국에 위치한 국제기구 및 기관/사무소

　우리나라에 위치하고 있는 국제기구(사무소)들도 적지 않다. 그중에서도 녹색기후기금(GCF)과 글로벌녹색성장연구소(GGGI)는 국내에 본부를 두고 있다.

녹색기후기금(GCF, Green Climate Fund) www.greenclimate.fund

대한민국이 최초로 유치한 국제기구이다. 본부(사무국)는 인천광역시 송도국제도시에 있으며 2017년 12월 현재 149명의 정직원이 근무하고 있다. 개발도상국의 온실가스 감축과 기후변화 대응 사업에 필요한 재원을 지원하기 위해 설립된 국제기구이다. 유엔기후변화협약(UNFCCC) 재정체계 운영기구이기도 하다.

글로벌녹색성장연구소(GGGI, The Global Green Growth Institute) www.gggi.org

우리나라가 주도해 2010년 설립한 기구로, 2012년 6월 20일 열린 유엔 지속가능발전 정상회의(리우+20)를 통해 국제기구로 공인됐다. 서울에 본부가 있으며 개발도상국의 저탄소 녹색성장 전략을 지원하기 위한 싱크탱크 및 실행기구 역할을 하고 있다. 대한민국을 비롯해 덴마크, 노르웨이, 멕시코, 영국, 호주 등 28개국이 회원국으로, 유럽연합(EU), 인도, 중국 등 13개국이 파트너 국가로 참여하고 있다.

한국 소재 유엔 체제 기구 및 사무소 명단

유엔 아시아 · 태평양 경제사회위원회 동북아지역사무소(ESCAP-ENEA)

northeast-sro.unescap.org

유엔 아시아 · 태평양 정보통신기술훈련센터(APCICT-ESCAP)

unapcict.org

유엔 재해경감국제전략기구 동북아사무소 및 국제방재연수원(UNISDR ONEA-GETI)

unisdr.org

유엔거버넌스센터(UNPOG)

unpog.org

유엔국제상거래법위원회 아태지역사무소(UNCITRAL-RCAP)

uncitral.org/uncitral/en/tac/rcap.html

유엔지속가능발전사무소(UNOSD)

unosd.org

유엔개발계획 서울정책센터(UNDP SPC)

undp.org/content/seoul_policy_center/en/home.html

북서태평양보전실천계획(NOWPAP) 부산사무국

nowpap.org

유엔난민기구(UNHCR) 한국 대표부

unhcr.or.kr

유엔세계식량계획 한국사무소(WFP Korea office)

ko.wfp.org

유엔산업개발기구 서울투자진흥사무소(UNIDO ITPO Korea)

unidoseoul.org

유네스코 아시아태평양국제이해교육원(UNESCO APCEIU)

unescoapceiu.org

유엔훈련조사연구소 제주국제연수센터(UNITAR CIFAL Jeju)

unitar.org/dcp/cifal-jeju

유엔인권최고대표사무소(OHCHR) 북한인권현장사무소

seoul.ohchr.org

세계은행그룹 한국사무소(WBG Korea Office)

worldbank.org/korea

유네스코 아시아태평양국제이해교육원(UNESCO APCEIU)

unescoapceiu.org

녹색기후기금(GCF, Green Climate Fund)

greenclimate.fund

글로벌녹색성장연구소(GGGI, The Global Green Growth Institute)

gggi.org

유엔 직원 공채 도전
– '유엔 채용 포털' 이용 방법

유엔의 직원 공채는 채용공고 → 지원서 제출 → 서류심사 → 평가시험 → 인터뷰 등의 절차로 진행된다. 이 가운데 채용공고를 확인하고 지원서를 제출하기까지의 일련의 과정은 모두 유엔의 관련 사이트, 즉 'UN Careers Portal(careers.un.org)'과 'inspira'를 통해 이뤄진다. 이 사이트들을 활용하는 구체적인 방법을 단계별로 소개한다. 인터넷으로 'UN Careers Portal'을 열어 놓고 책의 내용을 살핀다면 지원 절차를 보다 쉽게 이해할 수 있을 것이다.

① 채용공고(Job Openings) 검색

유엔 사무국에 지원하려는 사람이 가장 먼저 해야 할 것은 유엔 채용정보 사이트인 'UN Careers Portal'에서 자신이 원하는 직종과 직책을 찾는 일이다. 포털은 실시간으로 채용공고를 제공한다. 유엔 포털에서

'어떻게 지원하나?(How do I apply?)' 제목의 아래 창에 들어간다.

어떻게 지원하나?(How do I apply?)
- 채용공고(Job Openings)
- 지원서 작성하기(Creating your job application)
- 지원 절차(Application process)
- 인터뷰하기(At your interview)

채용공고(Job Openings)에는 전문직, 현장직, 일반직, 국가전문직, 인턴, 컨설턴트 등 6개 카테고리별 채용공고 내용이 나와 있다. 검색창(Search Job Openings)에서 자신이 원하는 직책을 찾는다.

먼저 'Category'에서 자신이 원하는 카테고리에 어떤 채용공고가 났는지 알아본다. 6개 카테고리를 모두 보려면 'All'을 선택한다. 직급(Level)도 'All'을 선택한다.

- 전문직 및 간부급 고위직(Professional and Higher Categories)
- 현장직(Field Service)
- 일반직(General Service and Related Categories)
- 국가전문직(National Professional Officers)
- 인턴(Internship)
- 컨설턴트(Consultants)

직종(Job Network), 채용부서, 근무지도 확인한다. 직종은 경제·사회, 개발, 정보통신기술, 보안·안전, 법률, 물류·운송, 관리·행정, 정치·평화·인도주의, 공보·회의 운영, 과학 등 9개로 나뉘어 있다.

전문직(P) 공석을 예를 들어보자. 'Professional and Higher Categories'에서 모든 항목을 'All'로 검색하면 직책, 직급, 직종, 근무부서, 근무지, 신청마감일 등 개괄적인 정보가 나온다. 그다음 해당 직책(Job Title)을 클릭하면 전문성, 학력, 경력, 언어, 필기시험 등 상세한 자격요건을 볼 수 있다. 자격요건은 공석인 직책이 자신에게 적합한지 판단하는 데 도움이 될 뿐만 아니라, 반드시 자격요건에 맞추어 신청서류를 작성해야 하기 때문에 매우 중요하다. 자격요건을 갖추지 못하면 지원서를 제출할 수 없다.

'Apply Now'를 클릭하면 지원서를 작성해 제출할 수 있는 인사등록 시스템인 'inspira' 창(inspira.un.org)이 뜬다. 회원으로 가입하고 로그인하면 단계별 절차가 나온다. Careers Portal 창에서 로그인 해도 바로 inspira 창이 뜬다.

② '내 프로필(MY Profile)' 만들기

Inspira에서 '내 프로필'을 만든다. '내 프로필'에는 인적사항, 가족사항, 국적 및 거주지를 입력한다. 유엔이 지원자에게 연락할 때 사용하는 중요한 정보이니 정확하게 작성해야 한다. 작성한 내용을 모두 저장하면 왼쪽 상단에 'My Profile 100% ' 표시가 뜬다. 이름, 성, 생년월일을 제외하고는 어떤 내용이든지 나중에 수정할 수 있다. 수정한 내용은 지원자가 제출한 모든 지원서에 자동으로 반영된다.

개인인적사항 (Personal Details)	ID, Password, 이름, 생년월일, 성별 이메일 주소 전화번호(직장, 휴대폰, 자택) 주소(본적, 현주소, 우편주소)
가족사항 (Family Details)	결혼 여부(기혼자는 배우자 인적사항) 비상연락처
국적 & 거주지 (Nationality & Residence)	출생 시 국적 이중국적 취득 여부 타국 영주권 취득 여부 여권과 신분증 등의 사본 첨부

③ 지원서 작성 및 제출하기(Preparing and Submitting a job application)

'내 프로필' 작성을 마치면 지원서를 작성하게 된다. 지원서는 '내 지원서(My Application)' 창에 들어가 오른쪽 위 '지원서 초안 작성하기(Create Draft Application)'에서 작성한다. 지원서 작성은 8단계로 이루어져 있다. 단계별 작성마다 '확인(Confirm)'과 '다음(Next)'을 클릭한다. 지원서 초안은 최종 제출하기 전에는 언제든지 수정할 수 있다.

1단계: 시작하기(Start)

지원하기 전에 '지원자 매뉴얼(Manual for the Applicant)'과 '유엔 Careers Portal'에 있는 설명을 잘 읽어야 한다. 이메일 주소와 전화번호를 정확하게 적어야 담당자가 여러분과 연락을 할 수 있다.

2단계: 지원서 작성하기(Application Source)

지원서를 새로 작성할 것인지(Build New Application), 아니면 전에 작성했던 지원서를 사용할 것인지(Choose Existing Application) 선택한다.

3단계: 예비심사용 질문(Screening Questions)

예비심사용 질문은 채용공고(Job Opening)에서 지원할 때만 해당한다. 지원서를 제출하기 전에 모든 심사용 질문에 대답해야 한다. 예를 들어 '경제문제담당관(Economic Affairs Officer)'에 지원하려고 한다면 다음 질문에 답을 해야 한다.

- 질문 1: "경제 연구 및 분석, 정책 수립, 경제적 원칙의 개발 프로그램 적용 또는 관련 분야의 경력이 최소한 7년 이상 있습니까?"(네, 아니요 선택)

- 질문 2: "이 채용공고에서는 영어와 아랍어의 '말하기'와 '쓰기' 능력이 필요합니다. 영어와 아랍어 '말하기'와 '쓰기'에 능통합니까?"(네, 아니요 선택)

4단계: 선호(Preferences)

- 채용공고를 어떻게 알게 되었나요?(오른쪽 메뉴에서 선택하고 구체적으로 기술)
- 12개월 미만의 단기 근무를 수용하나요?(네, 아니요 선택)
- 컨설턴트로 일하는 데 관심이 있나요?(네, 아니요 선택)
- 파트타임으로 일하는 데 관심이 있나요?(네, 아니요 선택)
- 선호하는 주요 근무지는?(모든 주요 근무지, 아디스아바바, 방콕, 베이루트, 제네바, 나이로비, 뉴욕.

산티아고, 비엔나 중 선택, 복수 선택 가능)

- 기타 선호하는 근무지는?
- 선호하는 현장임무는?
- 선호하는 직업 분야는?

저장(Save)하고 다음 단계로 이동한다.

5단계: 학력 & 경력(Educations & Work Experience)

- 직장 경력, 유엔 고용 여부
- 직책, 전/현직 여부, 근무기간, 정부 공무원인지 여부, 유엔사무국 근무 여부, 기타 유엔기관 근무 여부, 고용인 정보(고용인 이름, 전화/팩스 번호, 웹사이트, 슈퍼바이저 이름 및 이메일 주소, 고용인 주소), 비즈니스 종류(컨설팅, 정부, 국제기구, NGO, 민간 부문, 서비스, 자영업, 기타 중에서 선택), 직군(Job Family, 열거된 리스트 중 선택), 업무 분야(열거된 리스트 중 선택), 고용형태(풀타임, 파트타임, 인턴 등)
- 담당 직무 내용을 2,500자 이내로 쓴다.
- 성과 요약을 3,700자 이내로 쓴다.
- 이직 사유를 1,500자 이내로 쓴다.
- 14세 이후 수학한 교육기관을 기재한다(고등학교, 직업기술학교, 대학교 등 모든 학교, 대학 및 기타 공식 교육 · 훈련기관).
- 교육기관의 형태(중학교, 고등학교, 대학교, 직업학교 등), 국가명, 소재 도시, 교육기관명, 전공, 영어 또는 프랑스어 타이틀, 정확한 원어 타이틀, 학위 취득 여부, 수학기간, 등록 종류(풀타임 또는 파트타임), 학습법(대면, 장거리, 온라인, 온라인과 대면, 독학 등)

6단계: 기술(Skills)

- 유엔 훈련 및 학습

- 자격증 (자격증 종류, 자격 내용, 취득일)

- 어학 능력: 모국어를 포함하여 모든 언어 구사 능력을 열거하고 언어
별로 읽기(Reading), 말하기(Speaking), 듣기(Understanding), 쓰기(Writing) 능력을
Basic, Confident, Fluent 중에서 선택한다. 'Fluent' 수준이 되려면
네 가지 능력 모두 'Fluent'여야 한다. 'Knowledge' 수준이 되기 위
해서는 최소한 두 가지가 'Confident' 또는 'Fluent'여야 한다. 언어
를 학습한 방법(공교육, 비공식 학습, 모국어, 독학)을 기입한다.

- 저서: 저서명, 출판사명, 출판일을 기입한다.

7단계: 커버 레터(Cover Letter)

- 자신의 경험, 자격, 역량이 지원하는 직책에 어떻게 부합하는지 설명
한다.

- 학위증, 직장경력증명 등 관련 파일을 첨부한다(최대 2MB 분량).

- 개인 인적사항(국적 등)

- 3명의 조회처(References): 이전 또는 현재의 직장 직속상사(슈퍼바이저), 동
료, 멘토, 학위 논문 지도자 등. 단 가족은 제외

8단계: 지원서 재검토 및 제출(Review/Submit)

- 지금까지 단계별로 작성한 내용을 다시 한번 살펴보고 수정을 한 다
음 제출한다.

지원서는 시간 여유를 갖고 미리 준비해 두었다가 원하는 자리가 나

올 때 제출하는 것이 좋다. 지원서는 사실에 입각해 완벽하게 작성해야 한다. 특히 전문성, 학력, 경력, 언어 능력이 가장 중요한 평가 대상임을 명심하자.

지원서는 유엔 양식에 따라 작성해야 하며 임의로 이력서(Resume 또는 CV)를 작성하여 제출하면 인정받지 못한다. 정식 지원서를 보완하는 용도로도 인정되지 않는다. 채용부서는 필요한 사항이 있으면 지원자에게 추가 제출하도록 요구한다.

* 유엔사무국은 유엔표준이력서(PHP, Personal History Profile)를 사용하는데, 위와 같이 '내 프로필'과 지원서를 작성하여 제출하면 유엔표준이력서의 각 항목에 기재된다. 사실상 동일한 것이다.

지원서 제출 기간은 보통 4주 정도다. 기간이 짧으니 가급적 빨리 작성해 보고 미비점을 보완해 제출하는 것이 좋다. 유엔 사무국은 지원서 접수가 마감되면 서류심사를 한다. 실무 전문직(P1~P3)은 지원자가 많이 몰리기 때문에 국제기구 중에는 모든 지원서를 일일이 읽어 보기 어려워 컴퓨터로 걸러 내기도 한다. 따라서 지원서에 해당 직책의 직무내용(Job description)에 관한 핵심단어(key word)를 많이 포함하는 것이 요령이다.

요컨대, 채용공고에 나와 있는 업무 내용과 지원 조건을 철저하게 분석해 자신의 경력과 학력 등을 근거로 자신이 그 직책에 가장 적임자임을 설득력 있게 부각하여 지원서를 작성하는 것이 핵심이다. 지원서 작성을 마치고 '제출하기(Submit)'를 클릭하여 제출하면 접수 확인 메일을 보내 준다. 일단 제출한 지원서는 내용을 변경할 수 없으니 유의해야 한다.

지원서 처리 현황은 '나의 지원(My Application)'에서 '지원됨', '검토 중', '로스터에 포함됨' 등으로 표시된다.

④ 지원서에 대한 평가(Evaluation of the application)

　지원서는 경력, 학력, 기술 측면에서 평가된다. 모든 지원 요건을 충족하거나 대부분 충족한다고 판단되는 지원자만 필기시험 또는 시뮬레이션 시험을 볼 자격이 생긴다. 이 과정을 통과하면 평가시험, 역량중심인터뷰 등을 차례로 거쳐 후보자로 선정된다.

3

글로벌 인재풀에 이름을 올려라
– 유엔봉사단(UNV)에 '내 프로필' 등록하기

유엔봉사단에 지원하기 위해 제일 먼저 해야 할 일은 UNV의 'My Profile' 플랫폼(https://vmam.unv.org)에 들어가 내 프로필을 등록하는 일이다. 우선 내 계정을 만들어야 한다. UNV 플랫폼의 오른쪽 맨 위에 있는 '지원자 등록(Candidate Sign up)'을 클릭하여 창을 연다. UNV의 가치와 약속(Values and Commitments)을 읽고, 이름, 성별, 생년월일, 이메일 주소, 비밀번호 등 기본 인적사항을 기입하고 '등록(Sign up)'을 클릭한다. 이메일 주소가 맞는지 확인해 달라는 UNV의 이메일을 받아 'Email Verification'을 클릭하면 내 계정이 만들어진다. 계정에 로그인하여 자신의 프로필을 등록한다. 별표(*) 항목은 필수기재항목이다. 기재할 항목을 하나씩 살펴보자.

• 개인 정보(Personal Information): 타이틀(Mr. Mrs. Ms.), 이름, 성, 등록

한 이메일 주소, 기타 이메일 주소, 성별, 생년월일, 출생지, 국적, 법적 거주국, 결혼 여부, 소통언어 등을 기입하고, 두 가지 질문, 즉 "나는 가족동반 불허 지역(non-family duty station)에서 근무할 용의가 있다"와 "나는 나의 모국에서 자원봉사자로 근무하는 데 관심이 있다"에 대한 대답(예/아니요)을 입력한다. 전화번호를 입력하고 UN 자원봉사자 지원동기를 기술한다.

• 주소(Addresses): 현주소, 본적을 기입한다.

• 자격 및 기술(Qualifications and Skills): 학문적 자격(Academic Qualifications) 항목에서는 자격 추가(Add Qualification)를 클릭하여 학위, 전공 분야, 학사/석사/박사 등 학위수준, 취득학위, 기간, 전공 분야, 대학/수학기관을 입력하고, 문서를 업로드한 후 '저장'한다. 기타 자격(Other Qualifications)으로는 당신의 프로필과 관련이 있다고 생각되는 훈련과정을 입력한다. UNV는 필요 시 인증서 사본을 요구할 수 있다. 언어(Languages) 항목에서 영어 등 언어를 선택하고 구사력을 표시한다. 모국어도 입력해야 한다. 언어구사력은 기본(Basic)/보통(Fair)/좋음(Good)/실무처리 수준(Working Knowledge)/유창함(Fluent)/모국어(Mother Tongue)로 표시한다. 운전면허 소지 여부를 입력한다.

• 전문적 경험(Professional Experience): 인턴십을 포함한 관련 경

험을 입력한다. 풀타임 자원봉사 경험도 입력한다. 각 경험을 별도의 항목으로 작성하고 공간을 최대한 활용하여 주요 과업, 책임 및 업적을 설명한다.

기간, 전문 분야(area of expertise) 최소 1개, 최대 3개, 고용 형태(정규, 파트타임 50% 이상, 50% 미만), 자원봉사 경험 유무, 조직 형태(정부, 국제기구, NGO, 민간 분야, 자영업, 유엔, 기타), 직책, 고용주/기관, 주요 활동, 퇴직 사유, 도시, 국가를 기입한다.

UNV가 자원봉사자를 과제별로 현장에 배치할 때 유일하게 참고하는 정보이므로 철저히 작성해야 한다.

- 조회(References): 지원자의 성격, 직업 및 자격에 대해 잘 알고 있는 전·현직 상사 등 최소 1명, 최대 3명의 조회처(이름, 주소, 전화번호, 이메일 주소)를 입력한다. "UNV가 현재 고용주에게 연락할 수 있습니다"(예/아니요). 프로필과 관련된 추가 정보를 입력한다. 출판물, 관심 분야, 지리적 또는 문화적 관심사 등 프로필과 관련된 추가 정보도 입력한다.

- 내 프로필 제출(Submit My Profile): 모든 필수 정보를 입력한 후 'Submit My Profile'을 클릭하면 등록이 완료된다.

'내 프로필 제출'로 등록이 완료되면 UNV 사무국으로부터 내 프로필 등록을 확인하는 Roster 번호가 포함된 이메일 메시지를 받게 된다.

한 가지 주의할 사항이 있다. 내 프로필은 영어 외에 프랑스어 또는 스페인어로 작성할 수 있지만, 프랑스어나 스페인어로 작성하면 그 언어 사용 국가에 우선적으로 파견될 수 있다는 점이다. 영어가 유창한 사람은 영어로 작성하는 것이 좋다. UNV 홈피의 'Account Setting'에서 영어를 선택하여 작성한다.

4장

국제기구로 가는 마지막 관문: 성공적인 인터뷰 방법

1

국제기구
역량기반인터뷰 대처법

인터뷰는 국제기구 진출을 위한 마지막 관문이다. 세계 각국의 쟁쟁한 후보자들 사이에서 자신을 부각시키려면 남다른 준비가 필요하다. 우선 지원자는 지원서에 담은 내용을 토대로 예상되는 모든 질문을 만들고 답변을 준비해야 한다. 여기서 유의해야 할 점은 크게 두 가지이다. 하나는 해당 국제기구에서 강조하는 직원의 가치관, 직원의 핵심역량이 무엇인지 파악하고, 답변을 준비할 때 반영해야 한다는 것이다. 또 다른 하나는 지원자를 채용하려는 부서나 팀이 어떤 프로젝트와 프로그램을 진행하고 있는지 상세하게 파악해 핵심 단어와 표현을 답변에 녹이라는 것이다.

유엔을 비롯한 국제기구들은 직원을 채용할 때 역량기반인터뷰를 실시한다. 다음 내용은 유엔 웹사이트 등을 토대로 역량기반인터뷰에서 면접관이 던질 수 있는 질문들과 답변 방법, 인터뷰 팁을 정리한 것이다.

역량기반인터뷰, 어떤 질문을 받게 되나

유엔은 최고의 자질을 갖춘 직원을 선발하기 위해 역량기반인터뷰 (Competency Based Interview)를 실시한다. 면접관은 인터뷰에서 당신의 경험과 이력을 통해 당신이 지닌 역량과 지식, 기술 등을 파악하기 위해 잘 짜인 질문들을 던진 것이다. 예를 들면 다음과 같은 질문이다.

- 질문 1: 여러분이 상사의 기대를 뛰어넘었을 때가 있었다면, 그때의 상황에 대해 말씀해 주세요.

- 질문 2: 문제해결 능력을 발휘해 문제를 해결한 때가 있었다면 그때의 사례에 대해 말씀해 주세요.

- 질문 3: 동시에 많은 요구를 받았을 때가 있었는지, 어떻게 처리했는지 말씀해 주세요.

과연 당신은 어떻게 답변하겠는가? 다행히도 유엔 웹사이트에는 역량기반인터뷰를 잘하기 위한 유용한 팁이 있다.

- 당신이 이룬 성취에 관한 간단한 실생활 이야기들을 폭넓게 준비하라. 각 이야기에서 보여 주는 구체적인 기술들을 인지하고 있어야 하며 각 경험에서 얻은 긍정적인 결과나 교훈을 잊지 말고 포함하라.

- 과거의 경험을 통해 배운 강점과 능력을 토론할 준비가 되어 있어야 한다. 또한 유엔의 일과 당신이 지원하는 특정 직책에 어떻게 기여할 수 있는지 생각해 보라.

- 채용공고에 언급된 역량을 잘 검토하라. 인터뷰를 통해 이 역량들을 조사할 것이니 이러한 역량 분야에서 당신의 기술을 당신의 이야기를 통해 보여 주어야 한다.

- 이러한 역량을 사용하여 긍정적 결과와 성과를 도출할 준비가 되어 있어야 하며, 또한 각 분야에서 직면한 과제에 대응할 준비도 되어 있어야 한다.

- 당신의 대답은 상황, 행동, 결과로 구성되어야 한다.

- 당신이 관련이 있다고 생각하는 적절한 정보를 공유하라.

- 질문을 주의 깊게 들어라. 요점을 지키라. 가능한 한 구체적으로 말하라.

- 역량 또는 행동 기반 인터뷰에 대해 연구하라. 그러한 인터뷰를 준비하는 데 사용할 수 있는 자료들이 많이 있다.

- 당신이 지원하는 부서와 당신이 하는 일에 관해 가능한 한 많이 배우라. 연습! 연습! 연습!

면접관이 물어볼 수 있는 질문들은 아래와 같다. 일반적인 답변보다는 자신의 전문성과 역량을 실제 경험과 사례를 들어 자신만의 차별화된 답변을 하자.

① 지원 동기
- 왜 이 국제기구에 지원했나요?
- 왜 이 부서에 지원했나요?
- 이 분야에서 어떤 기여를 할 수 있나요?
- 지원한 국제기구의 목표와 현안에 대한 질문 등

② 전문성, 업무 능력, 창의성, 잠재력 등 전반적인 역량
- 지원자를 꼭 채용해야 하는 이유는?
- 전문성, 전문지식에 관한 질문
- 경력, 활동 등에 대한 질문
- 학점, 전공에 관한 질문
- 구체적인 사례에 대한 견해나 해법

③ 소명의식, 태도, 자세, 책임감, 열정, 헌신, 의지 등
- 국제공무원이 되고 싶은 이유는?

- 위험지역이나 오지에서 근무할 용의가 있나요?
- 조직과 일에 대한 헌신의 마음
- 자신의 장점과 단점
- 실패 사례와 이를 극복한 경험
- 가장 어려웠던 일 · 도전과 이를 극복한 경험
- 남에 대한 배려와 팀워크, 동료들과의 협력 등을 측정하는 질문

답변하는 태도와 요령은?

인터뷰에서 답변을 하는 데에도 요령이 필요하다. 면접관의 관심과 호감을 살 수 있는 답변의 팁들을 소개한다.

① 질문의 의도를 정확히 파악하라. 의도가 없는 질문은 없다. 면접관은 평범한 질문에서부터 전문적인 질문에 이르기까지 다양한 질문을 한다. 질문의 의도에 맞지 않는 대답을 하면 좋은 점수를 얻기 어렵다.

② 구체적인 사례를 들어 설명한다. 그러나 너무 장황하게 설명하지 않도록 유의하라. 면접관은 질문을 통해 전문성, 태도, 일에 대한 열정, 조직을 위한 헌신, 동료들과의 팀워크 등 다양한 측면을 평가한다. 다른 사람과 차별화된 자신의 잠재력과 역량과 열정을 보여 주라.

③ 질문에 대한 답을 먼저 한 다음 구체적인 설명을 덧붙인다. 답변을 먼저 해야 한다고 마음먹었어도 실제로는 잘 안 된다. 답변 내용에 확신

이 있지 않으면 더욱 그러기 쉽다. 혼자 연습을 많이 하도록 하자. 달달 외워서 답변하는 듯하는 인상을 주지 않도록 한다. 짧은 시간에 많은 것을 파악해야 하는 면접관에게 원하는 대답을 오래 기다리게 해서는 안 된다.

④ 진정성을 담아 열정과 기여의지를 보여 주라. '꼭 여기에서 일하고 싶다'는 열망을 보여 주라. 겸손하면서도 자신 있게 대답하면 신뢰를 줄 수 있다.

⑤ 예상하지 못한 질문을 받더라도 당황하지 말고 침착하게 대답하라. 질문에 대한 답을 모르더라도 솔직하게 시인하고 잘 파악하겠다고 대답하라. 질문 내용을 이해하지 못했으면 다시 질문을 해 달라고 요청한다.

⑥ 인터뷰를 통해 언어 능력도 평가한다. 그렇다고 두려워하거나 언어 구사에 너무 신경 쓰지 말고 자신의 의사를 분명하고 논리적으로 표현하는 것이 중요하다.

⑦ 인터뷰를 해 보면 1분 안에 지원자에 대한 인상이 결정되는 것이 보통이다. 좋은 인상을 주도록 하자. 평소 거울을 보고 연습을 많이 하면 좋은 표정으로 긴장하지 않고 인터뷰를 하는 데 도움이 된다. 자연스럽게 면접관을 바라보면서 대답한다.

역량기반인터뷰 대처 방법

역량기반인터뷰는 사람의 과거 행동과 경험이 미래의 역량을 예측하는 데 가장 유용한 지표라는 연구 결과를 토대로 만들어진 인터뷰 기법이다. 사람의 이력(history)은 다양한 상황에 대처할 수 있는 본인의 재능, 기량, 능력, 지식 및 실질 경험을 담고 있으며, 이러한 요소들을 파악하거나 예측하는 최고의 방법이 바로 역량기반인터뷰라는 것이다. 따라서 역량기반인터뷰는 과거의 경험과 이력을 통해서 지원자의 역량, 기술, 지식 등을 파악하고 평가할 수 있는 질문으로 구성된다. 가령 지원자가 팀원으로서 조화를 이룰 수 있는지 알아보고 싶다면 면접관은 이런 유형의 질문을 연이어 던질 것이다.

"성공적으로 팀워크를 이룬 경험이 있다면 이야기해 주세요.""당시 어떤 상황이었나요?""당신은 어떤 역할을 했나요?""훌륭한 팀워크를 만든 요인이 무엇이었나요?""팀 내의 의견 충돌은 어떻게 처리했나요?""그 결과는 어떻게 됐나요?""그 경험으로 무엇을 배웠나요?""다시 똑같은 일을 해야 한다면, 다른 방식으로 할 생각이 있나요?"

유엔에서는 ▲고결한 자세(Integrity) ▲전문가의식(Professionalism) ▲다양성 존중(Respect for Diversity)을 직원이 지녀야 할 핵심가치로 강조하고 있다. 또한 모든 직원이 갖추어야 하는 핵심역량으로 ▲의사소통(Communication) ▲팀워크(Teamwork) ▲기획 및 조직력(Planning & Organizing) ▲책임감(Accountability) ▲고객중심(Client Orientation) ▲창의성(Creativity) ▲지속적인 학습(Commitment to Continuous Learning) ▲기술 활용(Technological Awareness) 등 7가지를 꼽고 있다. 역량기반인터뷰에서는 이러한 가치관과 역량들을 확인하기 위한 질문을 많이 할 것이다. 그렇다면 지원자는 역량기반인터뷰에 어떻게 대비해야 할까?

인터뷰 심사위원으로 참여한 경험이 있는 국제기구 관계자들은 'CARL 원칙'을 기반으로 답변을 준비하라고 조언한다. 내용(Context), 행동(Action), 결과(Results) 그리고 교훈(Learning)을 함께 담아 대답해야 한다는 것이다.

성공적인 인터뷰를 위한 조언

만약 국제기구 채용 과정에서 인터뷰 대상자로 선정됐다면 이미 국제공무원 후보로서 객관적인 요건을 갖춘 것이다. 하지만 아직 제일 중요한 관문이 남아 있다. 바로 인터뷰다. '시작이 반이다'라는 속담이 있지만 취업 과정에서는 '인터뷰가 전부'라 해도 과언이 아니다.

국제기구 채용 인터뷰에는 복수의 심사위원이 면접관으로 참여하여 일반적으로 전화 인터뷰 형식으로 진행한다. 경우에 따라서는 대면 인터뷰나 온라인 화상 인터뷰로 대신하기도 한다. 인터뷰에서 면접관들은 지원자에게 수많은 질문을 던질 것이다. 질문은 크게 두 가지로 귀결된다. 하나는 지원 서류에 기재한 내용이 사실인지 검증하기 위한 것이고, 다른 하나는 과연 동료직원들과 팀워크를 이루면서 업무를 잘 해낼 수 있는 역량과 품성을 갖추고 있는지 알아보기 위한 것이다. 유엔을 비롯한 대다수 국제기구는 최고의 자질과 역량을 갖춘 인재를 찾아내는 면접 방법으로 역량기반인터뷰(Competency Based Interview)를 실시한다.

'CARL 원칙'을 명심하라

여기서 '내용(C)'은 자신에게 일어난 상황을 시간, 장소와 함께 명료하고 간략하게 이야기하는 것을 의미한다. '행동 (A)'은 해당 상황에서 지원자가 한 역할을 정확하게 설명하는 것을 말한다. '결과 (R)'는 지원자의 행동이 어떠한 결과를 낳았는지, 업적과 성과물로 설명하는 것을 말한다. '교훈 (L)'은 해당 상황을 통해 배운 교훈을 소개하는 것을 의미한다. 자신의 경험을 토대로 'CARL 원칙'에 따라 가치관 및 역량별로 답변을 준비하면 역량기반인터뷰에 적절하게 대응할 수 있을 것이다. 또한 면접관에게도 명확하게 자신의 이야기를 전달할 수 있을 것이다. 한 가지 조언을 덧붙이자면, 인터뷰 답변을 준비할 때 채용공고에 등장하는 직무와 관련된 키워드와 전문 용어들을 답변 속에 적절하게 녹이라는 것이다. 직무와 관련된 키워드와 용어들은 면접관들에게 친숙한 단어라 소통과 공감에 도움이 된다.

하지만 쟁쟁한 인재들이 함께 인터뷰 대상자로 올라와 있는 상황에서 단순히 인터뷰 질문에 적절한 대답을 내놓는 것만으로는 차별화가 쉽지 않다. 국제기구 인사 경험자들이 전하는 또 하나의 인터뷰 팁은 '인터뷰 말미에 좋은 질문을 던지라'는 것이다. 가령 지원자가 자신을 채용하려는 부서에서 최근 진행해 성공한 프로젝트에 대해 구체적인 질문을 던졌다고 치자. 면접관들은 지원자가 앞으로 일할 팀과 자신의 직무에 대해 관심과 열의를 갖고 있는 것으로 판단한다. 반대로 주어진 질문에 답변만 하고 자신은 질문하지 않는 지원자에 대해서는 해당 업무에 관심이 없는 것으로 여기기 쉽다.

끝으로 무엇보다도 주의해야 할 것은 면접 자세이다. 특히 인터뷰의 처음과 마지막에 좋은 인상을 주는 것이 중요하다. 말의 높낮이나 톤을 잘 조절하고 면접관에게 자연스레 눈을 마주치며 질문을 경청하는 모습을 보여 주는 것이 유리하다. 인터뷰 도중에 면접관의 말을 간략하게 메모하는 것도 좋은 방법이다. 적절한 메모는 '당신의 이야기를 경청하고 있다'고 알리는 또 하나의 보디랭귀지이다.

채용 인터뷰를 위한 또 다른 5가지 팁

- 채용공고를 올린 부서에 관한 정보를 최대한 많이 찾아라. 해당 부서에서 제공하는 서비스, 이슈, 도전, 성공, 변화 등을 공부하여 인터뷰 때 반영하라.

- 너무 완벽해 보이려고 애쓰거나 자신을 미화하지 마라. 조금은 인간적인 면모를 보이는 것이 오히려 낫다.

- 면접에서 가장 중요한 것은 바로 준비와 연습이다. 답변 내용을 다듬고, 계속 연습하라. 우리말 면접 때보다 열 배는 공을 들여라.

- 면접관을 오래 기다리게 하지 마라. 예상치 못한 질문을 받더라도 침묵보다는 "잘 모르겠다. 더 알아보겠다"는 솔직한 답변이 낫다.

- 열정과 기여 의지를 보여 주라. 겸손하게, 그러나 자신감 있게 일에 대한 열정을 표현하라.

'한국 여성 최초의 유네스코 본부 국장'
최수향 박사

프랑스 파리에 본부를 둔 유엔 교육과학문화기구, 유네스코(UNESCO)에서 최수향 박사, 일명 '닥터 초이'는 특별한 존재다. 내부 승진으로 본부 국장에 오른 입지전적인 한국 여성이자 국제교육 전문가이기 때문이다. 크게 전문직(P급)과 관리직(D급)으로 구분돼 있는 유엔 직원의 직급 체계에서 전문직 직원이 관리직으로 승진하기란 '낙타가 바늘귀로 들어가는 것만큼' 어렵다. 5개 등급(P1~P5)으로 나뉘어 있는 전문직 자체의 내부 승급도 쉽지 않은 데다, 관리직이 되려면 탁월한 업무 능력은 물론 리더십까지 두루 인정받아야 한다. 언론에서 최수향 박사를 지면에 소개할 때마다 '유네스코 본부 국장에 오른 최초의 한국 여성'이라는 수식어를 빼놓지 않는 배경이기도 하다.

최 박사가 유네스코와 첫 인연을 맺은 것은 지금으로부터 20여 년 전이었다. 파견직 전문 직원으로 출발해 단기간에 과장이 되었고, 2008년에는 아프리카 짐바브웨 하라레 유네스코현장사무소 소장으로 부임하며 국장급으로 승진했다. 그 후 4년 만인 2012년 유네스코 본부 국장으로 발탁돼 국제교육정책에 영향을 끼치는 전문가로서 세계의 주목을 받고 있다. 아무런 인맥도, 특출한 배경도 없던 그가 거대한 정글과도 같은 국제기구 조직에서 두각을 나타내며 리더로 발돋움한 비결은 무엇일까? 그 성공의 비밀을 찾아서 파리 유네스코 본부 최수향 국장의 사무실 문을 두드렸다.

최 박사와는 공식·비공식 석상에서 이미 여러 차례 얼굴을 마주했지만, 이번 만남은 더욱 특별했다. 나는 인터뷰어로서 그의 삶, 그의 도전에서 젊은이들에게 전해 줄 메시지를 하나라도 더 찾고자 했고, 그 또한 인터뷰이로서 미래세대를 위해 진솔하게 마음을 열었다.

최수향 박사는 교육전문가이자 심리학자이다. 국내 대학을 나온 뒤 캐나다 앨버타 대학교에서 교육심리학으로 철학박사 학위를 받았다. 귀국 후 한국교육개발원(KEDI)에 잠시 몸담고 있던 시절, 유네스코와 인연의 끈이 맞닿았다. 당시만 해도 국내 젊은이들이 국제기구에 진출하는 것은 꿈조차 꾸기 어렵던 시절인데 대체 그는 어떻게 유네스코에 도전할 수 있었을까?

날개를 달다

민) 1997년 한국교육개발원에 계실 때 유네스코에 첫발을 디디 신 것으로 알고 있습니다. 그때 국제기구 유네스코에 도전하 게 된 상황을 자세히 얘기해 주실 수 있을까요?

최) 당시 유네스코한국위원회에서 제가 근무하던 한국교육개발 원(이하 KEDI)에 '선임 전문가 파견 프로그램(Associate Expert Program)'에 관한 공문을 보내왔어요. 유네스코 본부가 각국의 젊은 인재 들에게 유네스코에서 파견 자격으로 일할 기회를 제공해 주 기 위해 운영하는 프로그램인데, 어찌 보면 그림의 떡과 같았 어요. 파견 형식이라 비용을 모두 참가 기관이 부담하는 제도 였기 때문이죠. 하지만 그냥 포기할 수가 없었어요. 마침 신 청 분야가 제가 관여하고 있던 유아교육이었거든요.
망설임 끝에 상사인 담당 국장께 '가고 싶다'는 의사를 말씀 드렸어요. 그때 제게 해 준 말씀이 아직도 귀에 생생해요. "최 박사는 날개만 달아 주면 더 높이 날 수 있을 것 같다. 그래, 해 보자." 그러면서 원장님께 말씀드려 보겠다고 하시더라고 요. 그래도 선례가 없던 터라 희망을 크게 갖진 않았어요. 그 러다 국장님으로부터 뜻밖의 희소식을 듣게 되었죠. 원장님 께서 "국제사회에 나가서 일할 수 있는 인력을 키우는 것도 우리가 해야 할 일이다. 한번 알아봐라."고 하셨다고 말씀하시더라고요. 당시 국제적 인력 양성에 대한 관심이 지금처럼 크지 않았음에도 앞을 내다본 전향적인 시각이 있으셨던 것 같아요. 또 한 가지 더 행운이 겹쳤는데, 같이 일하는 직장 선배가 중요한 정보를 알려 주셨죠. 한 재단에 연구비를 신청하면 파견에 필요한 경비의 일부를 지원받을 수 있다는 내용이었어요.

원장님, 국장님, 직장 선배님 이 세 분이 제가 유네스코에 와서 일하는 데 결정적인 역할을 해 주셨어요. 자신의 직원과 동료가 떠나면 당장 힘들고 아쉽고 또 질투 어린 시선을 보낼 수도 있을 텐데, 이분들은 오히려 저를 배려하고 응원해 주셨지요. 그건 정말 저에게 큰 행운이었다고 생각합니다.

민) 그런 행운이 우연히 올 수 있었겠어요? 저는 박사님이 인간관계를 잘 맺어 왔기 때문에 가능했던 일이라고 생각합니다. "결국 사람에겐 사람이 힘이고 재산이다"는 건데, 우리 젊은이들에게도 굉장히 좋은 메시지가 되리라 봅니다.

최) 파견 직원이던 제가 유네스코에서 정규직으로 자리를 잡게 된 데도 같이 일하는 동료의 도움이 컸어요. 제가 일하는 부서에 공석이 생기자 동료가 적극적으로 저를 상사들에게 추천해 주었거든요.

사실 제가 직장에서 누구한테나 잘하는 스타일이 전혀 아닌데도 주위 분들이 저를 많이 도와주셨어요. 도와줄 마음이 들게 하고, 또 투자할 가치가 있는 사람이라는 걸 보여 주는 것은 저의 몫이지만, 능력을 보이는 사람에 대해 큰 안목을 가지고 아낌없이 도와주는 경우는 많지 않은데, 저는 정말 운이 좋았던 것 같아요.

최 박사가 다소 덤덤하게 운과 감사의 마음을 이야기하지만, 사실 그를 파견 직원에서 정규직원의 자리로 이끈 것은 일에 대한 열정과 빼어난 일솜씨 덕분이기도 했다. 그가 유네스코 본부에서 파견 직원으로 일한 지 몇 개월 되지 않았을 때의 일이다. 당시 한국을 휩쓸던 외환위기의 거대한 파고가 저 멀리 프랑스 파리까지 밀려왔다. 한국에서 송금해 오는 돈의 가치가 하루가 다르게 떨어졌다. 생활이 어려워 귀국을 심각하게 고민하던 때에 그는 동료로부터 뜻밖의 권유를 받게 된다. "본부 영유아가정교육과 과장이 연말에 퇴직할 예정이니 과장직에 지원해 보라"는 것이었다.

최 박사의 품성뿐만 아니라 열정과 빼어난 일솜씨를 눈여겨본 한 동료의 제안은 그의 인생에서 또 하나의 터닝 포인트가 되었다. 이를 계기로 과장직에 도전한 최 박사는 결국 어려운 관문을 뚫고 파견직 신분에서 정식 과장으로 올라설 수 있었다. 이 과정에서 동료 직원들의 우호적인 평판이 큰 힘이 되기도 했다. 과연 그의 어떠한 점이 주변 사람들을 친구로 만들고 사로잡는 것일까? 문득 그의 성장 과정이 궁금해졌다.

외교관이 아니라 외교관 와이프를 꿈꿨던 소녀

민) 박사님의 어릴 적 꿈이 궁금합니다. 국제기구에서 일하는 것도 그중 하나였나요? 지금 이 자리에 서기까지 도움이 됐던 학창 시절의 경험, 마음가짐 같은 것들이 있다면 좀 들려 주세요.

최) 제가 자라던 시절에는 국제기구란 것을 전혀 몰랐습니다. 한 가지 기억나는 건, 아주 어렸을 때 텔레비전에서 영어를 잘 하는 사회자가 주한 외교사절의 관저를 방문해 그분들이 사는 모습을 보여 주는 프로그램이 있었어요. 처음으로 본 외국 인들이 사는 모습은 모든 것이 제가 사는 세계와 너무 달랐고 흥미로웠어요. 그때 외교관이 되겠다는 생각은 못 하고 외교관 와이프가 되면 좋겠다는 생각을 했던 것 같아요(웃음). 어릴 적 기억 때문인지 중학교에 들어가 영어를 새롭게 배우면서 흥미를 느꼈어요. 중·고등학교 시절에는 여러 과목 중에서 도 영어를 잘하는 편이었지요(웃음).

또 유네스코에 대한 아련한 추억도 있어요. 어린 시절, 주말 에 명동으로 시내 나들이를 나갔을 때 유네스코회관을 보고 유네스코에서 무슨 일을 하는지에 대해 호기심이 생겼던 것 같아요. 대학교 때는 막연히 외국에 가서 일하면 좋겠다는 생각을 했는데, 어떤 방법이 있는지 등에 대한 정보를 얻는 것이 쉽지 않았죠.

당시 아버지께서 대학에 계셨기 때문에 저는 학위를 따서 대학교수가 되는 것이 좋겠다는 생각을 했어요. 교수가 꼭 되고 싶어서라기보다는 교수 외에는 다른 직업을 생각해 보지 않았고 또 찾아보지도 않았거든요. 그래서 국제기구 지원을 위한 스펙을 특별히 준비한 건 없었지요.

20대에는 거의 10년을 캐나다에서 공부하고 한국에 서른 살에 돌아왔는데, 여성으로 또 사회인으로 한국 생활에 적응하는 게 생각보다 쉽지는 않더라고요. KEDI에서 근무하면서도 외국에 다시 나갈 생각을 계속 하긴 했어요. 처음 KEDI에 입사할 때는 영유아교육 분야 임시직으로 들어갔는데, 영어 능력이 도움이 돼서 국제협력부의 정규직으로 채용됐지요. 그러다가 유네스코의 파견에 대한 정보를 알게 된 거고요. 제가 국제기구를 위해 따로 준비한 건 없고, 당시 같은 위치에 있던 동료들보다 조금 나은 언어 능력을 갖고 있었다는 것이 도움이 되었지요.

그러고 보면, 최수향 박사가 미래 세대들을 만날 때마다 꼭 해 주는 조언이 있다. 지구촌 시대를 사는 만큼, 더 많은 사람들과 소통할 수 있도록, 그리고 더 많은 기회를 얻을 수 있도록 외국어 공부를 열심히 하라는 이야기다. 유네스코한국위원회는 대한민국의 꿈나무인 어린이들에게 세계로 향한 꿈을 심어 주기 위해 초등학생을 대상으로 '유네스코 키즈 (UNESCO Kids)'라는 글로벌 리더 양성 프로그램을 운영했다. 내가 사무총장을 맡고 시작한 프로그램인데, 국내에서 세계시민캠프도 열고 해외에서 국제기구 방문 같은 체험학습의 기회도 제공해 폭발적인 관심을 받았다. 바로 이 프로그램을 통해서 많은 '유네스코 키즈'가 파리의 유네스코 본부를 방문해 최수향 박사를 직접 만나기도 했다.

민) 2015년 겨울 파리에서 유네스코 키즈를 만났을 때 강조해 주신 것도 외국어였던 것으로 기억합니다.

최) 글로벌 시대에 언어 능력은 생존 능력이기도 해요. 특히 국제기구에서 일하는 입장에서 보면 언어는 두말할 나위도 없이 기본 중의 기본이거든요. 언어가 안 되면 아무것도 안 되죠. 제가 성장하는 데 상사와 주변 분들의 도움이 컸다고 앞서 말씀드렸는데, 그분들도 동료들에 비해 조금 나았던 저의 언어 능력에 높은 점수를 주셨던 것 같아요. 소통도, 일도 언어에서 시작되니까요.

민) 국제기구 근무로 인해 고국을 떠나 해외에서 생활하신 지 20년이 거의 다 되어 가는데, 그간 가장 힘들고 어려운 점은 무엇이었나요?

최) 이와 비슷한 질문을 많이 받긴 하지만, 제 대답은 일반적인 예상과는 많이 다릅니다. 제가 올해 56세인데 유년기와 4년 반 한국에서 일한 기간을 제외하면 인생의 절반 이상을 외국에서 살고 있는 셈이에요. 세계 곳곳을 많이 돌아다니다 보니까, 어디는 좋고 또 어디는 나쁘다는 식의 절대적인 판단 기준이 없어지는 것 같습니다. 남들이 힘들다고 생각하는 아프리카에서의 경험을 통해 더 그런 생각을 하게 되었어요. 힘든 곳에는 그곳 나름대로의 좋은 점이 있지요. 그래서 "편한" 집을 떠난다고 해서 어려운 점이 클 거라는 생각은 좀 구시대적인 발상인 것 같아요.

외국에서 혼자 사는 것에 대한 두려움은 없었어요. 유학 시절에 이미 혼자서 10년 가까이 외국에서 살아 봤기 때문에 유네스코에 왔을 때 고향을 떠난 외로움을 느끼지는 않았어요. 향수보다는 오히려 처음에 언어로 인한 어려움이 컸다고 봐요. 막상 프랑스에 왔는데 프랑스어를 잘 못했기 때문에 빨리 익숙해져야 한다는 스트레스가 있었죠. 프랑스는 언어에 대한 자부심이 강한 나라라 일단 프랑스어가 안 되면 여러모로 불편해요. 국제기구 직원이라면 특히 더하죠. 파리에 와서 새 직장과 새 생활에 적응하는 게 쉽지 않았기 때문에, 언어를 배우는 시간을 내는 것도 여의치 않았어요. 그래도 2~3년 개인교습까지 받으며 엄청 열심히 공부했지요.

유엔에서는 영어, 프랑스어, 스페인어, 러시아어, 아랍어, 중국어 6개 언어를 공용어로 사용한다. 지구촌에서 가장 많은 사람들이 사용하는 언어다. 유엔전문기구인 유네스코도 마찬가지다. 프랑스 파리에 본부를 두고 있는 만큼 유네스코 조직에서 특히 프랑스어의 중요성은 더 높다고 할 수 있다. 파리의 국제무대에서 프랑스어는 '만찬장의 와인'과도 같다. 프랑스어를 못해도 밥을 먹을 순 있지만, 주위 사람들과 잔을 나누며 외연을 넓히기 어려운 셈이다. 최수향 박사도 처음에 유네스코에서 프랑스어의 벽에 부딪혔다. 하지만 이제는 프랑스어를 능란하게 구사하고, 이외에도 일본어 정복까지 눈앞에 두고 있다. 흔히 언어 학습 능력은 나이에 반비례한다고 하는데, 그가 들려주는 '언어 극복기'가 흥미롭다.

언어는 나의 힘

민) 한국인이 국제기구 직원으로서 마주하는 어려운 점 중 하나가 모국어가 아닌 제2, 제3의 언어로 전문적인 일을 한다는 것이 아닐까 싶습니다. 특히 프랑스어를 배우느라 피나는 노력을 하셨다고 들었습니다. 어떻게 외국어를 정복했는지, 그 과정이 궁금합니다.

최) 제가 아는 세 개의 외국어, 영어, 프랑스어, 일어를 배우는 과정이 다 달랐어요. 한국에서 시작한 영어는 문법을 먼저 배운 다음 유학 가서 듣고 말하기를 익혔어요. 그런데 프랑스어는 그렇게 할 수가 없었지요. 3~4개월 동안 한국에서 문법을 공부하고 왔지만, 현지 생활에 적응하느라 프랑스어 수업을 별도로 들을 시간이 없었어요. 그래서 개인교습을 통해 심화된 문법 공부를 하면서 집에 있을 땐 항상 TV를 켜 놓고 소리를 들었어요. TV가 좋은 게 영상을 보니까 내용을 유추할 수 있거든요. 처음 6개월은 하나도 안 들렸어요. 그런데 그렇게 6개월을 무조건 듣다 보니까 단어가 하나씩 귀에 들어오기 시작하더라고요. 그다음엔 단어가 합쳐져 들리고, 문장이 들리고, 또 전체 대화가 들리는 거예요. 한 2년간 그렇게 하다 보니, 말이 저절로 들리고 입이 열리더라고요.

영어의 경우엔 먼저 문법과 내용을 파악하고 들었는데, 프랑스어는 기본적인 문법을 숙지하고 소리를 들으며 배웠어요. 그래서 프랑스어는 따로 단어장을 만들지 않았어요. 조금씩 자신이 생기자 동료들에게 한두 마디씩 하다 보니 자연스럽게 프랑스어를 구사하게 되었지요.

얼마 전 공부를 시작한 일어는 또 다른 방식으로 익히고 있어요. 일어는 한국어와 많이 비슷해서 작문 중심으로 공부하고 있어요. 그러면서 개인교습을 통해서 문법을 같이 익히고요. 이제는 (나이 탓인지) 연필로 써 가면서 외우는 방식으론 기억이 오래 남지 않더라고요. 그래서 머릿속에 소리를 심는(?) 훈련을 떠올렸죠. 따로 배울 시간을 못 내니 아침에 출근 준비를 하는 30분 동안 인터넷 일어 뉴스 방송을 틀어 놔요. 쉽고 짧은 방송을 30분 동안 수없이 반복해서 들어요. 그러면 몇 단어가 들려요. 하루에 한 단어만 들린다고 해도 한 달에 30단어, 두 달이면 60단어, 세 달이면 90단어가 들리는 거예요. 그렇게 어느 정도 해 가면 웬만한 대화는 들리게 되는 거 같아요. 하루에 한 단어라도 듣고 그걸 귀에 꽂고 머리에 남게 하는 것이 결코 사소한 게 아니에요. 계속 그렇게 꾸준히 쌓다 보면 언젠가는 언어라는 큰 형체를 갖게 되는 거거든요.

많은 분들이 언어 학습에 대해서 물어보시는데, 언어에는 왕도가 없는 것 같아요. 문법 공부를 하면서 소리에 노출되는 시간을 늘리고 수없이 반복하고 또 반복하는 수밖에 없어요. 물론 해당 언어를 써야만 하는 환경에 놓여 있다면 도움이 되죠. 그리고 모국어가 아닌 외국어는 평생 노력을 게을리하면 안 돼요. 그리고 아무리 시간이 지나고 모국어화되지 않는 외국어를 사용하는 데는 항상 스트레스가 있기 나름이죠.

국제기구의 일은 '과학'이 아니라 '예술'

민) 겉보기에 국제기구의 일이 화려해 보이지만, 저마다 눈높이가 다른 수많은 회원국을 대상으로 다양한 이슈에 대해서 협력하며 일하는 것이 결코 쉽지 않을 것 같아요. 국제기구 직원으로 일하면서 가장 어려운 부분은 무엇인지, 그리고 그러한 어려움을 잘 헤쳐 나가기 위해서는 어떤 역량이 갖춰져야 하는지 말씀해 주셨으면 합니다.

최) 잘 아시겠지만 유네스코 같은 국제기구는 각국 정부가 회원으로 있는 정부 간 다자기구입니다. 그래서 국제기구의 사무국에서 일하려면 해당 분야의 전문적 지식도 필요하지만, 때로는 회원국들 간의 서로 다른 이해관계 사이에서 조율사 역할도 해야 합니다. 기본적으로 자국의 이익을 우선시하는 각국 정부들의 요구를 잘 파악하고 조화롭게 들어 주어야 하지요. 중립성을 유지하면서 조화로운 타협을 이뤄 내는 게 결코 쉽지 않아요. 그런데 사무국은 회원국의 일을 대신해 주는 위치에 있기 때문에 대놓고 회원국과 협상을 할 수가 없어요. 그래서 겉으로는 협상을 안 하는 듯하지만 실제로는 협상 아닌 협상을 하는 때가 많아요. 쉽지 않죠.
국제기구의 일은 '과학'이 아니라 '예술'이라는 생각이 들어요. 과학처럼 어떤 원칙과 규칙이 정해져 있어서 그걸 적용하면 100% 정답이 나오는 것이 아니라, 해당 상황에 필요한 다른 발상을 하거나 다른 기술을 써야 할 때가 많아요. 그것이 기지일 수도, 상식일 수도, 통찰력일 수도 있지요. 그런 다양하고 융통성 있는 발상을 할 수 있느냐 없느냐가 관리자의 능력도 결정하지요. 경륜과 경험을 가진 관리자와 일반 실무자와의 차이가 거기에 있지 않을까 싶습니다. 과거에 없었던 새로운 방법을 찾아내고 통찰력 있게 방향을 제시하는 일은 새로움을 창조하는 예술작업과 같은 면이 있어요.

우선, 나무가 아니라 숲을 볼 수 있어야 해요. 어떤 일을 마주했을 때 그 안에 매몰되지 않고 거리를 두고 전체 상황을 조망할 수 있어야 해요. 그래야 이렇게도 보고 저렇게도 보면서 가장 좋은 해법을 찾아낼 수 있거든요. 그게 경륜이기도 하고 또 통찰력이라고도 할 수 있겠네요.

민) 경륜이나 통찰력이 경험을 통해서 얻어지는 것이긴 하지만, 혹시 훈련이나 학습을 통해서도 그러한 역량을 키울 수 있을까요? 만약 가능하다면 국제기구 진출이나 외교관을 꿈꾸는 젊은이들에게도 큰 도움이 될 것 같습니다.

최) 심리학에 보면 '메타인지'라는 게 있잖아요. '이것이 책이다'

를 아는 게 인지고, '이것이 책이라고 아는 나를 아는' 게 메타인지거든요. 책이라는 걸 아는 사람들은 많지만, 책이라는 걸 아는 나를 아는 건 쉽지 않아요. 실제 자신이 아는 것과 자신이 안다고 여기는 것 사이에는 차이가 있거든요. 판단의 오류도 여기서 생겨나죠. 그래서 남이 아니라 '나'를 객관적으로 볼 수 있는 자아인식이 중요하죠. 자신과 거리를 두고 자신을 보는 연습을 해 보세요. 이러한 연습은 모든 사안을 거리를 두고 조망할 수 있는 능력을 길러 주거든요. 문제해결 방법을 찾는 데 큰 도움이 되지요.

그리고 방법이 하나만 있다고 생각하는 한계를 벗어나는 훈련이 필요해요. 많은 사람들이 하나의 해결 방안만 생각하고 이게 막혔을 때는 발을 동동 구르는데, 얼마든지 다른 각도에서 볼 수 있거든요. 이게 빨갛다고 여기는 것은 내가 빨갛게 보이는 각도에서 보기 때문에 그런 거지, 각도를 바꾸면 오만 가지 변수와 묘수를 볼 수 있어요. 불교에서 하는 얘기와도 일치하는데, 나의 생각은 절대적인 진리가 아니라 하나의 관점일 뿐이라는 생각을 하고, 다양한 각도에서 생각하는 연습을 꾸준히 해 나가면 문제의 안에 들어앉아 있을 때는 보지 못했던 다양한 방법들을 볼 수 있을 거예요.

"기술 좋은 사람보다 바른 사람 뽑는다"

민) 제 경우에는 "사안을 평면적으로 보지 말고 항상 전략적으로 사고하는 훈련을 스스로 해 보라"고 얘기하는데, 그와 유사한 것 같군요. 이제, 국제기구 진출을 꿈꾸는 이들이 궁금해할 또 하나의 질문을 드려 볼까 합니다. 유네스코 간부로서 함께 일할 직원의 채용에도 관여하셨을 텐데, 박사님께서 직원을 뽑을 때 가장 우선적으로 고려하시는 덕목과 역량은 무엇인가요?

최) 여러 국가와 함께 일하는 국제기구의 성격상 직원들은 종교적으로, 민족적으로, 또 국가적으로 정체성을 고집하면 안 돼요. 항상 열린 마음을 가져야 하지요. 이건 국제기구 직원으로서 무엇보다 중요한 기본 덕목이에요.

제 경험으로 보면 사람은 두 가지 능력이 있는 거 같아요. 하나는 기술적인 능력이죠. 컴퓨터 스킬, 보고서 작성과 같은. 두 번째는 사람 됨됨이예요. 기능적인 측면은 어느 정도 훈련으로 교정되고 또 향상돼요. 그렇지만 사람 됨됨이를 바로잡는 것은 정말 어려운 일이에요. 그건 직장에 와서 고쳐지지 않죠. 트레이닝을 받는다 해도 인간의 본모습을 바꾸기가 쉽지 않아요. 아까 말씀드린 통찰력과 같은 능력은 어느 정도 경험과 경륜을 쌓아 가면서 얻을 수 있지만, 일을 대하는 태도, 동료 간의 관계, 배려하는 마음은 인성이기 때문에 잘 변하지 않아요.

아무리 기술적 능력이 뛰어나도 인간적인 역량이 없으면 여럿이 일하는 상황에 적응을 잘 못하죠. 기술·기능적 자질은 기본이라 그게 없으면 안 되지만, 그것만 갖고는 안 되는 게 있거든요. 특히 문제를 해결해야 하는 상황에서 어떤 식으로 닥친 상황과 관련된 사람을 대하고, 문제를 파악하고, 판단하느냐 하는 것은 기능적인 자질과는 전혀 별개의 문제예요.

사람을 뽑을 때 이력서와 자기소개서만으로 그 사람의 됨됨이를 파악하기에는 무리가 있죠. 같이 일해 본 경험에 대한 정보가 있으면 그게 도움이 되지요. 다른 이들로부터 받은 추천 내용도 면밀히 분석해요. 인터뷰에서 잠깐의 상호작용도 도움이 되죠. 그 짧은 면접 순간에도 그 사람의 됨됨이나 성격들이 조금은 파악이 되니까요.

민) 각 국가마다 국민들의 근성과 성향이 다를 텐데요, 국제기구에서 한국인이기 때문에 좀 더 잘할 수 있는 점이 있다면 무엇일까요?

최) 한국인 직원들은 문제해결 능력이 뛰어난 것 같아요. 일을 신속하게 처리하는 데도 경쟁력이 있어요. 경쟁적인 사회에서 단련된 신속함과 어떤 식으로든지 해결방법을 찾아야 한다는 의무감이 장점인 것 같아요. 다자들의 복잡한 이해관계 속에서 조절과 조정을 통해 일을 해야 하는 국제기구에서는 사무가 자칫하면 지체될 수도 있는데, 한국인의 순발력은 그럴 때 도움에 되지요. 그리고 여러 가지 사안을 개념적으로 볼 수 있는 능력도 훌륭한 것 같아요. 복잡한 상황에서 핵심적인 내용을 찾아내는 데 도움이 되죠.

민) 국제기구 직원으로 일하는 데 특별히 여성들이 더 나은 점이 있나요?

최) 유엔 내에서는 성 균형 문제에 많은 신경을 쓰지요. 유네스코의 경우 아직도 관리직에는 여성 직원들의 수가 적은 편이지만, 전반적으로는 여성 근무 비율은 높은 편이에요. 여성들이 언어 능력이 뛰어나고, 또 자신을 열어서 다른 사람들과 쉽게 어울릴 수 있는 것도 국제기구에서 일하기에 유리한 장점이지요.

민) 유네스코에서 처음 일하시던 때와 지금은 유네스코 안에서 한국과 한국인의 위상이 많이 달라졌을 것 같습니다. 그 변화를 실감하시나요?

최) 1997년 처음 유네스코에 왔을 때, 한국은 주요 공여국도 아니고 또 수혜국은 더군다나 아니어서 한국과 함께 할 일이 많지 않았어요. 한국인 직원도 네댓 명에 불과했어요. 그런데 10년 후 2000년대 말부터 많은 변화가 있었어요. 이제 한국은 유네스코의 주요 공여국으로서 교육을 비롯해 문화와 과학 분야까지 많은 지원을 하고 있어요. 또 2015년 세계교육회의를 인천에서 개최하면서 한국이 주도적으로 국제교육의 발전에 기여하는 기회의 발판을 만들었지요. 큰 위상의 변화가 있었던 거죠. 또한 한국에서 온 직원과 인턴들도 많이 늘어났고요. 앞서 말씀드린 것처럼 한국 사람들은 역량과 근성이 있기 때문에 이곳에서도 좋은 평가를 받고 있어요.

과거 한 언론에선 최수향 박사를 "60%의 가능성에도 주저 없이 도전하는 사람"이라고 표현한 적이 있다. 그가 인생의 갈림길에 설 때마다 60%의 가능성이 있으면, 40%의 불확실한 위험이 보여도 늘 과감히 도전해 기회를 잡았다는 의미였다. 최 박사 자신도 언론 인터뷰에서 "100% 가능성까지 다 두드려 보고 안전한 길만 택했다면 여기까지 오지 못했을 것"이라며 "기회를 잡아 능력을 보여 주면, 또다시 새로운 기회가 오곤 했다"고 밝힌 바 있다. 실제로 그는 대다수 직원들이 기피하는 아프리카나 아시아의 험지 근무를 마다하지 않고, 오히려 그곳에서 도약의 기회를 만들어 냈다. 최 박사와의 인터뷰에서 그 시절 이야기를 결코 빼놓을 수 없을 듯했다.

위기를 기회로

민) 파리 본부에서 일하시다가 파키스탄 현장사무소 근무를 자원하셨던 걸로 들었어요. 그 직후엔 짐바브웨 현장사무소에서 소장으로도 재직하셨는데요, 사실 그 두 곳은 사람들이 일반적으로 기피하는 험지가 아닙니까? 험지 근무를 자원하시게 된 동기, 그때의 특별한 경험에 대해 듣고 싶어요.

최) 파키스탄 사무소에는 사실 제가 현장 경험을 쌓고 싶어서 가게 되었어요. 6개월간 파키스탄 근무를 마치고 아프리카 짐바브웨 현장사무소 소장 자리에 지원할 수 있는 기회가 생겼지요. 짐바브웨 근무에 지원했을 때, 그곳이 험지라는 걸 잘 알고 있었어요. 하지만 순간의 망설임도 없이 '가겠다'고 했어요. 사실 제가 어떤 결정을 할 때 생각을 많이 하지 않아요. 해야 할 일이고, 하고 싶다는 느낌이 오면 바로 결정을 하는 편이에요. 반대로 그런 느낌을 받지 못하면 절대 받아들이지 않죠(웃음).

파키스탄 현장에서 근무할 때엔 그곳이 여러 가지로 어려움이 많은 지역이어서 현장에서 겪을 일을 한꺼번에 압축적으로 겪게 되었지요. 해당국과 대화하는 법, 직원들과 문제를 해결해 나가는 법에 대해 많이 배웠죠. 그러한 어려운 상황에서 겪은 경험이 그 후에 전문직 최고 등급(P5)에서 관리직(D1)으로 승진하는 데에 도움이 되었던 것 같아요.

사람들은 일반적으로 '파키스탄이나 짐바브웨 같은 나라에서 생활하는 게 힘들지 않을까' 하는 생각을 가지고 있어요. 일종의 편견이죠. 자살테러가 많은 스왓 밸리(Swat Valley)에서 과일이 많이 나죠. 분쟁이 많은 곳이니까 농작에 대한 특별한 기대가 없었는데, 과일이 볼품은 없어도 아주 맛있었던 기억이 있어요. 또 한 번은 브라질의 낙후된 지역에 있는 호텔에 묵었을 때의 일인데요. 샤워기가 막혀 물이 졸졸 흐르는 수준이라 샤워를 어떻게 하나 했는데, 예상외로 몇 줄기 안 되는 물로도 샤워가 충분히 되더라고요. 힘든 곳에도 좋은 것이 있고, 안 된다고 생각하는 것에도 가능한 일이 있다는 것을 경험했죠.

낯선 곳, 더욱이 험지에서 생활하는 것은 내가 사는 세상과 다른 곳에서 사는 사람들에 대해 배우고 이해하며 자신의 편견을 깨는 데 큰 도움이 돼요. 일을 하면서 편견을 뛰어넘을 수 있는 기회를 갖는 것은 국제기구라는 직업이 주는 장점이라고 생각해요. 자신이 가진 견고한 생각을 깨는 것만큼 힘든 일이 어디 있겠어요. 저는 현장에서의 삶과 경험을 통해 그 일을 할 수 있었죠. 사실 요즘 국제개발 관련 학과가 많아지면서 이론적으로 개발 현장의 상황을 바라보는 경향이 있잖아요. 그런데 제가 보기엔 지식보다 실제 현장에서의 경험이 훨씬 더 중요한 것 같아요.

민) 사실, 힘들고 낯선 현장에 가서 자신의 편견을 깨기가 쉽지 않은데요, 사물이나 현상을 긍정적으로 보려고 하는 강한 마인드를 지니신 듯합니다.

최) 저 스스로 마음을 열려는 노력을 하지요. 어렵고 낯선 상황에 처해 있을 때 매번 '이번에는 어떤 발견과 배움의 계기가 만들어지려고 하나' 하는 기대를 하죠. 쉽지는 않지만 끊임없는 실패에도 계속 노력하고 있습니다.

민) 유네스코에서 일하시면서 다양한 경험을 하셨는데, 가장 힘든 점과 또 가장 보람 있는 것은 무엇인지 말씀해 주세요.

최) 처음에 유네스코 사무국에서 일하면서 스트레스를 받았던 것은 사무 진행이 지체된다는 것이었어요. 그러나 근무 기간이 10년쯤 접어들고 보니 그게 사무국(Secretariat) 성격상의 이유라는 것을 이해하게 되었어요. 사무국은 회원국이 제안하고 결정한 일을 해내는 곳이기 때문에, 사안마다 합의를 거쳐야 하고, 또 어떨 때는 협상을 해야 하니까 일을 빨리 밀고 나갈 수가 없는 거지요.

앞서도 말씀드렸지만 자신이 몰랐던 세상을 만나보고, 자신의 편견을 깨는 기회를 가질 수 있다는 건 큰 행운이어요. 더욱이, 평화, 반테러리즘, 환경, 지속가능발전 등 제가 하고 있는 일이 현재는 막연하고 쉽지 않게 보이지만, 궁극적으로 인류에게 필요하고 도움이 되는 일이잖아요. 이렇게 인류를 위한 일에 제가 참여하고 또 기여하고 있다는 것은 큰 보람이죠. 이건 보람 정도가 아니라 특권이라고 생각해요.

제너럴리스트냐, 스페셜리스트냐

민) 유네스코 같은 국제기구에 진출하려고 하는 젊은이들이 가장 많이 묻는 질문 중 하나가 '제너럴리스트(Generalist)가 되어야 하나요? 아니면 스페셜리스트(Specialist)가 되어야 하나요?'라는 것입니다. 하나로 단정 내리긴 어렵겠지만 박사님의 견해가 궁금합니다.

최) 국제기구 직원이 되려면 제너럴리스트가 되어야 하는가, 아니면 스페셜리스트가 되어야 하는가 하는 문제는 단계에 따라서 답이 다른 거 같아요. 실무직원으로 들어오면 한 가지 자기 분야의 전문성을 확실히 해 두는 게 필요해요. 그런데 전문성만 강조한 스페셜리스트로 머물면 다음 계단에 오르기가 어렵죠. 어느 단계로 올라가면 자기 전공분야의 지식 및 전문성과 더불어 다른 측면에서 역량을 보여 줘야 해요. 그게 관리자로서의 능력인 거죠. 전문직에서도 간부급인 P4, P5부터는 이러한 능력이 반드시 필요해요. 전문분야 없이 이것저것 다 할 수 있는 것을 의미하는 게 아니라, 확실한 전문성을 구축해 놓고 그것을 확장하는 게 필요한 거 같아요.

민) 여러 국제기구가 있지만 특히 유네스코가 지닌 장점이 있다면 무엇일까요?

최) 국제기구로서 유네스코는 분명하고도 특별한 장점을 지니고 있습니다. 평화, 문화, 인권, 지속가능발전 등 유네스코가 하고 있는 일들이 당장 눈앞에 보이는 결과를 낼 수 있는 일이 아니고, 그로 인해 대규모의 재원을 마련하는 데 어려움이 있지만, 이상적 목적 추구와 기관의 정치적 중립에 대한 회원국들의 존경은 상당히 큰 편입니다. 현장에서 일할 때의 경험인데, 정치적인 이유로 해당국이 외부 기관과의 대화가 단절된 상황에서도 유일하게 신뢰를 받고 해당국에서 대화의 통로를 열어 두기를 원하는 기관이 우리 기구인 것을 목격한 적이 있지요. 유네스코가 가진 정치적 중립성, 추구하는 가치의 숭고함은 돈으로 해결할 수 없는 엄청난 힘을 가지고 있는 거예요. 그래서 각국의 현장에서 신뢰와 존경을 받고, 그럼으로써 유네스코의 사업들이 효과를 발휘할 수 있는 것 같아요.

민) 마지막으로 글로벌 현장에서 봉사하며 일하고 싶어 하는 한국의 젊은 후배들에게 꼭 해 주시고 싶은 조언이 있다면 말씀해 주시지요.

최) 봉사를 할 수 있다는 것 자체가 특권이죠. 많은 사람이 갖지 못하는 기회를 가졌다는 차원에서 무엇보다 겸손해야 합니다. 많은 사람들이 봉사를 한다고 말을 하면서, 실제로는 '내가 한 수 가르쳐 준다'라는 마음을 갖기가 쉽죠. 상대방을 무조건 불쌍하다고 여기는 것도 도움이 안 됩니다. 우선 그들도 우리와 같이 행복하게 살 권리와 한 인간으로 존경받을 권리가 있다는 것을 상기하고 인격적으로 대해야 한다고 생각합니다. 그래서 "도와주는" 일도 조심스럽게 해야 된다고 생각합니다. 자신을 낮추고 상대방을 배려하고 이야기를 경청하려 노력하면, 주는 자와 받는 자가 양극화되는 세계가 아니라 더불어 살아가는 공동체로서의 지구촌을 만들어 갈 수 있지 않을까 싶습니다.

민) 박사님의 말씀에 정말 공감합니다. 국제기구 업무 현장에서
체득한 그런 말씀들이 생생하게 살아서 책을 읽는 독자, 특히
청소년들에게 잘 전달될 것 같습니다. 장시간 수고하셨습니
다. 감사합니다.

내게 최상위 1%인 그대에게

　　　　사람이 살아가면서 일평생 인연을 맺을 수 있는 이가 과연 몇 명이나 될까?

100년을 산다 해도 우리에게 주어진 시간은 87만 6,000시간, 분으로 따져도 5,256만 분에 불과하다. 1분마다 한 사람씩 쉬지 않고 만난다 해도 75억 세계 인구의 채 1%(정확하게는 0.7%)도 만날 수 없는 시간이다.

이처럼 세계와 시간의 잣대를 떠올리면 지금 곁에 있는 사람들이, 그리고 같은 땅을 밟고 같은 꿈을 꾸고 있는 이들이 얼마나 소중한 존재인지 알 수 있다. 지금 서로 인연을 맺고 있는 이들은 서로에게 일생 동안 만날까 말까 한 최상위 1%의 존재이기 때문이다.

오늘 그대와 나는 '독자와 저자'라는 특별한 인연을 맺었다. 내가 걸어왔던 외교관과 국제공무원의 길을 그대가 꿈꾸고 있기에 우리의 인연은 더욱 각별하다. 나에게 그대가 최상위 1%의 존재인 이유이기도 하다.

인생 선배로서 그대에게 꼭 들려주고픈 말이 있다. 늘 꿈꾸고 새로운 도전을 멈추지 말라는 이야기이다. 파도가 없는 바다는 세상에 없다. 아마도 외교관과 국제기구에 도전하는 길이 힘겹고 어려울 수도 있을 것이다. 인생이라는 저울에서 현실의 무게는 때로 꿈보다 훨씬 무거울 수도 있다.

하지만 그럴 때마다 그대는 누군가에게 최상위 1%의 특별한 존재라는 사실을 잊지 말고, 자신을, 그리고 스스로의 꿈을 소중히 여기기를 바란다.

나 또한 책 속에서, 그리고 책 밖에서도 그대의 꿈을 응원할 것이다.

간절한 꿈이 이루어지는 훗날, 그대도 그대의 또 다른 상위 1%들에게 외교관, 국제공무원의 꿈을 나눠주는 사람이 되어 준다면, 그것이 글을 쓴 가장 큰 보람이 될 것이다. 좋은 외교관과 국제공무원이, 그리고 그대들이 품고 있는 선한 꿈이 적어도 오늘보다 더 나은 내일을 만들어갈 테 니까.

　나에게 최상위 1%의 존재가 되어준 그대에게 감사의 인사를 전한다.

　이 책을 통해 나 또한 그대에게 오래도록 최상위 1%로 기억되기를 바 라는 마음이다.